AGAINST HYBRIDITY
혼종성 비판

KB173242

이 저서는 2018년 대한민국 교육부와 한국연구재단의 지원을 받아 수행된 연구
임 (NRF-2018S1A6A3A03043497)

AGAINST HYBRIDITY

혼종성 비판

우리 시대 이동하지 못하는 사람들
초고령 노인·자폐증 환자·무젤만·비혼종

하임 하잔 지음 이진형 옮김

앨피

모빌리티인문학 Mobility Humanities

모빌리티인문학은 기차, 자동차, 비행기, 인터넷, 모바일 기기 등 모빌리티 테크놀로지의 발전에 따른 인간, 사물, 관계의 실재적·가상적 이동을 인간과 테크놀로지의 공-진화co-evolution라는 관점에서 사유하고, 모빌리티가 고도화됨에 따라 발생하는 현재와 미래의 문제들에 대한 해법을 인문학적 관점에서 제안함으로써 생명, 사유, 문화가 생동하는 인문-모빌리티 사회 형성에 기여하는 학문이다.

모빌리티는 기차, 자동차, 비행기, 인터넷, 모바일 기기 같은 모빌리티 테크놀로지에 기초한 사람, 사물, 정보의 이동과 이를 가능하게 하는 테크놀로지를 의미한다. 그리고 이에 수반하는 것으로서 공간(도시) 구성과 인구 배치의 변화, 노동과 자본의 변형, 권력 또는 통치성의 변용 등을 통칭하는 사회적 관계의 이동까지도 포함한다.

오늘날 모빌리티 테크놀로지는 인간, 사물, 관계의 이동에 시간적·공간적 제약을 거의 남겨두지 않을 정도로 발전해 왔다. 개별 국가와 지역을 연결하는 항공로와 무선 통신망의 구축은 사람, 물류, 데이터의 무제약적 이동 가능성을 증명하는 물질적 지표들이다. 특히 전 세계에 무료 인터넷을 보급하겠다는 구글Google의 프로젝트 룬Project Loon이 현실화되고 우주 유영과 화성 식민지 건설이 본격화될 경우 모빌리티는 지구라는 행성의 경계까지도 초월하게 될 것이다. 이 점에서 오늘날은 모빌리티 테크놀로지가 인간의 삶을 위한 단순한 조건이나 수단이 아닌 인간의 또 다른 본성이 된 시대, 즉 고-모빌리티high-mobilities 시대라고 말할 수 있다. 말하자면, 인간과 테크놀로지의 상호보완적·상호구성적 공-진화가 고도화된 시대인 것이다.

고-모빌리티 시대를 사유하기 위해서는 우선 과거 '영토'와 '정주' 중심 사유의 극복이 필요하다. 지난 시기 글로컬화, 탈중심화, 혼종화, 탈영토화, 액체화에 대한 주장은 글로벌과 로컬, 중심과 주변, 동질성과 이질성, 질서와 혼돈 같은 이분법에 기초한 영토주의 또는 정주주의 패러다임을 극복하려는 중요한 시도였다. 하지만 그 역시 모빌리티 테크놀로지의 의의를 적극적으로 사유하지 못했다는 점에서, 그와 동시에 모빌리티 테크놀로지를 단순한 수단으로 간주했다는 점에서 고-모빌리티 시대를 사유하는 데 한계를 지니고 있었다. 말하자면, 글로컬화, 탈중심화, 혼종화, 탈영토화, 액체화를 추동하는 실재적·물질적 행위자agency로서의 모빌리티 테크놀로지를 인문학적 사유의 대상으로서 충분히 고려하지 못했던 것이다. 게다가 첨단 웨어러블 기기에 의한 인간의 능력 향상과 인간과 기계의 경계 소멸을 추구하는 포스트-휴먼 프로젝트, 또한 사물 인터넷과 사이버 물리 시스템 같은 첨단 모빌리티 테크놀로지에 기초한 스마트 도시 건설은 오늘날 모빌리티 테크놀로지를 인간과 사회, 심지어는 자연의 본질적 요소로 만들고 있다. 이를 사유하기 위해서는 인문학 패러다임의 근본적 전환이 필요하다.

이에 건국대학교 모빌리티인문학 연구원은 '모빌리티' 개념으로 '영토'와 '정주'를 대체하는 동시에 인간과 모빌리티 테크놀로지의 공-진화라는 관점에서 미래세계를 설계하기 위한 사유 패러다임을 정립하려고 한다.

차례

감사의 글

《혼종성 비판》은 지구화의 압도적 힘을 신봉한 나머지 맞닥뜨리게 된 사회적 난국을 인식하려는 시도다. 타자성이라는 오래된 이념을 새로운 형태의 인류학으로 갱신하는 것, 고도로 혼종화된 시대의 두려움과 불안을 재사유하는 것, 그리고 가장 중요하게는 아직까지 변방에 놓여 있는 노년old age 연구를 중요한 실마리로 삼아 오늘날의 곤경을 이해하는 것이다. 이 책은 분명 노화에 대해 추적하고 연구해 온 지난 수십 년이 낳은 학술적 자산이다. 그래서 이 책의 몇몇 부분은 인생의 종말the end of life과 관련해서 내가 이전에 발표한 글들을 조금은 되비추기도 하고 조금은 고쳐 놓기도 한다. 이 책에 담긴 민족지 연구에 협업과 지혜로 도움을 준 노인들께 매우 감사드린다.

원고를 집필하고 수정하면서 몇몇 친구들과 동료들이 해 준 풍부하고도 생산적인 비판 덕을 너무나도 많이 보았다. 이들은 일부러 시간을 내서 텍스트의 여러 버전을 읽어 주었다. 특히 길 에얄Gil Eyal, 나이젤 라포트Nigel Rapport, 애비애드 라즈Aviad Raz, 아이두 요아브Ido Yoav 교수에게 빚을 졌다. 이들은 내 원고를 충실하게 읽고 논평해 주었다. 또한 원고 준비를 헌신적으로 도와준 아얄라 라즈Ayala Raz

부인에게도, 또한 창조적 집단사고의 지적 허브가 되어 주고 이 프로젝트의 성공적 완수를 지원해 준 텔아비브대학Tel Aviv University 소재 미네르바 인생의 종말 학제적 연구소Minerva Center for the Interdisciplinary Study of the End of Life에도 고마움을 전한다. 내 친구 오스발도 롬버그 Osvaldo Romberg 교수는 훌륭한 예술 작품을 책 표지 장식으로 아낌없이 기부해 주었다. 이 친절함에 나는 비할 바 없는 고마움을 느낀다.

책 출판 과정 내내 세심한 이해와 효율적 배려를 해 준 존 톰슨 John Thompson 교수와 엘리엇 칼슈타트Elliott Karstadt 박사에게도 특별한 감사의 마음을 전한다.

나의 아내 메르샤Mercia, 아이들 길Gil, 리Lee, 다나Dana, 그리고 손녀들 안나Anna, 바Bar는 나를 사랑으로 감싸 주었다. 이들 덕분에 이 책의 내용과 주장에 강한 확신을 가질 수 있었다.

하임 하잔

2014년 7월

문화적 불요불굴Cultural Sturdiness의 지대와 담론

일러두기

- 본문의 각주는 모두 옮긴이주이다. 저자가 붙인 주석은 [원주] 형태로 표기했다.
- 옮긴이가 독자의 이해를 돕기 위해 본문 속에 넣은 주석은 〔 〕형태로 표기했다.

우리가 문화적 불협화음들의 다성적 협주에 매료되어 세상에 다른 음악이란 없다는 믿음을 갖게 된 사이, 사회 구석구석에는 불협화음들이 만연하게 되었다. 그래서 우리는 가냘프게 윙윙 대는 다른 생명체들의 소리에 거의 귀를 기울이지 못한다. 치명적인 열정의 사이렌처럼 우리의 공포와 상상력을 불러일으킬 수도 있는 그 소리에 말이다. 이 책은 그 금지된 소리를 듣도록 조율되어 있다. 그런 소리 죽인 돌연변이의 등장을 허용하는 문화적인 것의 유전학을 전개하는 데에서, 즉 당연하게 여겨지는 것들 한가운데 있는 또 다른 alternative 삶의 형식들을 제시하는 데에서 시작해 보자.

문화적 구성물cultural configurations은 담론적 지시 작용의 두 중심선으로 이루어진 이중나선을 체현하고 있다. 은유적인 것과 환유적인 것, 배운 것과 타고난 것, 사회적인 것과 자연적인 것, 구성된 것과 본래적인 것. 예를 들어, 인류학 분야에서 문화 연구는 많은 경우 이런 차원들의 상호작용을 어떻게 해석하느냐에 따라 전적으로 좌우된다. 모더니즘 전성기 인류학은 문화의 불안정한 경계들, 즉 금기, 위험, 공포, 혐오의 장소들이란 대체로 혼성 범주들로써 묘사되는 창발성의 사이in-between 공간들이라고 주장했다. 이 공간들은 분명

구조주의적-기능주의적 인류학과 사회학이 남긴 꽤 알려진 유산이다. 여기에는 질서와 무질서에 대한 집착이 내재해 있는데, 그런 불확실한 문화 지대에 붙박혀 있는 타자성 상태의 특징들과 관련한 다양한 근대 담론들은 바로 그 집착을 통해서 생성된 것이었다. 이런 유의 담론적 비유를 사용하는 주요 사례들로는 "이방인"의 사회적 형태(Bauman 1991; Simmel 1971[1908]), 통과의례에서 리미널리티liminality[1]라는 "역할 없는" 상태(Turner 1969; Van Gennep 1960[1908]), 금기들taboos의 금지된 지대(Steiner 1967[1956]), 수감자의 모욕당한 자아(Goffman 1961), 그리고 일반적으로 말해서 변칙적인 것, 혐오스러운 것, 타락한 것, 오염된 것(Douglas 1966) 등이 있다. 이 사례들 간에는 엄청한 차이가 있지만, 그 모두는 "사이-성between-ness"(Crapanzano 2004)의 주름에서 나고 자란 문화적 불안의 이미지들이다.

그에 반해, 탈근대 문화 또는 후기 근대 문화의 주요 특징 가운데 하나는 문화적 경계의 위반과 붕괴에 대한 긍정적이지만 대체로 진부한 시각이다. 지난 20년간 비판적 사회이론이 우리에게 분명히 가르쳐 준 바는, '탈근대적인 것' 그 자체에 관한 어떤 확실성도 의심하라는 것이다. 하지만 나는 이를 문화 분석의 성패를 좌우하는 필수 불가결한 비계 또는 구성물로서 계속 활용하려고 한다. 탈식민적

---

1 빅터 터너Victor Turner가 통과의례를 설명하는 방주네프Arnold Van Gennep의 개념 '전이의례transition rites'에서 빌려와 만든 개념. 터너는 리미널리티를 "이도 저도 아닌betwixt and between" 또는 "두 사회 지위 사이에 위치한 중간 전이점midpoint of transition"으로 규정한다.(빅터 터너, 《인간 사회와 상징 행위》, 강대훈 옮김, 황소걸음, 2018, 297~304쪽)

토착민, 이주민, 유목민 등은 모두 환영과 격려를 받는 가운데 서구적 · 탈근대적 · 중년기적midlife, · 신경전형적neurotypiacal[2] 문화에 혼종화되고 동화된다. 근대성의 에토스에 대한 이 반反명제는 지구화 과정과 그에 따른 피진화pidginization, 크레올화, 혼종화 과정들로 인해 발생했다. 지구화 과정을 가장 중요하게 여기는 곳에서는 두 중심선 가운데 첫 번째 차원, 즉 은유적이고 사회적으로 구성된 차원이 지배적이고 우선적이게 된다.

사실 그와 같은 문화에서는 사회적 난국을 구성하는 인지 가능한 비혼종 요소들perceived non-hybrid elements, 즉 파괴 불가능한 본질을 지닌 실재들은 두 번째 차원에 해당하는 것으로 여겨지고, 그래서 문화적 담론에 의해 거부 · 묵살 · 박멸당하게 된다. 그 모두는 '액체 근대'와 소비주의 문화의 연속적 흐름을 방해하는 것으로 간주되기 때문이다. 이 책은 그 실재들의 이야기다. 중심 서사는 노화와 제4의 인생the Fourth Age에 관한 것인데, 이는 통증, 홀로코스트, 자폐증, 근본주의, 죽음 같은 억압당하고 묵살당하는 부가적 문제들이 담긴 하위 플롯들을 겸비하고 있다. 이 다양한 경우에 관해 논의하면서 나는 그것들의 사회적 위치를 설명해 주는 생명정치적 공통분모를 강조하려고 한다. 간단히 말하자면, 논점은 이렇다. 그 '비혼종'의 잔여층들이 혼종화가 여전히 일어날 수 있는 역동적 스펙트럼을 만들

---

2 아스퍼거 증후군Aspergers syndrome(언어 발달 지연, 사회적응 발달 지연 등을 특징으로 하는 만성 신경정신 질환) 환자가 아닌 사람.

어 내도록 단계화되고 차등화되는 사이, 비혼종에 대한 사회적 인식은 혐오, 거리두기, 거부반응으로 귀결된다는 것이다.

강조하고 싶은 것은, 나는 비혼종적 본질들의 실제 존재, 즉 노년, 통증, 자폐증 같은 형태를 취하는 그 존재 편에서 논의를 전개하지는 않는다는 점이다. 나의 주장은 모두 사회구성주의라는 인식론적 영역 안에서 형성되었다. 내가 무언가를 비혼종으로서 분석할 때 참조하는 근거는, 그것이 오늘날 탈근대적·서구적·중년기적·신경전형적 문화에서 비혼종으로 구성되어 있다는 것이다. 나의 목적은, 우리가 살아가는 소위 '탈근대' 문화의 감수성과 집착이 어떻게 '비혼종'으로 간주되는 요소들을 거리두기, 거부반응, 단계화, (하위) 차등화를 기도하는 특정한 사회 전략들의 목표물로 만드는지 검토하는 데 있다.

본질과 혼종에 관한 담론은 19세기와 20세기 서구 지식인들에게 지배적인 것이었다. 이 담론의 초기 형태는 혼종을 합리적이고 세속적이며 진보적인 근대성 교리에 종속된 잔여적 '타자'로 정의했다. 돌이켜 보면, 본질 대 혼종이라는 쌍은 근대성의 다른 이분법들, 특히 주술적인 것/근대적인 것, 사물적인 것the reified/다공적인 것porous 등에도 연결될 수 있다. 유럽의 식민주의적·제국주의적 접근법에서는 근대사회의 혼종화(와 근대성의 주술 또는 사물화된 현실의 다공성)를 흔히 모호한 것이자 공포스러운 것으로 보았다. 19세기와 20세기 초 유럽 사회는 '순혈純血'로 물신을 만들어 냈다. 이는 집시, 유대인, 동성애자, 메스티조 등 설계에 적합하지 않기에 정해진 문화적 주소를 부여 받지 못한 집 없는 범주들이 정상성의 목록에서 배제되었음을 의미한다.

이전에는 혼종을 합리적이고 세속적인 근대성의 교리와 관련해서 원시적인 것이자 주변적인 것으로 보았다면, 20세기 말 접근법은 탈근대성 자체를 선천적 혼종, 즉 혼종화를 통해서 구성된 지구적 · 유동적 · 무정형적 구성물로 설정한다. '탈근대적' 접근법에서 혼종화나 다공성은 어떤 것도 그 자체로 단순하지 않고 모든 것이 원칙적으로 상호 교환 가능한 상태를 일컫는 용어로서 지구적 근대성의 가치 기준, 사실상 지구적 근대성의 필수조건으로 간주된다. 프랑크푸르트 학파의 경우에는 다공적인 것에서 계몽의 자기도취에 대한 잠재적 해독제라는 위안거리를 발견했다. 하지만 나는 다공성 또는 혼종성에도 그것의 맹점, 함정, 결점 등이 있음을 보여 주려고 한다. 혼종성에 대한 탈근대적 강조 쪽으로 균형추가 움직이게 되면, 다공성이나 혼종성은 위협적이고 억압적이며 무자비해질 위험이 있다. 기꺼이 비혼종으로 지각되는 모든 것에 대한 정치적 교정 행위는 이를 지원하고 강화할 수 있다. 이 책의 논점은, 그 '비혼종'의 잔여층들이 단계화되고 차등화되어서 계속적으로 혼종화를 유발하는 역동적 스펙트럼을 만들어 내는 사이, 비혼종에 대한 사회적 지각은 혐오, 거리두기, 거부반응으로 귀결된다는 데 있다. 혼종화에 저항하는 것은 정치적 오류라는 꼬리표를 달게 되고, 그래서 교정되어야 할 것이 된다. 즉, 탈근대는 순수한 것이라는 완고한 절대주의를 두려워한다.

이 논의는 막스 호르크하이머Max Horkheimer와 테오도어 아도르노 Theodor Aorno의《계몽의 변증법Dialectic of Enlightenment》(2002[1947])에 대한 새로운 독해를 가능하게 해 준다. 서구적·중년기적·신경전형적 근대성이란 혼종화라는 도구적 이성에 의존해서 비혼종적 개별성 을 파괴하고 인간 본성을 왜곡하며 자율성을 억압하는 지구화 주술 a globalizing enchantment에 불과한 것임을 고발함으로써 말이다. 이는 프 랑크푸르트 학파의 고전적 비평, 즉 근대성이 자기비판이라는 고유 한 속성을 초월해서 자기정당화의 힘이 된다는 고전적 비평을 새롭 게 조명하게 해 준다. 이 주장은 고령자, 홀로코스트 생존자, 통증을 느끼는 환자, 자폐 스펙트럼 장애자 등을 살펴봄으로써 좀 더 정교 하게 다듬어질 것이다.

이 책은, 탈식민주의의 '제3의 공간'에서 우리 시대를 겉보기에 화 해 불가능한 힘들 또는 관념들 사이의 긴장 상태로써 특징짓는 인 식으로 이전의 접근법을 대체하려는 학자들 편에 합류한다. 우리 는 암묵적 위계에 따라 정열된 두 항목 너머를 봐야 하고, 해소되지 않은 모순과 대립 또는 이율배반에 직면해서 한 항목이 반대 항목 으로 변형되는 변증법까지도 넘어서야 한다. "순수함과 위험" 그리 고 문화적 오염의 근대적 원천들(Douglas 1966)은 혼종들과 사이보그들 로 이루어진, 지구적으로 구성된 탈근대적 우주에서 대부분 폐물이 되었다(Haraway 1991). 소비사회의 합성물들, 또한 나이나 성별에 구애 받지 않는 사회화의 혼성적 약호들과 실천들은 위반을 담아내는 제 의라기보다 오히려 경계 넘기라는 해방의 축전으로 변모했다. 오늘날 탈근대적 타자성의 유령은 혼성-증명 범주들에 깃들어 있다. 탈근대성의 액체적 특성에 저항하는 문화적 실재들에 말이다. 탈근대적인 문화 복합체의 세계에서 문화의 근본들—지각 가능한 근본성fundamentality을 통해서 지구화, 혼종화, 글로컬화에 저항하는 요소들—은 실질적 위험이다. 이주자, 유목민, 위반자 등 틈새에 있는 민활한 인물들은 경계에 사로잡힌 사회질서에 아노미를 유포함으로써 근대 세계에 위난을 초래한 바 있다. 그러나 바로 그 인물들이 우리 문화에서는 찬양 받는 반영웅anti-heros이 되었다. 경계 없는 시대 전복적 힘은 지독한 보편자로 인지되는 이들의 현존에 도사리고 있다.

그런 인지 가능한 보편자들이 문화적 변화, 가변성, 혼합 등에 저항하고, 그에 힘입어 탈근대의 혼종적 문화를 위협할 수도 있는 방식을 도발적으로 설명해 주는 몇 가지 사례들이 있다. 예를 들어, 세속화된 삶의 유한성, 즉 노년의 말기 상태와 그에 따른 노인의 탈-문화적 지위에서 분명히 드러나는 그 유한성을 생각해 보라.[3] 치료 가능성이 없는 노인은 '제3의 인생', '제4의 인생' 등과 같은 단계들로 차등화되고 계열화되어서 그렇게 극도로 멀어지게 된다. 늙어가는 육체는 '안티에이징' 기술을 통해서 조작된다. 이 일이 더 이상

---

3 [원주] 이 책에서 나는 '노년old age'을 다양한 방식으로 사용할 것이다. (중년 집단이 '노년'을 사회적으로 음폐masking할 때처럼) 몇몇 곳에서는 일반적으로 노령기를 가리킨다. 다른 지점에서는 초고령 같은 노년 내부의 특정 집단을 가리킨다. 또 다른 지점에서는 알츠하이머 환자들을 가리킨다. 이들은 (꼭 그런 것은 아니지만) 보통 노년과 상관관계에 있다.

가능하지 않을 때까지, 즉 그 육체가 시장성 없는 대상이 되어서 상업적으로 (그리고 사회적으로) 비가시화되거나 음폐陰蔽되는 지점까지 말이다. 궁극적 악의 이미지, 즉 홀로코스트 역시 그와 마찬가지로 번역 불가능한 것을 동화하려는 시도를 불러일으켰다. 악의 진부함을 히틀러의 사형집행인들 내부에 자리잡게 하거나, 아니면 홀로코스트를 바로 그 근대성 기획에 내재하는 가능성들 중 하나의 최종적 실현으로 간주하고, 그래서 인지 가능한 홀로코스트의 단독성을 역사적 스펙트럼의 끄트머리 또는 꼭대기에 자리잡게 한 것이다 (Bauman 1989; Foucault 2003; Moses 2008).

'근본주의'는 탈근대 시기 비-지구적 · 비혼종적 본질로 파악되는 또 다른 사례로서, 흔히 전쟁의 불가피성으로 귀결되고 마는 상호배타성의 견지에서 언급되곤 한다. 근본주의는 비타협적이고도 완고한 비혼종성으로 인지되기 때문에 오늘날의 세계에서 타자성의 실질적 위협이자 '문명충돌'의 실질적 원천으로 인식된다. 이런 식으로 구상된 충돌은 서양과 동양 또는 기독교와 이슬람교 사이에서 발생하지 않는다. 오히려 그것은 두 가지 공약 불가능한 상상력, 즉 이슬람교의 눈으로 본 서양의 혼종 대vs 서양의 눈으로 본 근본주의적 · 비타협적 이슬람교 사이에서 발생한다(Michalis 2013). 그래서 비혼종 이론은 비혼종적 타자성과 불안 사이의 연결고리, 그리고 9·11 이후 테러와의 전쟁이 지닌 도덕적 공황 상태를 잘 설명해 줄 수 있다(Shafir, Meade, and Aceves 2012). 공포와 혐오의 감정을 불러일으키는 것은 이슬람교의 그런 '비혼종적 타자성', 즉 서구적 · 신자유주의적 ·

세속적 · 중년기적 · 사회경제적 · 정치적 환경 내부에서 파악되어 분명하게 표현된 '타자성'이다. 그래서 인지 가능한 비혼종을 향한 탈근대적 반감들 가운데 하나만 살펴보더라도, 오리엔탈리즘과 관련한 사이드Edward Said의 원래 논의(1978)는 재맥락화가 가능해진다.

동일 선상에서 공유 불가능한 통증의 경험, 이를 사적 언어로 번역하려면 경감용 진정제muting sedation가 필요한 경험에 대해 생각해 보자. 전반적 발달장애PDD: pervasive developmental disorders 스펙트럼의 세분화된 단계들로 재구성되는 자폐증의 비-의사소통 영역, 젠더 유연성 때문에 침식당하면서도 메워지지는 않는 생물학적 성별, 단순히 언급하는 것만으로도 즉각 인종주의 비판을 야기하는 인종이라는 상상 가능한 가장 끔찍한 관념, 그리고 유전자화 형식이라는 비난을 받는 유전학적 본질주의 이념, 이 모든 담론들은 어떤 공통점도 없는 것처럼 보이지만 비판, 테러, 혐오, 의분 등 유사한 반응을 불러일으킨다. 비혼종으로 인지되는 것은 또한 정치적으로도 잘못된 것, 그래서 교정이 필요한 것으로 분류된다.

라투르Bruno Latour는 중요한 저서《우리는 결코 근대인이었던 적이 없다Nous n'avons jamais ete modernes: Essai d'anthropologie symetrique》에서 매우 유사한 물음을 제기한 바 있다.

번역, 혹은 매개 작업과 정화작용 사이에는 어떤 연결고리가 있는가? 이것이 바로 내가 해명해야만 하는 질문이다. 나의 가설은—너무나 날것인 상태이지만—정화작용이 번역을 가능하게 만들어 왔다는 것이다. 우리가 하이브리드를 이해하지 않으려 할수록 그들 간의 이종교배는 더욱더 그 가능성이 높아진다―그것이 바로 근대인의 역설인데, 오늘날 우리가 처해 있는 예외적 상황에서만 그 역설을 이해하는 것이 가능하다. 두 번째 질문은 탈근대인뿐만 아니라 다른 유형의 문화들과 관련되어 있다. 나의 가설은―또 마찬가지로 너무나 단순하기는 하지만―다른 문화들은 하이브리드들을 인식함으로써 그것의 증식을 배제하였다는 것이다. 그들―다른 모든 문화들―과 우리―서구인들―를 나누는 대분할을 해명해 주고 상대주의라는 불가해한 문제를 결국 풀 수 있게 만드는 것이 바로 이 불일치다.(Latour 1993: 12)[4]

아리송하면서도 의미심장한 라투르의 물음에서 초점은 우리가 혼종의 중요성에 주목한다는 데 있다. 이때 근대성의 규정적 특성과 그에 대한 사회적 연구는 "정화 작업"과 "번역 작업"의 변증법 속에 자리잡게 된다. 나는 라투르의 명제들과 그 명제들이 가리키는 의미심장한 문제에 대한 나의 의견―분명히 역시 매우 날것인 상태―을 제시하려고 한다. 나는 "오늘날 우리가 처해 있는 예외적 상황"을 혼종의 확산에 따른 결과물, 즉 동화에 부적합한 것이라는 딱지가 붙은 인지 가능한 비-혼종들의 도전에 따른 결과물로 본다. 이 책은 번역 작업과 혼종의 번식뿐만 아니라, 번역 불가능성이라는 사

---

4   브뤼노 라투르, 《우리는 결코 근대인이었던 적이 없다》, 홍철기 옮김, 갈무리, 2009, 44쪽.

회적 난국에서 유래하는 비혼종화의 문제 또한 강조함으로써 라투르의 연구를 계승하고 확장한다. 그에 반해, 정화 작업은 유행에 뒤처진 채 격하되어 버렸다. 탈근대는 순수한 것의 절대주의를 두려워한다. 라투르는 우리 사회체계가 혼종의 증식 때문에 불통 상태가 되었다고 주장한다. 이와 관련해 나는 사회체계가 그 방해물을 비혼종으로 명명함으로써 흐름을 재설계하는 방식을 검토하려고 한다. 대문자 그들Them―다른 모든 문화들―과 대문자 우리Us―서구인들―사이의 분계선을 설명해 주는 불일치란, 현실적으로 우리와 그들 사이의 혼종화가 불가능함을 지각한 데 기인하는 것일 수 있다. 그러므로 거칠면서도 우아한 라투르의 가설은 이어지는 논의를 위한 출발점이 될 것이다.

책의 구성

이 책의 1장에서는 문화와 인류학에서 번역 가능성과 비혼종의 변증법에 관한 일반적 논의를 전개한다. 이 논의는 번역의 타당성, 문화 외적 공간들의 처리, 인간성의 경계 획정 외에, 선언된 상대주의적 현실에서 생명정치 및 도덕적 정당화 체제의 발흥을 포함한다. 이 책의 2장에서는 이 논의를 실체적으로 검토한다. 본질적으로 문화 너머에 있는 것이라는 고령자의 인지 가능한 조건에 초점을 맞춤으로써, 그리고 문화 외적 물질성을 구성함으로써 말이다. 타자–

로서의-노인the old-as-other은 '토착민의 시점'을 재현한다는 인류학적 금언에 응답하지도 않고, 오늘날 탈근대적 상대주의 해석학에도 들어맞지 않는다. 또한 근대성 기획의 핵심에 설정되어 있는 주체성의 에토스와도 일치하지 않는다. 그래서 야만인이나 노인 같은 탈-주체화된 본질적 대상들에 반대하는 현대 인류학은, 이른바 혁신적 노인 의료 계획을 두고 민족지적으로 박식한 논평을 생산해 내면서도 다른 한편으로는 노인이 경험한다고 하는 노년의 날물질성raw materiality을 무시한다. 2장에서는 '노년'이라는 사회적으로 꾸며 낸 범주의 인식론적 이력을 탐구한다. 말하자면, 이 범주는 제3의 인생/제3의 공간이라는 편안한 문화권에서 제4의 인생/제4의 공간이라는 불편한 문화 외적 영역으로 일방적으로 이동한다. 사실상 이 부분에서는 주체성을 박탈당한 비인간적 범주, 즉 개별적인 자율적 행위자이자 일반화된 정치적 정체성이기도 한 비인간적 범주가 결국 문화 외적 현존이 되도록 구성되는 과정을 추적한다.

이 책의 3장과 마지막 장에서는 논의의 확장을 위해서 액체적인 것(혼종적이고 탈근대적인 유목민/야만인)과 불변하는 것(비혼종적 미개인들)의 상호작용을 오늘날 지구적 문화의 핵심 시나리오로 활용하는 인류학의 잠재적 연구 방향을 기술한다. 이를 위해 활용한 주요 사례로는 통증과 자폐증 담론 외에 홀로코스트라는 문화적 장소, 즉 순전한 악이라는 공백이 있다. 결론부에서 나는 세 가지 도덕적 견해들을 융합하는 가운데 논의의 도덕적 파급효과와 비도덕적 파급효과를 정교하게 다듬는다. '미지의 장소에서 본from nowhere' 견해(신자유주의), '여기서 본from here' 견해(공동체주의), '거기서 본from there' 견해(비혼종)가 그것이다.

이 연구는 부분적으로는 정통 민족지적 연구에 대한 반성에 기초하며, 부분적으로는 문화 텍스트들에 대한 이차 분석에 기초한다. 이는 문화 번역, 혼종성, 타자성, 지구화, 생명정치, 위험, 체현, 경계 유지, 인구의 지배와 통제 등에 관한 사회인류학적 학술 지식에 의존한다. 개념적으로 정렬된 다수의 사례 연구는 번역 가능성, 협상 가능성, 순간성, 가역성 등의 역량과 잠재력을 부인하는 과정, 그래서 그 역량과 잠재력을 낳은 바로 그 지구적 정신을 부정하는 과정을 보여 줄 것이다.

1장

혼종성의 조건: (비-)혼종화와 (반-)지구화

탈근대적 지구화의 여러 관찰자들이 보기에 이 상태를 가장 잘 특징짓는 것은 민족적·지리적 경계의 와해다. 이 논리에 따라 민족국가들의 수직적 위계가 근대성의 특성이었다면, 수평적 흐름과 신자유주의적 민영화는 탈근대의 표시일 것이다. 지구화 과정을 비판하는 사람들은 이 과정을 서서히 진행되는 동질화로 간주한다. 이는 때때로 맥도날드화McDonaldizaion, 디즈니화Disneyfication, 또는 다른 혼종보다는 나은 맥디즈니화McDisneyization(Ritzer and Liska, 1997)로도 불린다. 이 과정은 미국 주도 아래 민족적 경계를 초월하는 특유의 국제적 내용과 스타일을 생산해 내는 것으로서, 비판적 인식의 대상이 된다. 포스트포디즘적 후기자본주의 대중문화의 변형 가능하고 유연한 요소들 위에 구축된 지구적 탈근대사회는, 민족 문화들의 수직성을 그 문화들의 언어적·종교적 상이함으로 대체하고 있는 듯하다. 근본주의적 저항을 하는 몇몇 끈질긴 섬들이 있을지는 몰라도 말이다. 그렇지 않으면 문화적 차이와 유일무이함은 관광지, 테마파크, 잡지 〈내셔널 지오그래피national geography〉, 〈디스커버리discovery〉 채널 등의 형태로 전시되고 상품화되어 매매된다.

　이 과정은 탈─분화de-differentiation로도 명명되어 왔다. 이는 대량생산된 대중문화가 고급과 저급을 모두 집어삼켜 대체해 버리는, 고급/저급문화 차이의 와해를 말한다(Lash 1990). 사회적 위계질서를 유지하기 위해 만들어진 '민속'이나 '고급예술' 같은 범주들은 전통과 토착적 정체성이 매매되어 소비되면 즉각 곤란한 상황에 처한다(Canclini 1995). 그 때문에 문학은 더 이상 고급문화의 성스러운 담지자로 여겨지지 않는다. 한때 지적인 정통 종교 연구 언어였던 히브리어조차도 20세기 전환기에는 이데올로기적으로 추동된 시온주의자들에 의해서 국가-만들기를 위한 그릇으로 변형되었고 또 그렇게 부활했지만, 이제는 평범한 언어가 되었다. 히브리어 문학도 평범한 문학이 되었고, 더 이상 고결한 이상과 민족주의적 열정을 지닌 배타적 분야가 아니게 되었다. 사회언어학자 길라드 주커만Ghil'ad Zuckermann(2003, 2006, 2009)은 이스라엘 히브리어Israeli Hebrew가 고조되는 지구화와 함께 신흥국가의 사회적 요구에도 응답함으로써 20세기 내내 '재발명'되는 방식을 검토한 바 있다. 다양한 외국어와의 접촉을 통해 풍성해진, 급격히 증가하는 어휘 목록을 지닌 언어로서 말이다. 이런 언어관은 '언어'를 실재 그 자체라기보다 개인 방언, 사회 방언, 사투리 등의 조합으로 간주함으로써 혼종화의 중요한 역할을 부각한다.

신조어나 언어 접촉에 대한 사회언어학적 연구와 마찬가지로, 혼종화는 또한 사회인류학적 관광 연구를 위한 모델이 되기도 했다. 예를 들어, 관광은 친숙한 재생산 양식 속에서 이루어지는 '이국적인 것'의 상연이라는 맥락에서 다루어졌다. 학자들은 관광의 카니발적 경험을 '감정의 통제된 탈-통제'를 촉발하는 '질서 잡힌 무질서의 장소'로 정의한다(Featherstone 1991). 이국적인 것과 친숙한 것, 진정한 것과 상품화된 것의 여행자적 혼종화는 육체와 정념의 자기조절을 통해서 유연해진 수행들로 요약된다. 그래서 불법적인 것, 타자적인 것, 기이한 것 등이 지닌 매력에도 불구하고, 이 수행들은 잘 정리되고 깔끔해져서 어떤 흥미진진한 '반사회적' 요소도 담지 않게 된다(Gottdiener 1997). 이런 종류의 탈근대적 상연은 지구적 문화에 디스토피아적 미래를 내미는 것처럼 보일 수도 있다. 여기서는 모든 잠재적 공간이 만물의 상품화의 일환으로서 철저하게 연출되고 규제되기 때문이다(Edensor 2001). 그럼에도 불구하고 혼종화를 거쳐 진행되는 이런 동질화 과정을 따라 어떤 실천들, 즉 세계를 개방하고 일상에 침입하며 수행적 선택 목록과 무대 범위를 확대하는 실천들도 끊임없이 증식한다. 비혼종이 우려스럽게도 지구화의 길에 놓여 있는 사회적 난국의 막다른 골목으로서 파악되는 이유가 바로 여기에 있다.

근대에는 혐오, 아브젝시옹abjection, 추악함, 금기, 타자성 등이 불순하거나 혼종적인 상징적 형상에 귀속되었다. 반면, 이 책에서 논의하는바 탈-탈식민적인 불가촉의 것과 구제 불능의 것은 명백히 환원 불가능하고, 화해 불가능하고, 변경 불가능하고, 오염되지 않은 삶의 비혼종/순수 형식들에 놓여 있다. 이런 원자적 구성물들은 변형, 초월, 상거래 너머에 있는 문화적 단위들로서 자신들이 곧 파괴되리라는 것을 예상한다. 이 책은 도덕적 사유 너머에 있는 것으로 간주되는 미개인-같은 실재들의 거주지, 즉 문화적으로 제작된 문화-외적 공간과 서구의 달갑지 않은 만남을 기술한다.

오늘날 사회인류학은 예외없이 '미개인'을 자신의 인식론적 주름 속에 끌어들이려고 하지 않는다. 그래서 사회인류학은 '길들일 수 있는 타자'의 제작이라는 문화적 과제에 투신하기로 하고 그 일에 사회적으로 전념하게 된다. 이때 '길들일 수 있는 타자'는 통제 불가능한 미개 상태에서 빠져나와 분과학문 내에서 담론적 지위를 확보한다. 이는 문명인 집단 속으로 안내 받을 수 있는 타자들의 특권과 함께, 다르게 있을 수 있는 타자들의 정당한 자율성을 발견하고, 드러내고, 재현하고, 구성하고, 옹호함으로써 성취된다. 이 양날의 검은, 어떤 훈육된 편입의 조짐도 없는 순수한 미개 상태의 가능성을 제거해 버린다. 지구화의 경제적 과정이 상대주의적 다문화주의의 정체성 정치학을 조장함으로써 코스모폴리탄 윤리학을 지지하게 되면, 저 너머 어떤 불가해한 곳에서 기원하는 야만적 광인들이 등장할 만한 여지는 남지 않게 된다. 이런 방식으로 인류학의 과제는, 나아가 문화 연구 일반의 과제는 야생의 '미개인savage'을 길들일 수 있는 '야만인barbarian'으로 만드는 일이 된다. 미개인은 길들여질 수 없으면 사회적으로 격리되고 기피된다. '노년', '자폐증', '통증', '근본주의' 등과 같이 말이다.

다음 장에서 나는 이런 일이 어떻게 혼종화의 생명정치적 통치성을 구성하는지 논의할 것이다. 여기서 치료의 과제는 비슷하게 일탈자를 길들이는 일이 된다. 따라서 우리의 일부라고는 해도 정상적인 동화작용으로 보기 힘든 상태들은 치료의 대상이 된다. 예를 들면, 과잉행동에는 리탈린Ritalin[1]을, 우울증에는 프로작Prozac[2]을, 발기부전에는 비아그라Viagra를 처방하는 것이다(Conrad 1975, 2007).

지구적으로 규율된 세계, 즉 대중매체 투성이에다 유비쿼터스 휴먼 커뮤니케이션에 대한 공공연한 초국적 욕망으로 물들어 있는 세계에도 아직 문명화되지 않은 공간들이 상당수 존재한다. '문명화 과정'(Elias 1994[1939])을 회피하고, 동화에 저항하며, 진단diagnosis에서 벗어나고, 다원주의에 거역하며, 변화의 개연성을 부인하는 섬들이 존재하는 것이다. 지구적 탈근대사회는 이 섬들의 동화 실패를 체제 전복적인 것, 일탈적인 것, 불길한 것, 참을 수 없는 것으로 간주한다. 정보기술, 노동 이주, 관광, 국제 통상, 소비주의 등이 발전해서 동시대 생활 경험을 받아들이고 또 거기에 구석구석 스며드는 것처럼(Bauman 2000: Beck 2002), 문화적 장치들이―'피진화pidginization'와 '클레올화creolization'를 가리키기도 하는―공통 동화 언어a common language of assimilation를 만들어 내야 할 필요성은 계속해서 증가하고 있다(Hannerz 1996).

지구화 과정은 토착적인 것을 지구적인 것으로 전환한다는 일반적 논리로서 보편화와 표준화에 대한 요청 때문에 발생했고, 혼종화에 대한 요구를 수반했다. 우리의 현대판 경제 담론은 모든 것을 집어삼키는 이 과정의 주요 사례 가운데 하나다. 신고전주의 경제 이

---

1 주의력결핍 과잉장애행동ADHD의 치료제.

2 우울증 치료제.

론은 모든 사람들이 민족, 문화, 배경을 가로질러 본질적으로 동일한 합리적 방식에 따라 경제적 판단을 내린다고 가정했다. 심리와 행동에 기반해서 이루어진 지난 30년간의 경제 연구는 정반대 사실을 증명했다. 사람들이 너무나도 자주 그리고 체계적으로 신고전주의 경제모델에서 벗어난다는 것이다(Tversky and Kahneman 1974). 여기서 쓰는 용어로 말하자면, 합리적인 경제적 선택에 대한 이 행동주의적 비판은 혼종화에 대한 요구를 이끌어 냈다. 그럼에도 (정확한 행동모델을 옹호하는 이들을 포함한) 많은 연구자들은 여전히 대다수 사람들이 동일한 인지적 성향을 드러내거나, 체험상 합리적인 경제적 의사결정에서 동일하게 일탈해 있다고 가정한다(Etzioni 2011). 그 결과 문화적 차이가 경제적 의사결정에 체계적으로 영향을 줄 수 있는 잠재력은 보통 간과되거나, 최근 경제적 곤경에 처했던 그리스나 스페인의 사례에서 보듯 통제 또는 교정이 필요한 것으로 간주된다.

문화적·경제적 자본을 전달하고 변형하는 데 사용할 수 있는 보편적 수단에 대한 탈근대적 열망은 이처럼 번역에 실패하는 장소들이 등장하면서 난처한 상황에 처한다. 이 장소들은 불안을 낳는 인식론적 공백으로 여겨진다. 이때 글로벌리즘이라는 관념은 임의적인, 표피적인, 피상적인, 허무주의적인, 미결정적인, 명백히 아노미적인, 비문명적인 그것 자체itself의 위협에 노출된다.

상징 교환의 난국에 대한 두려움으로 인해서 지구화된 세계는 공통분모들을 조장하는 한편, 문화적 차이들을 균등화하는 다양한 문화적 수단들을 고안해 낸다. 이는 개인, 가족, 직장의 경계를 초월하는 이른바 보편적 치료 언어를 통해 영혼을 합리화하려는 취지(Illouz 2008), 과학적으로 정당화된 의료 행위를 통해 신체들을 동질화하려는 취지(Conrad 2007), 영화 및 일렉트릭 인터랙티브 미디어를 통해 형성된 로고스와 가상의 의식으로 개별성을 대체하려는 취지 등의 배후에 있는 공통된 동기일 수 있다. 우리의 탈근대적인 지구적 사회에서는 동화와 네트워킹이 최고다. 동화할 수 없거나 동화하려 하지 않는다면, 네트워크에서 벗어나 있다면, 그 사람은 갈수록 더 사회적 사망 상태에 있는 것으로 여겨지게 된다.

네트워킹에 대한 이런 열의는 과학과 기술 연구로 진전된 새로운 이론, 즉 ANT(행위자-네트워크 이론) 같은 더 세련된 문화 분석 형식의 근거가 된다. 행위자-네트워크 이론의 근본 전제는, 대량 전달 과정의 결과로 지구화하는 세계에서는 지형이 평면적이게 된다는 것이다. 이 평면적 지형의 링구아 프랑카lingua franca[3], 즉 차이들이 만나는 장소는 상이한 문화적 실재들과 의미들을 상징적으로 이어주는 문화적 은유화에 전적으로 의존한다. "그렇게 하려면, 우리는 일련의 죔쇠들clamps을 고안해 내서 경관을 아주 평평하게 유지하지 않으면 안 된다. 말하자면, 더 '지구적' 역할을 하는 어떤 후보자라도 '지역적' 장소 옆에 자리를 잡도록 해야 하는 것이다. 이때 '지역적' 장소란 그 후보자가 그 위나 배후로 움직이는 모습을 지켜보기보다

---

3 모국어를 공유하지 않는 사람들 간의 의사소통을 위해 체계적으로 사용되는 언어나 방언. 브릿지 언어bridge language, 공통 언어common language, 통상어trade language 등으로도 불린다.

해명하기를 요구하는 곳이다"(Latour 2005: 174).

행위자–네트워크 이론은 지구화의 평판효과를 감수함으로써 그런 평판화가 요구하고 또 수반하는 생명정치적 통치성을 보지 못할 수 있다. 무제한의 변환이라는 지구적 전제를 보호해야 한다면, 불안감을 유발하면서 존재하는 문화적 공백들에는 '클램핑clamping', 즉 보충 및 교정 치료 조치가 필요하다. 그런 공간들의 불투명성을 봉합할 수 있는 공인된 언어가 없다면, 거기에 거주하는 주민들은 많은 경우 문명화되지 않은 채, 즉 치유 불가능한 미개 상태라는 속성을 지닌 채 잔존하게 된다. 어떤 경우든 지구적으로 입증된 적절한 의미화 수단이 없다면 문명인은 미개인을 자신의 동류로 변형시킬 수 없다. 파괴 불가능한 궁극적 타자의 유령들, 즉 지구적 현장에 포함되어 있지 않지만 그럼에도 불구하고 그에 의해 초래된 그 유령들은 지구적 현장의 바로 그 기반에 출몰해서 그를 침식한다(Agamben 1998: Appadurai 2006). 이 책은 이런 문화적 불요불굴不撓不屈 지대를 탐구하려고 한다.

혼종성의 계보학

비혼종성을 논의하려면 혼종성의 맥락이 해체되어야 하고, 그 권력/지식의 계보학도 해명되어야 한다. 알다시피 혼종성 증식은 우리 논의의 가장 중요한 배경이다. 문화인류학자들과 사회학자들은 혼종성이 지구화에 부응하여 모든 것을 집어삼키는 과정이자 지구화 전개의 필수 수단이라고 논한 바 있다. 혼종성은 상품과 지역 공동체 사이의 정서적 연결고리를 구축할 초문화적 쐐기를 해외 미디어 및 마케팅 담당자들에게 제공해 준다는 것이다(Hannerz 1992, 1996). 그래서 혼종성은 지구화의 문화 논리다. 크레이디Kraidy의 언어로는,

혼종성은 우리 시대의 상징적 관념이다. 혼종성은 이 시대의 정신을 문화적 차이와 융합에 대한 의무적 찬양으로 포착하고, 규제 없는 경제적 교환이라는 지구화의 주문과 이른바 모든 문화의 불가피한 변형에 공명한다. 더 산문적인 용어로 말하자면, 혼종성은 라틴어로 "길들여진 암퇘지와 야생 수퇘지"(Young, 1995, p.6)의 새끼를 묘사하기 위해서 처음 사용된 이래, 다용도 전자장치, 조작된 농업용 종자, 이중 연소기와 전자식 엔진을 갖춘 친환경 자동차, 미국식 경영과 일본식 경영의 혼합 회사, 혼혈인, 이중국적자, 탈식민 문화 등을 묘사하는 데 유용한 개념임을 입증해 왔다.(Kraidy 2005: 1)

전 세계 문화의 '근대화'든 동질화든, 아니면 외부 영향에 대한 완고한 문화적 저항이든, 그에 비해 이런 혼종성 견해는 '글로컬화', 즉 지구적인 것과 지역적인 것의 역동적 상호혼합을 강조한다(Nederveen 2004). 제3세계 국가(보통 아프리카와 라틴아메리카)의 맥락에서 개발된 신마르크스주의 '세계체제' 이론이 지구적 근대화를 기능주의적으로 해설하며 '이론'의 지위를 소리 높여 요구한다면(Sklair 1991), 글로

컬화로서의 혼종성은 지역에 대한 적응이라는 보완적·복합적 개념을 제공한다(Kraidy 2005). '문화제국주의'와 '문화 적응' 모두 지구화의 일부로서 발생한다.

복잡다단한 혼종성의 문화사는 오늘날 혼종성의 다의성을 이해하는 데 중요하다. 바흐친(1986)의 수용을 매개로 '혼종성' 개념이 최근 수년간 문화이론의 핵심 개념 가운데 하나로 부상하기 전(Burke 2009), 19세기 인종이론에서 20세기 반유대주의와 민족사회주의 저술에 이르기까지 내내 이 개념에는 기나긴 인종주의적 용법의 역사가 있었다. 식민주의의 전성기에 혼종은 열등한 인종보다 더 나쁜 탈선, 즉 인종적 순수성을 염려하게 만드는 우둔하고 병약한 돌연변이로 인식되었다. '식민 욕망'으로서의 혼종성이라는 영Young(1995)의 역사적 분석은 이 용어를 관통하는 계보학을 제공한다. 영은 인종 및 인종 간 결혼에 관한 빅토리아 시대의 다양한 담론들에서, 즉 매혹과 역겨움을 결합해 놓은 그 담론들에서 혼종성이 정교하게 다듬어지는 과정을 추적했다. 인종적 혼종의 생식력 문제는 빅토리아 시대 제국과 식민주의 이론에서 핵심적인 것이었다. "인류는 하나인지 아니면 여러 인종들(동등하거나 동등하지 않거나, 같거나 다르거나)인지의 주장이 혼종성, 즉 인종 간의 생식력 문제로 결정되었"[4]다(Young 1995: 8).

혼종성은 인종 대 문화라는 식민주의적 대립의 전형적 특질로서 기호학적–문화적 이력을 시작했고, 이후 탈식민주의의 출현과 함

---

4 로버트 J. C. 영, 《식민 욕망》, 이경란·성정혜 옮김, 북코리아, 2013, 28쪽.

께 본질주의 대 구성주의라는 담론에 위탁되었다. 혼종성은 인종이론과 함께 출발한 뒤 식민주의와 대립하게 되었고, 마침내 지구적 대중문화의 지주가 되었다(Kapchan and Strong 1999). 따라서 혼종성은 인종적으로 억압받는 자와 탈식민적인 것을 대중적이고 유희적인 것에 연결한다. "서발턴 행위자는 혼종적 조건들 안에서 희열을 만들어 내는, 거부와 소속으로 구성된 비공식적 장소들을 만들어 낸다. 혼종성 이론들은 예를 들면 스타일 정치학을 통해서, 또는 알쏭달쏭한 소비의 경제를 통해서 지배구조들과의 보이지 않은 협상을 허용한다"(Joseph 1995: 12). 하지만 '낡은' 인종이론 텍스트에서도 혼종성의 용법은 바로 그 때문에 인종 범주들의 완고한 본질을 의문시하고 혼란에 빠뜨렸다. 영의 말대로, "여기서 혼종성은 핵심적 용어이다. 그것이 등장하는 곳마다 본질주의의 불가능성을 시사한다는 점에서 그러하다"(1995: 25).[5]

스튜어트 홀Stuart Hall이나 호미 바바Homi K. Bhabha 같은 문화이론 저자들의 입장에서 혼종성 개념을 전유하고 재정의하는 것은, 본래 이 개념과 관련되어 있는 동화assimilation 이념뿐만 아닌 상호침투 이념—중심과 주변, 피억압자와 억압자, 헤게모니적인 것과 종속적인 것 사이의 상호작용—에 대한 거부와도 연결되어 있다(Bhabha 1993: Young 1995). 그래서 바바는 번역을 혼종성의 '제3의 공간' 내부 한가운데에 위치시킨다.

---

5 로버트 J. C. 영, 《식민 욕망》, 56쪽.

문화 번역 행위는 … 선험적으로 주어진 원본 또는 시원적 문화의 본질주의를 부인한다. … 나에게 혼종성은 다른 입장들의 출현을 가능하게 하는 '제3의 공간'이다. … 혼종성의 중요성은 그것이 '제3의 공간'을 알려 주는 그런 느낌과 실천의 흔적을 담고 있고, 그래서 마치 번역처럼 혼종성이 다른 어떤 의미나 담론의 흔적을 잘 모아 놓고 있다는 데 있다. (Bhabha 1990: 211)

탈식민주의자들 역시 혼종성에 활력과 가치를 주입하는 식으로 혼종성을 재전유했다. 아프리카계 미국인의 비혼종성을 특징짓는 비참한 허무감을 생각해 보면, 그 변화를 이해할 수 있다. 20세기 전환기 두 보이스W. E. B. Du Bois가 《흑인의 영혼The Souls of Black Folk》에서 표현한 것처럼.

그것은 특유의 감성, 이 이중-의식, 늘 타자의 눈으로 자신의 자아를 바라보는 이 감각, 경멸과 연민을 즐기며 바라보는 세계의 줄자로 자신의 영혼을 측정하는 감각이다. 그는 영원히 자신의 둘임twoness―미국인과 흑인―을 느낀다. 하나의 검은 몸속 두 가지 영혼, 두 가지 사상, 화해 불가능한 두 가지 분투, 상충하는 두 가지 이상. 이 몸이 산산조각나지 않는 것은 하나의 검은 몸이 지닌 끈질긴 힘 때문이다. (1961[1903]: 16-17)

화해 불가능한 '둘임'의 결과로서 영원히 찢겨져 있는 존재라는 그 허무감은 탈식민주의 작업에서 영향력 있는 행위자의 원천이 되었고, 탈근대적 관점에서는 활력과 소비지상주의적 찬양의 원천이 되었다. 혼종성은 이제 "인간들, 문화들, 이념들, 정치들, 영화들, 노래들의 새롭고도 돌발적인 결합"을 수반하는 긍정적 변형으로 인식된다. "혼종성은 잡종화를 즐기고 순수의 절대주의를 두려워한다. 혼합, 뒤범벅, 이것 조금 저것 조금은 새로움이 세계에 진입하는 방식이다"(Rushdie 1991: 394: 원문 강조).

 이 모델에 깊숙히 스며들어 있는 것은, 혼종성이란 혼합, 융합, 전환의 역학을 끊임없이 조장하는 지구화의 최고 문화 논리라는 가정이다. 혼종성은 개인화된 신자유주의적 통치성의 새로운 형식이 되어 버린, 상호작용interactivity에 대한 요구를 압축해 놓고 있다. 이런 의미에서 혼종의 문화적 위치는 마녀, 괴물, 불순물, 이방인, 언홈리unhomely(Bhabha 1992), 아브젝시옹(Kristeva 1982), 금기 등으로 구성된 위험한 영토로부터 합법적이면서도 환영받는 탈근대의 모든 체류자들—즉, 하이픈 붙은(Lavie 1996), 혼혈 인종, 인간화된 동물, 뱀파이어, 아브젝트abjects의 사회성, 사이보그, 외계인 같은 영화 및 기타 미디어의 일상적 이미지들—이 거주하는 공간으로 이동했다.

 트랜스젠더의 점진적 합법화(주디스 버틀러Judith Butler의 승리)는 비혼종 범주들의 폐기를 나타내는 전혀 다른 증거다. 말하자면, 비혼종 범주들을 변형 가능한 혼종들에 용접해 붙임으로써 폐기해 버린 것이다. 이와 마찬가지로, 동물권animal rights에 대한 공적 집착은 인간과 동물 간 분할이 더 이상 타당하지 않다는 확신을 반영한다.

이 혼종적 구성물은 인식론적 전회와 다름 없다. 예를 들어, 조너선 사프란 포어Jonathan Safran Foer의 《동물을 먹는다는 것에 대하여Eating Animals》(2009)가 끼친 어마어마한 영향을 보라. 포어는 "'동물이란 무엇인가?'라고 묻는 것은 '인간이란 무엇인가?'라고 묻는 것"(Foer 2009: 41)이라고 주장하며 '인간'과 '동물'을 혼종화한다.

이와 같은 대중적 트렌드와 함께, 생명윤리학과 도덕철학에서도 유사한 논의를 발견할 수 있다. 그 초기 표현 형태는 피터 싱어Peter Singer(1975)의 (수간獸姦은 말할 것도 없고) 동물해방 옹호, 또는 매리 미즐리Mary Midgley의 짐승성beastliness 개념(1973, 1978)에서 찾아볼 수 있다. 여기에는 우리가 어떻게 우리 자신을 다른 동물들로부터 잘라 냈는지, 그것도 우리에게 동물적 본성이 있음을 인정하지 않음으로써 그런 실수를 했는지에 관한 논의가 담겨 있다. 이런 주장들로 인해 미즐리는 기어츠Geertz(1984b)의 유명한 '반 반-상대주의anti anti-relativism'의 주요 표적이 되었다. 기어츠가 보기에 인간 본성의 뿌리에 대한 미즐리의 성찰은 본질주의 또는 반-상대주의로의 귀환을 나타내는 표지였다. 기어츠는 "그 모두가 (유전자, 유적 존재, 뇌 구조, 성심리性心理 구성 등) 기질에서 비롯된다"(Geertz 1984b: 270)의 반복에 불과하다고 비판했다. 나는 현대 인류학의 거의 모든 분야에서 '인간 본성'에 관한 그런 사고들을 발견할 수 있다는 데 동의한다. 하지만 그런 생각들을 허수아비(와 허수어미)로 만들기보다 있는 그대로 살펴보게 되면, 우리는 그 생각들이 사실은 혼종성, 경계-횡단, 이분법 위반 등에 대한 욕망을 표상하고 있음을 알 수 있다.

이전에 두려움을 유발했고, 그래서 주변으로 밀려났던 혼종, 즉 도덕적 공황과 무질서의 유발자는 사회적 상호작용이 이루어지는 적법한 중심부로 이동했다. 그에 따라 과거 비합리성, 미개함, 제멋대로의 예측 불가능성으로 여겨졌던 경멸의 영역은 자연스런 문화 상태로 변형되었다. 이런 전도는 지구적 수준에서 발생한 문화적 자산 역전으로 묘사할 수 있다. 한때 금지되었던, 증오와 공포로 가득한 비열하고 야비한 유령들이 출몰했던 귀신의 집(Douglas 1966, 1992)은 이제 매력적인 소비주의와 대중매체의 신전으로 바뀌었다. 그에 반해 순수한 것, 원초적인 것, 오염되지 않은 것 등이 거주하던 신성한 땅은 문화 외부의 다루기 힘든 악령들이 거주하는 금지된 대지가 되었다. 이때 이 악령들의 불변하는 현존은 지구화 시대 액체화된 삶에 거스르는 것이다.

간단히 말해서, 혼종성이 담론들의 협상 공간이자 주체들(과 객체들)의 상호작용 공간이라면, 비혼종성은 담론들 간 협상이 불가능하고 모든 대화가 중단되는 사회적 난국이다. 그래서 이 책은 혼종성이 늘 은폐하는 권력관계들을 환기시키는 가운데, 모든 것을 집어삼키는 혼종성 담론 너머로 위험을 무릅쓰고 나아간다. 이는 분명히 바바를 비롯한 탈식민주의 비평가들이 말하는 '제3의 공간'으로 추를 다시 이동시키는 일이다. 그들은 혼종을 매력적이지만 불쾌한 식민지의 그림자로 본 바 있기 때문이다. 켈너Kenner는 문화와 커뮤니케이션 연구에서 혼종성이 현재 어떻게 인식되고 있는지 검토하면서 다음과 같이 말했다.

혼종성 개념은 … 차이들의 혼종적 혼합과 극복, 또는 그에 대한 억압을 통해서 실존하는 갈등과 투쟁을 은폐할 수 있다. 그럼으로써 그것은 최종적으로 자유주의의 이데올로기 목록에 포함된다. 뚜렷하게 지구적인 문화, 그리고 지극히 민족적이고 지역적인 문화는 위계와 불평등으로 충만한 권력·지배관계로 인해 갈기갈기 찢어진다. 혼종성 개념은 이런 분할들, 그리고 억압에 맞선 다양한 투쟁들을 무시하거나 은폐한다. 따라서 혼종성이 의심할 바 없이 여러 지역문화와 민족문화의 핵심 특질이고, 그래서 확실히 지구적 문화의 핵심 특질이라고 해도, 혼종성은 차이, 억압, 위계, 투쟁, 헤게모니 등으로 분명하게 표현될 필요가 있다. 문화 융합과 혼종화 외에, 특정한 문맥에서 진행되는 다양한 형태의 투쟁을 분명히 표현하기 위해서는 그람시의 헤게모니 개념이 필요하다. 여기에 더해, 미디어 및 지구화에 대한 비판적 분석은 억압된 자들의 목소리에, 그리고 지배에 맞선 이들의 투쟁에 가치를 부여해야만 한다. (Kellner 2007: 50)

켈너는 미디어와 커뮤니케이션 연구에 공통된 오늘날의 관점으로서 혼종성이 지니는 한계를 지적한다. 이런 접근법은 대기업이나 미국이 지구적 문화를 지배하고 있음을 비판하지만, 이 시대의 핵심적 투쟁이나, 억압당하거나 저항하는 집단들과 목소리들이 그 투쟁 안에서 대안적 의사소통 매체를 개발하는 방식을 정확하게 표현해 내지 못한다. 이 때문에 우리는 비혼종들에 주의를 기울여야만 한다. 이것이 바로 이 책의 목표다. '제3의 공간'이라는 탈식민주의의 비판적 접근법을 적용하여 혼종성이라는 오늘날 신자유주의적 규율을 넘어서려면 '제4의 공간'에 진입해야만 한다. 그 공간에서만 대안적 비혼종 담론들이 그들의 고유한 시공간적 편성이라는 견지에서 기술·이해될 수 있고 또 그렇게 되어야만 한다.

앞선 혼종성들의 이항대립(탈식민주의적 혼종성에서는 피억압자/억압자, 동시대 문화 연구에서는 지구적인 것/지역적인 것)을 이어받아서 확장하게 되면, '제4의 공간'의 (비-)혼종성은 역설로 가득 차게 된다. 이제 그것은 사회적 흐름 대 문화적 불요불굴의 역설이고, 번역 가능한 것 대 변경 불가능한 것의 역설이다. 이 책은 이런 대립들을 해소하려는 불가피하면서도 끝도 없는 시도에 관한 이야기다. 이 과정은 비혼종의 음폐masking the non-hybrid, 예를 들면 노화의 음폐물(연령과 관련한 외모의 정형화와 낙인찍기(Featherstone and Hepworth 1991 참조)) 같은 것으로 이루어져 있다. 이 과정은 또한 번역 가능한 것과 변경 불가능한 것의 조정을 포함하는데, 이는 문화적으로 구성된 모종의 등급표a gradient를 제작하고자 인지 가능한 비혼종의 회색지대를 등급들과 단계들로 세분화함으로써 성취된다. 이때 비혼종성은 그 등급표에 따라 얼마간 번역될 수 있고, 완화될 수 있고, 진단될 수 있고, 처리될 수 있고, 통제될 수 있다.

혼종성을 기대하고 찬양하는 지구화 세계에서 위험과 위력은 (더글라스Douglas의 논의를 풀어 말하면) 지구적, 중년기적, 신경전형적 문화의 행로가 근본적 타자성에 가로막히는 공백들에 거주한다. 이때 그 문화의 기계들로 쉽게 흡수될 수 없는 근본적 타자성은 그것 자체이지 다른 사물들의 뒤범벅이 아니다. 이 책의 나머지 부분에서는 초고령, 자폐증, 홀로코스트, 통증 같은 비혼종 사례들에 의존해서 이 논의를 입증할 것이다. 때로는 이런 사례들이 그야말로 본질적으로 비혼종인지, 아니면 그렇게 구성된 것인지 결정하기 어려울 수도 있다. 그러므로 나는 분명하게 말하고 싶다. 문화 영역에서 모든 것은 구성된다. 심지어 본질도 그렇다. 물리적 본질은 그 자체로는 아무래도 문화 배후에서, 그리고 사회 구성주의 너머에서 어렴풋이 드러난다. 그래서 현실 세계는 사물이 실질적an actual 본질을 지니는 곳 저 너머에 존재한다. 하지만 우리가 알고 있는 현실은 사회적으로 이미 정해진 우리의 감각과 정신 능력에 의해서 제약되거나 그에 의해서 작동한다. 여기에 문화인류학자로서 나의 출발점이 있다. 뒷 부분에서는 문화인류학의 많은 전제들을 훨씬 더 많이 파괴하게 되겠지만 말이다.

모든 것이 사회적 구성물이라면, 혼종이든 비혼종적 근본이든 그것이 존재하는 이유는 무엇인가? 어떻게 '구성 가능한 공통성commonalities을 결여한' 무언가가 있을 수 있는가? 우리는 애당초 그 공통성을 다른 식으로 구성할 수도 있었을 것이다. 그러므로 그 이유는 틀림없이 다음과 같다. 끊임없이 간섭당하는 사회적 구성물 너머에 현실이 있기 때문이거나, 아니면 우리가 그런 사물들을 특정한 기능(장애) 대신 우리의 상징적 분류체계 속에서 소유하기를 바라기 때문이다. 두 대답 모두 참이고, 그래서 그 둘은 함께 끝도 없는 변증법을 구성한다.

본질적인 것과 구성적인 것의 사이에서 문화적 균형을 잡으려는 서로 다른 시도들이 여러 시기에 걸쳐 진행되었다. "전통적 인류학, 근대적 인류학, 탈근대적 인류학의 타자 탐구" 부분은 이 계보학을 전개한다. 구성적인 것과 본질적인 것의 문화 변증법과 비슷한 방식으로, 가끔씩 혼종화 운동 그 자체는 타자성을 먹어치울 때 근본적 타자, 즉 비혼종으로 남겨진 것을 구성하는 듯이 보인다. 나의 분석 대상, 즉 단계화와 차등화라는 사회적 과정조차 근본적 타자성을 길들이려고 하는 바로 그때 근본적 타자성을 창조해 내는 그 혼종화 운동에 해당할지도 모른다.

분명히 나는 자폐적인 자기변론자들이 어떻게 사회적 단계화 관행을 재전유하는지, 그리고 '스펙트럼을 앓는 사람들'이라는 사회적 호칭을 어떻게 '스펙트럼을 앓는 우리들'의 근본적 타자성을 가리키는 자기 호칭으로 바꾸어 놓는지 논의할 것이다. 고령자들, 만성통증 환자들, 홀로코스트 생존자들, 이들의 보호자들, 그리고 신체 건강한 중년 집단에서 배제된 나머지 사람들은 질서의 협상, 의사소통의 촉진, 번역의 실행 같은 유사한 형식들에 서로 다른 방식과 어법으로 결부되어 있다고 말할 수 있다. 번역은 중년기적, 서구적, 신경전형적 언어로 이루어지면 정당화된다. 혼종화가 일어나는 것이다. 이와 같은 지배적인 번역의 덫에 걸리지 않기 위해서 '타자'는 전복적이게 된다. 이는 번역 '스펙스럼'을 두고 벌어지는 끊임없는 협상이다. 이 협상은 또한 우리가 혼종화의 생명정치에 의해서 짜여진, 탈식민주의의 '제3의 공간'에 진입하게 되는 곳이기도 하다.

혼종화, 의료화, 문화적 중개의 생명정치

오늘날 사회과학에서 생명정치, 즉 푸코가 30년도 더 전에 열어놓은 장field은 푸코 자신이 언젠가 명명한바 '사물의 질서', 에피스테메, 패러다임의 절대적 원천 등이 되었다(Lemke 2011). 내가 혼종화의 생명정치를 취급하는 이유, 그리고 그에 수반하는 것으로서 의료화를 혼종화 과정의 중요한 대행자로 보는 이유는 다음과 같다. 의료화의 생명정치를 노년, 통증, 자폐증, 그리고 기타 다른 비혼종의 맥락에서 논의하는 게 왜 적절한가? 푸코의 논의에 따라 생명정치를 "생명과 생명 메커니즘을 명확한 계산의 영역으로 편입시키고 권력-지식을 인간 생명의 변화 요인으로 만드는 것"[6](Foucault 1990: 143)에 대한 연구로 정의한다면, 그 이유가 분명해질 것이다. 이 책은 오늘날 혼종성의 신자유주의적 지배에 초점을 맞추고 있으므로, "신자유주의를 생명정치의 일반적 틀로서 연구한다"는 푸코의 설정 과제를 전면화해서 자본주의의 신자유주의 형식과 생명정치 간의 관계를 살펴보는 것 역시 적절하다.

탈마르크스주의적 푸코 지지자들 몇몇이 정의한 바에 따르면, 이 과제는 노동력보다 생물학적 생명이 잉여가치의 원천이 되는 (내가 볼 때는, 그 원천이 되는 데 실패하는) 방식들에 대한 탐구다(Cooper 2008). 푸코 이후 생명정치는 후기 근대에서 생물학적 생명과 정치적 생명

---

6   미셸 푸코, 《성의 역사1 지식의 의지》, 이규현 옮김, 나남, 2014(1990), 154쪽.

사이의 분리 불가능성을 나타낸다. 이 분리 불가능성은 혼종화와 동등한 것이고, 그래서 후기자본주의 시대 혼종화 논리의 생명정치적 면모로 간주될 수 있다. 생물학적 생명과 정치적 생명이 혼종화한다면, 이는 구성주의적이고 은유적인 담론의 탈근대적 특질로 간주될 수 있다. 그래서 정치가 생존을 통치하는 문제가 될 때, 생물학적 생명은 자연 그대로의 불변하는 전제에 참여하기를 멈춘다.

생명정치를 포함하는 통치성의 목표는 개인을 또한 주관적 책임감과 책무감을 지닌 '유순한 신체'로 구성하는 데 있다. 주체에게는 책무가 있다. 이 둘의 연계는 통치성, 말하자면 사목司牧권력의 탈근대적 세속 형태가 작동하는 유력한 장소다. 노년, 통증, 자폐증 환자, 무젤만Muselmann[7]은 인지 가능한 벌거벗은 본질성이라는 점에서 통치성에 굴복하고 또 도전한다. 이 범주에 속하는 이들은 아주 흥미로운 역설을 보여 준다. 즉, 그들은 통치성의 주체들이기는 하지만 더 이상 주체화될 수는 없다. 그들은 극단적이라고까지 할 만큼 상당한 정도로 외부로부터의 사회적 지배에 예속되어 있지만, 그들의 주체성은 아주 사적인 채로, 수수께끼인 채로, 사회의 손이 닿지 않는 곳에 남아 있다.

---

7 [원주] 무젤만Muselmann(매우 아니러니하지만, 무슬림Muslim의 독일어)은 운명에 굴복한 채 죽음을 앞둔 수감자들을 가리키는 포로수용소의 은어다. 이 수감자들은 허기, 질병, 정신적 무관심, 육체적 탈진 같은 마지막 단계의 징후들을 보여 준다. 이 용어는 아우슈비츠에서 아주 많이 사용되었다. 프리모 레비Primo Levi(2000)에 따르면, 무젤만은 많은 경우 동료 수감자들이 분노를 표출하는 대상이었다. 즉, 수감자들은 자신들이 맞닥뜨린 상황에서 너무 절망에 압도되지 않도록 무젤만을 피했다.

주체화는 흔히 책임화responsibilization, 즉 '신체적 개인somatic individual'을 예속화하고 훈육하는 데 기여하는 생명-권력 메커니즘을 통해서 작동한다. 규범적 지배가 제2의 자연이 되고, 그래서 그것이 개인의 요구와 욕망에서 유래하는 것으로 여겨질 만큼 내면화되도록 말이다(Rose 2006). 하지만 고령자, 만성통증 환자, 자폐인, 무젤만 등은 자신들의 상황에 책무나 책임이 없고, 책무나 책임을 질 수도 없다. 그들은 셈accounts과 책무accountability 사이의 불연속성 안에 외롭게 서 있고, 그로 인해 대화적 서사성의 사회적 흐름 외부에 외롭게 서 있다. 그들은 부끄러움 너머에 있고, 따라서 예속화 너머에 있다. 그들은 통제된 이탈 상태에 있다는 점에서 우리 탈근대 문화의 체류 외국인들이다. 이 모든 사례들에서 사회적 음폐는 문화적 불요불굴과 조우하게 된다. 번역에 대한 열의가 번역 불가능한 것, 즉 불변자로 인지되는 것과 대면하듯이 말이다.

그러므로 우리 가운데 있는 그런 타자들은 번역 불가능성을 체현한 주체성들에 단단히 고정된다. 물론 고령자, 만성통증을 겪는 사람, 자폐증을 앓는 사람, 무젤만 등은 각각 너무나도 상이하다. 하지만 그들 모두에게는 공통된 사회적 호칭이 통용된다. 이 모든 경우 주체의 정신은 위험천만하게도 그 육체에서 떨어져나온 것으로 간주되고, 그래서 규범화할 수 없게 된다. 그들은 책무와 책임이 없기 때문에 생명정치적 통치성의 규범화 담론에 도전한다. 이 주체들은 신체적 개인화somatic individualization의 장소가 아닌 불변하는 육체성immutable corporalities의 장소다. 이는 분명 그들이 통치성에서 자유로움을 의미하지 않는다. 반대로 그들은 점증하는 외적external 통치성의 중심이 된다. '헤테로토피아적' 주거지로의 비타협적 격리가 이루어지거나(Foucault 1986), 예외상태에 위탁된 인간적 범주들이 말살될 때까지 말이다(Agamben 1998). 요양원, 호스피스, 병원, 포로수용소, 특수 교육기관은 모두 생명정치적 기능을 갖는다. 더 나아가 이 기관들은 상징적 위험의 원천들로서 구성된다. 신체 건강한 서구적, 중년기적, 신경전형적 주체들에게는 도덕적 책임감이 새겨져 있다. 건강한 생활 방식을 영위하려면(그렇지 않으면 우리는 훨씬 빨리 늙을 것이다), 통증을 공개적으로 보여 주지 않으려면(아니면 우리는 존엄성을 잃을 것이다), 사회적 네트워크와 의사소통에 계속 참여하려면(아니면 우리는 "자폐인"으로 간주될 것이다) 도덕적 책임감은 필수적이다.

자폐증 유전자 진단법은 발견되자마자 산전產前진단prenatal diagnosis의 일부로서 활용될 것이고, 이는 거의 틀림없이 책임감 있는 부모임을 나타내는 표시로서 즉시 인지되고 홍보될 것이다. 하지만 이 자아의 생명정치적 테크놀로지는 대개 '생식적 자율성reproductive autonomy'이라는 신자유주의적 수사학 뒤로 은폐된다. 오늘날 생식-유전학repro-genetics은 생명-통치성보다 개인의 선택에 입각해 있는 것처럼 보인다. 이는 사실인가? 선별적 낙태를 수반하는, 산전진단을 위한 생식-유전학의 '개인적' 활용이 언제나 자율성의 척도를 준수하는가?(Agar 2004; Duster 2003; Remennick 2006) 중요한 것은, 책임과 책무가 있다고 여겨지는 사람이란 장애인 일반이 아닌 장래의 부모라는 점이다. 이런 관행의 생명정치적 속성은 장애가 있는 사람들, 페미니스트들, 사회학자들의 비판에 귀를 기울일 때 드러난다. 이들의 주장에 따르면, 선별적 낙태는 가벼운 또는 유력한 배자 이상 embryopathies에 대한 산전진단에 따른 것으로서 장애인에게 모욕적이고 차별적인 메시지를 전달한다(Parens and Asch 2000). 그리고 그것은 여성의 신체에 대한 남성의 규제를 확장한다(Ettore 2002; Franklin 1997).

문화적 중개이자 단계화로서의 의료화

불변하는 비혼종으로 파악되는, "벌거벗은 생명"(Agamben 1998)의 요소들에 대한 생명정치적 통치성의 대응은 비혼종의 완고한 본질층을 번역 가능한 조각들, 즉 우리의 일상적 상징교환에 맞게 변경 가능한 조각들로 분해하는 한편 그 핵심을 억류하는 것이다. 이 과제는 많은 경우 문명인과 야생인 간 완충지대—이 책에서 '단계화staging'라고 부르는 중개 과정—역할을 하는 하위 범주들의 등급표 제작으로 압축된다. 단계화를 전시, 공연, 상연 등과 관련짓는 우리의 탈근대적 은유 담론들과 달리, 나는 이 개념을 축자적이면서도 환유적인 방식으로 사용하려고 한다. 이 개념이 중개 과정에서 구성되는 각 단계들 또는 범주들을 의미한다는 점에서 말이다. 의료화는 이 단계화 과정에서 매우 중요한 역할을 담당한다. 의료화란 인지 가능한 불변의 육체에서 번역 가능한 조각들을 끊임없이 깎아내는 일이기 때문이다. 예를 들어, 과거 사회성을 결여한 정신적/육체적 장애, 즉 흔히 '야성적feral' 또는 '요정 아이들fairy children' 같은 비인간적 은유로 묘사되는 환자들로 간주되었던 자폐증 질환이 오늘날에는 행동 연속체a behavioral continuum 위에 어떻게 놓여 있는지 (또는 단계화되어 있는지) 생각해 보라. '자폐증'에는 전반적 발달장애 스펙트럼을 앓는 극단적 범주라는 딱지가 붙어 있다.

전반적 발달장애가 현재 진행 중인 심층 의료화의 목표물이라고는 해도, 스펙트럼을 앓는 사람들은 진정한 목소리를 낼 수 있는 대안적 장소를 찾지 않으면 안 된다. 여러 고기능 자폐증 환자 집단들, 또는 사회의 규범화 담론에 의해서 묵살당하는 집단들은 인터넷을 본인들의 커뮤니케이션과 상호 커뮤니케이션을 위한 자기조절적이고 그래서 편안한 테크놀로지적 장소, 이른바 '신경전형적' 헤게모니 시선을 전복하는 장소로 활용한다(Davidson 2008a, 2008b; Gevers 2000).

또 다른 사례는 죽음이라는 난국을 두려워하는 속세의 고령자와 마주칠 때 발생하는 딜레마다. 이때 탈근대 소비주의 사회에서 노년은 제'3'의 인생과 제'4'의 인생으로 차등화된다. 제3의 인생이라는 새로운 구성물은 중년기적 문명과 초고령의 야생성 사이 완충지대로서 제시된다. 적어도 늙어 가는 육체에 안티에이징 처리를 하여 그 가상이 유지될 때까지는 말이다. 빈센트Vincent et al.는《노화 연구 저널Journal of Aging Studies》특집호 사설에서 '안티에이징 사업'에 관해 다음과 같이 지적한 바 있다.

'제3의 인생' 사회운동은 인격 발달 시기라는 긍정적 노년 이미지를 만들어 내려고 노력했다. 이 운동은 삶의 새로운 긍정적 단계라는 생각을 정립하는 데 어느 정도 성공했지만, 병에 시달리는 노쇠한 사람이라는 지배적인 노년 이미지를 제거하지는 못했다. 제3의 인생이라는 개념은 어떤 상황에서는 젊음을 연장하려는 시도로 보일 수 있다. 그것이 고유한 권리를 지닌 가치 있는 인생 단계라는, 노년에 대한 새로운 태도를 만들어 내려는 시도는 아니라고 해도 말이다. 그러나 재평가/해방 아젠다가 일부 성공을 거두었다고 해도 만년에 대한 우리 시대의 지배적인 문화적 태도는 '안티anti-'다. 서구문화는 노화를 축복하는 것이 아니라 두드러지게 회피하려고 한다.(Vincent, Tulle, and Bond 2008: 292)

이와 유사한 정규 의사소통 메커니즘은 흔히 딱지붙이기로 귀결되고, 그래서 만성통증 환자들과 홀로코스트 생존자들을 궁지에 빠뜨리는 데 활용된다. 이 모든 사례들과 이를 둘러싼 복잡한 담론들은 3장에서 더 자세하게 설명하겠다.

'우리'(신체 건강한, 서구적, 중년기적, 신경전형적 '우리')는 노년, 통증, 자폐증 등 여기서 분석한 대부분의 사례들을 의학 전문용어를 통해 인식한다. 그러므로 이 사례들에서 볼 수 있듯이, 여기서 제시한 논의를 의료화의 관점도 포함하도록 확장하는 게 적절하다. 사회학자들과 인류학자들은 의료화를 오랫동안 비판적으로 보면서 활용했다. 의학의 기능에 관한 파슨스(1951)의 선구적 정식에 따르면, 병든 사람은 사회적 생산성 복원을 위해서 진료를 받아야 했고, 그런 이유로 '의료화'는 기능적인 것이었다. '환자 역할sick role'이라는 파슨스의 관념은 기능주의와 함께 퇴락의 길을 걸어왔다. 의료화는 오늘날 무엇보다도 과잉–의료화over-medicalization를 표상하는 것으로서, 예를 들면 '질병 조성disease mongering'의 맥락에서 활용되고 있다(Moynihan, Heath, and Henry 2002). 여기 제시된 논의를 확장해서, 나는 의료화의 기능적 역할—점점 더 벌어져 가는 자연 영역과 문화 영역 사이를 문화적으로 중개하는 일—을 (실증주의적으로가 아닌) 긍정적으로 입증하려고 한다. 의료화를 통해서 미지의 '자연' 조각들은 점점 더 인간–제작man-made 및 인간–중심man-centered 세계관, 용어법, 진단법, 그리고 최종적으로는 조작과 처리의 대상이 된다. 결국 우리의 '자연' 이해가 진전되는 한, '자연'은 '인간 제작물human made'이다(Michalko 1998). 하나의 자연이란 존재하지 않는다. 오히려 다수의 자연들이 있다(Macnaghten and Urry 1995).

이런 식으로 보면, 의료화는 혼종화 생명정치의 강력한 동인이다. 이런 관점은 관습적인 사회인류학적 의료관을 확장한다. 전통적으로는 의료화를 객관적·실증주의적 생명과학의 동인으로 보지만, 나는 의료화가 비혼종들의 심층 단계화와 차등화를 촉진하는 문화적 중개 역할도 수행하고 있음을 주장하려고 한다. 이는 거의 검토되지 않았지만 탈근대사회에서 의료화가 갖는 중요성의 원천이다. 통증, 자폐증, 유전자, 노화, 젠더, 심지어 죽음 같은 비혼종들은 의료화를 통해서 차등화되고 단계화될 수 있다. 의료화가 '생명 그 자체'의 정치학에서 그와 같은 중요한 참여자가 되는 이유가 바로 여기에 있다(Rose 2006). 이런 논의에 비춰 보면, 육체를 인간-제작 및 인간-중심 용어법과 진단법으로 번역하고 또 그에 종속시키는 과정이란 끝이 없기 때문에 '과잉-의료화' 역시 있을 수 없다. 비혼종이 거부의 대상이자 문화적 제조 및 참조의 주체가 되는 것은, 바로 그것이 '날물질성'이나 '불변하는 객관적 육체'의 사례로서 인지되기 때문이다.

예를 들면, 죽음, 즉 궁극적 보편자조차도 의료화를 통해서 번역되고 감시당한다. 이는 우리가 저 너머에 있는 거대한 미지의 어둠을 아주 작은 조각들로 깎아 내기 위해서 얼마나 자주 의료화에 의존하는지를 보여 주는 훌륭한 사례다. 죽음의 의료화는 어떤 사람이 다른 누군가에 의해서 죽은 자로 간주되기도 하고 살아 있는 자로 간주되기도 하는 상이한 상황을 만들어 왔다. 그것은 유의미한 생명과 죽음 사이에 모호한 스펙트럼을 만들어 냈다. 죽음의 의료화는 또한 죽음의 권한을 집과 가족에서 병원과 의사에게로 옮겨 놓았다. 죽어 감, 즉 얼마 전까지만 해도 자연스럽고 예측 가능한 일로 보였던 일이 의료화되면서 의료급여에 달갑지 않은 일이 되었다(Aries 1981).

죽어 감의 자연스러움을 인정하는 것은 21세기 미국식 죽음 문화의 특징, 즉 죽음의 의료화 및 법제화와 직접적으로 충돌한다. 죽어 감이 가정에서 보호시설로 이동한 일은 의료화가 불가역적 과정임을 가리키는 것일 수 있다(McCue 1995). 의사들은 이 새로운 권한을 소유하게 되면서 타당한 죽음 관념을 '최후의 숨결' 또는 '영혼이 몸을 떠날 때' 같은 전통적 개념들로부터 의료화된 뇌사 판정 쪽으로 옮겨 놓았다. 이런 죽음의 차등화는 새롭게 발전한 생명의료 테크놀로지, 특히 인공호흡기의 등장으로 가능해졌다(Kaufman 2006; Kaufman and Morgan 2005). 의사들은 몸이 한 번에 한 기관씩 죽을 수 있음을 보여 줌으로써, 또한 뇌사를 죽음의 법적 기준으로 인정함으로써 생명을 의식과 동일시하게 되었다. 죽음은 임상적으로 '죽기 전' 상태와 '최후' 상태로, 그리고 '대뇌 신피질 죽음', '뇌간 죽음', '전뇌 죽음' 같은 단계들로 차등화되고 단계화되었다(Lock 1996).

우리 인생 여정의 다른 쪽에서는 임신의 의료화가 수정과 출산 사이에 회색지대를 만들어 놓았다. 초음파, 유전자 검사, 발생학 embryology[8] 창설 등을 통해서 과학자들은 중요한 시기들로 이루어진 시간표를 만들어 냈고, 산부인과는 이 시간표를 이행해 왔다. 여기에는 착상著床, 맥박, 생육력, 출산 등이 포함된다(그러나 이게 전부는 아니다). 과학자, 생명윤리학자, 철학자, 권위 있는 종교인 등은 태아에게 인간적 특질이 부여되는 시점의 지정 문제를 끊임없이 탐구했고, 또 그에 이의를 제기했다. 가장 최근의 단계화는 아마도 '뇌 탄생', 또는 뇌가 신피질의 (상위 의식의) 인지 과정을 시작할 때와 관련이 있는 것 같다(Jones 1989). 그로 인해 의료화는 생명의 종말뿐만 아니라 생명의 시작까지도 대칭적인 방식으로 차등화하고 단계화한다. '뇌 탄생'이라는 유력한 단계(그러나 과학적 운용이 필요한 단계)로

---

8 동물에서 개체가 어떻게 발생하는지 연구하는 생물학의 분과학문.

뿐만 아니라, 일부 사람들이 거기서 '전배아pre-embryo'의 발생을 보려고 하는 '착상 전pre-implantation' 단계로도 말이다(DeGrazia 2012; Evans 2010; Evans and Hudson 2007).

전통적으로 사회학자들은 신체 그 자체를 보편적인 생물학적 실재로 취급했다. 이 실재는 "자연스럽게 기초과학 영역으로 분류되고, 그래서 사회인류학이나 문화인류학의 범위를 넘어서게 된다"(Lock 1993: 134). 20세기 전환기에 생물의 비혼종적 본질이라는 이런 전통적 신체관은 사람에게서 신체를, 학습된 것에서 선천적인 것을 떼어 내려는 뒤르켐의 노력을 뒷받침했다. 뒤르켐이 '인간은 이중적이다Man is double'라고 주장할 때, 그는 '사람'을 사회학의 연구 대상으로 간주하고 신체를 생물학과 심리학의 영역으로 격하한다. 물론 신체는 내내 사회적인 것이기도 했지만, 그렇게 인식되기 위해서는 교화되고, 동화되고, 혼종화되어야 했다. 1970년대 후반 이래, 어쩌면 의료화의 점증하는 영향력에 보조를 맞추면서, 신체적 관행은 생식·성별·젠더, 감정(Illouz 2008; Lutz 1988), 질병(Martin 1994), 소비주의 생활 방식(Glassner 1988, 1989; Turner) 등에 관한 사회인류학적 시선 아래 놓이게 되었다(Foucault 1980; Jaggar and Bordo 1989; Martin 1987, 1991).

그런데 의료화와 생명정치적 혼종화라는 차등화·단계화 과정을 비혼종에 적용하는 데 문제는 없는가? 간단히 말하면, 번역의 문제가 있다. 이런 차등화·단계화는 신체 건강한, 서구적, 중년기적, 신경전형적 문화에 속하는 강한 언어strong language로 수행되기 때문에, 흔히 번역의 주체를 더 많이 음폐하고, 더 멀리 떼어 두고, 더 심하게 묵살하게 된다. 훨씬 더 간단히 말하면, 차등화grading는 강등degrading을 초래할 수 있다. 이런 죽은 것 같은 타자들, 즉 차등화되어서 강등된 본질적 야만인들의 묵살당한 목소리를 들으려면 우리 자신의 전문용어를 바꿀 수 있어야 한다. 참된 혼종화는 상호인식 및 상호변형과 관련되어 있다. 그것은 생명정치의 지배뿐만 아니라 대안적 생명사회성의 대행자the agency of alternative biosocialities[9]를 인정하는 일과도 관련되어 있다(Hacking 2006; Rabinow 1992). 하지만 실질적으로 혼종성은 보통 시스템, 법인, 보호시설 등을 갖춘 자본주의 사회의 권위와 헤게모니라는 생명정치적·신자유주의적 시선을 보유하고 있다.

전통 인류학, 근대 인류학, 탈근대 인류학의 타자 탐구

이 절의 목적은, 이 책 첫 번째 장의 결론을 내리면서, 인류학의 역사에서 야생적인 것과 길들여진 것의 변증법이 전개되어 온 네 시기를 좀 더 상세하게 기술하는 데 있다. 말하자면, 전통 인류학이 근대

---

9 생명사회성biosociality 개념은 폴 래비노Paul Rabinow가 푸코의 생명정치 문제틀을 확장하여 제시한 것이다. 래비노는 인간게놈 프로젝트를 비롯한 생명공학 기술이 발전하면서 푸코가 규정한 양극, 즉 인구와 신체가 새로운 방식으로 접합한다고 주장했다. 탈훈육사회가 출현했고, 이로써 자연과 문화 사이의 엄격한 구분이 사라지면서, 생명 과정에 대한 사회적 관계에 변형이 일어나고 있다는 것이다. 말하자면, 국가, 성별, 인종 대신 기술적 혁신과 과학적 분류 체계가 사회화 방식, 재현 모델, 정치성 정치를 새롭게 정립하는 물질적 조건을 창출하게 된다. 예를 들면, 질병 경험이 다양한 사회적 활동 영역에서 일종의 토대로 기능한다는 것이다.(토마스 렘케, 《생명정치란 무엇인가》, 심성보 옮김, 그린비, 2015, 154~157쪽)

인류학을 거쳐 탈근대 인류학으로, 그리고 오늘날 탈-탈근대 인류학 혹은 탈전통 인류학으로 전개되어 온 과정을 기술하는 것이다.

탐바이아Tambiah는 '통합 인자unifiers'와 '상대화 인자relativizers'를 논하면서 인지 가능한 두 가지 양식의 합리성을 각각 제시한 바 있다(1990: 111-39). 첫 번째 합리성이 외부 관찰자들에게 인정받는 보편 타당한 논리 및 추리 규칙에 기초한 인식을 가리킨다면, 두 번째 합리성은 맥락에 결부된 여러 추론 언어게임들과 스타일들로 이루어져 있다. 두 인식 스키마는 거의 번역-불가능성이라고 부를 수 있을 만큼 극단적인 형식을 취한다. 전자가 모든 번역 관념을 불필요하게 만들어 버린다면, 후자는 번역과 의사소통을 처음부터 완전히 차단한다. 번역 형식으로서의 인류학은 이 대립적 극단들 사이에서 개방된 다양한 기회들을 통해서 번성한다.

19세기 초 전통 인류학은 전근대, 즉 미개과 원시에 대한 식민주의적 탐구를 전개함으로써 시간 속에 떠 있었다. 이는 아감벤이 말했던 '인류학 기계the anthropological machine'의 창안을 나타냈다(Agamben 2004). 이 기계는 19세기 책상머리 인류학자들이 문명인과 근대인을 걸러 내서 제출하려는 목적으로 원시인, 야만인, 미개인 같은 범주들을 강조하는 데 사용되었다. 하지만 아감벤이 역설하듯이, 사이성in-betweenness의 지대, 즉 예외상태는 항상 '그 기계'에 도전하고 또 그 작동을 방해한다(Agamben 2005b).[10] 전통 인류학에서 근대 인류학을

10 [원주] '체제 방해하기|clogging the system'는 '문화 간섭cultural jamming'을 연상시킨다. 이

거쳐 오늘날 탈식민 단계에 이르는, 인류학의 역사적·인식론적 변화는 이 '기계'를 재프로그래밍하는 과정이다.

근대 인류학은 재현의 위기를 통해 부상했다. 실증주의 패러다임이 해석학 패러다임으로 교체되면서 이 인류학 자체는 다시 한 번, 이번에는 공간 속에 떠 있었다. 구조 인류학과 모더니즘은 사이성의 지대를 오염과 위험의 원천으로 강조함으로써 이른바 '원시'와 '미개'라는 일반적 비유들을 처분했다. 세 번째 단계, 즉 탈근대 인류학 단계는 시간과 공간의 혼종화, 즉 크로노토프, 카니발, 가장무도회 등의 특징을 갖는다. 이 단계에서는 혼종들의 급증·지구화·글로컬화를 볼 수 있다. 이 단계를 나타내는 표식은 사회생물학에서 생명사회성biosociality으로의 변형이 진행 중이라는 데 있다(Rabinow 1992). 이 단계는 혼종화와 동화를 통한 만물의 인격화와 인간화에 초점을 맞춘다. 주체화될 수 없는 것, 상호작용 너머에 있다고 여겨지는 것, '사회적 생명'을 할당 받을 수 없는 것 등은 현대 인류학의 왕국 외부에 남겨진다. 바꿔 말하면, 이 단계는 그 자체의 문화적 모순 또한 내포하고 있다.

19세기 책상머리 인류학자들의 인류학 기계는 더 이상 혼종에 대

는 그동안 소비주의 문화의 지구화에 저항하고 그를 늦추기 위한 주요 전략이었다. 비혼종에 대한 추구와 달리, 문화 간섭은 '브랜드 배후에' 있는 것(흔히는 노동착취)의 폭로를 의미한다. 오늘날 이 전략은 아주 멀리서 진행되는 지구적 민영화를 무산시키는 데 실패한 것 같다. 더 나쁜 것은, 그 간섭 전략이 브랜드 자체에 의해 빈번히 흡수되는 것 같고, 그래서 그 브랜드에 저항하는 하위문화를 포섭하는 데 사용되는 것 같다는 점이다.

한 탈근대적 탐구에 맞지 않는다. 인간과 동물, 문화와 자연은 더 이상 정지해 있지 않다. 오히려 서로 뒤섞인다. 새로운 '인류학 기계'는 혼종화와 상호작용의 기계다. 인류학의 탈근대적·해석학적 전회 이래 줄곧 비혼종의 인류학은 상상할 수 없는 일이 되었다. 폴 스톨러Paul Stoller(2009)가 적확한 제목의 책《사이의 힘The Power of Between》에서 잘 요약한 바대로, 인류학자들의 숙명은 늘 사물들(국가들, 언어들, 문화들, 심지어는 현실들) 사이에 있는 것으로 인식되었다. 그러나 이 '숙명'은 한탄의 대상이라기보다 축복의 대상이다. 그 '숙명'은 '사이'의 창조적 힘을 강조했고, 그 힘이 어떻게 우리를 변화시킬 수 있는지 보여 주었으며, 우리가 누구이고 무엇을 알며 이 세계에서 어떻게 살아가는지에 관한 우리 이해를 바꾸어 놓았기 때문이다. 호빗족 빌보 배긴스Bilbo Baggins[11]처럼, 인류학자들의 오디세이는 이국적인 것을 친숙하게 만들고 친숙한 것을 이국적이게 만듦으로써 '거기 갔다 오기there and back again'를 행하는 일이 되었다.

그런 이유로 현대 인류학의 경우 모든 것은 기본적으로 번역 가능하다. 그렇지 않을 경우 그것은 인류학 기계를 가로막게 된다. 이 새로운 기계는 매우 효과적이어서 객체를 인간화할 수도 있고(라투르의 행위자 네트워크 이론, 크노 세티나Karin Knorr Cetina의 객체와의 사교성 sociality with objects), 사물에 사회적 삶을 부여할 수도 있다(Appadurai 1986). 예를 들어,《객체와의 사교성: 탈사회적 지식 사회의 사회적 관계

---

11 톨킨J. R. R. Tolkien의 소설《호빗Hobit》에 등장하는 주인공.

Sociality with Objects: Social Relations in Postsocial Knowledge Societies》(1997)에서 크노 세티나가 제시한 것은, 우리가 사회적 관계 상실을 깨닫는 대신 인간과 객체의 여러 관계 및 인간의 객체 경험이 고조되고 있음을 깨달을 가능성이다. 비혼종에 대한 무관용을 겸비하고 있는, 혼종화에 대한 이러한 무한한 관용의 원천은 무엇인가? 이 책은 현 단계 인류학의 문화적 모순, 즉 측면 성찰lateral reflexivity의 맹점 문제를 다룬다. 이 맹점은 우리가 혼합-실험mixture-proof 범주들, 말하자면 가용성可溶性과 융합성融合性에 저항한다는 점에서 새로운 위험의 원천으로 인식되는 문화적 실재들의 귀환을 목격할 때 잘 드러난다.

인류학의 진화를 훑어보는 가이드 투어에 대한 보완적 관점은 타자성과 번역의 이원론에 관계한다. 속담에도 나오는 소문난 인류학자는 타자의 제작자이자 무대감독이라는 명성을 마땅히 획득한 바 있다. 인류학은 '타자'를 찾는 일에 몰두하는데, 이는 인간의 다양성에 대한 추구 때문이기도 하지만 주로 인간을 비인간의 동물성과 구별 가능한 것으로 인식해야 한다는 요구 때문이다(Agamben 2004). '타자'는 '미개인', '원시인', '토착민', '토종', '서발턴' 같은 명명법으로 가장한 채 다양한 문화적 구성물로 계속해서 재등장한다. 사회적 경계의 지표이자 표식이라는 인식론적 기능을 계속 유지하면서 말이다. 하지만 인류학의 역할은 시종일관 이런 '타자들'을 '우리'로 번역하는 데 있었다.

혁신적인 상호공유 담론을 벼려 내려는 인류학의 욕망은 "근대적 장비modern equipment"(Rabinow 2003: 11-12)를 활용하는 데 의존한다. 고전적 필드워크의 경우 이 장비는 민족지적 현재에 있는 마주침의 공간을 시간적 질서가 부여된 일련의 기억 보고서 연작으로, 즉 인류학자가 이끌어 내고 각색해서 편집한 토착민 서사 형식의 연작으로 전환시키는 장치들로 이루어져 있다. 이렇게 유도되어 이전의 삶을 재방문하는 것은, 시간적 타자들의 헤테로토피아적 고립지를 재생산해 내는 가정된 누적적 인과성cumulative causality 모델과 상황적 맥락situated context을 긴밀하게 맞물려 놓는다. 이때 민족지적 공간에 있는 타자들의 거주지는 이들의 현존을 기록하는 순간에 국한되지만, 그들의 과거와 어렴풋한 미래 때문에 정당성을 획득한다. 이렇게 인류학자와 토착민은 그들이 공동으로 그려낸 헤테로토피아(Faucault 1984), 즉 '근대 인간 과학'이라는 지배적 분과학문에 의해 통치되는 헤테로토피아의 포로가 된다.

인류학의 주요 업적은 아마도 진정한 것, 물자체, '토착민의 시점' 등에 손을 댄 뒤 번역을 통해서 그것을 집에 가져온 데 있을 것이다. 말하자면, 거기 가서 용의 보물의 표식을 가져온 것이다. 하지만 탈근대의 해석학적 인류학, 즉 모든 것이 구성된 것이고 진정한 것이나 본질적인 것이란 존재하지 않는다고 전제하는 입장에서 보면, 그런 도전적 과제는 이중구속이 될 수밖에 없다. 인류학자는 인류학이 기대하는 바를 대개 서사 공식을 통해서 충족한다고 솔직히 고백해야 할 것이다. 간단히 말하면, 이 서사 공식은 전적으로 인류학자와 토착민 사이의 상징 거래에 의존한다. 이 거래에서 토착민은 인류학자에게 진정한 삶의 이야기를 들려주고 인류학자는 그 이야기를 인류학의 용어로 표현하는 데 동의한다. 인류학자에게는 그런 진정한 표현을 할 능력이 없다고 떠들어 대면서도 말이다. 노년, 자폐증, 공포, 홀로코스트 등의 맥락에서 보면, 그런 거래가 성공할 수 없는 이유는 이제 분명해진다. 그런 비혼종들은 거래를 깨는 자들이다. 비혼종은 인류학 기계를 방해하고 인류학 담론을 전복한다. 이런 이유로 비혼종은 우리에게 인류학에 관한 많은 가르침을 줄 수도 있다. 그래서 아직 정립되지 않은 분과학문인 노인학은 그런 헤테로토피아적 덫의 등장을 증명하는 데 딱 들어맞는 적절한 사례에 해당할 것이다(Katz 1996).

이 절의 우선적 목적은 인류학적 사유에 있는 타자성의 오솔길을 스케치하듯 걸어 내려가다가 수많은 전환점들에서 잠시 멈추고, 번역 가능하게 된 것으로서의 '타자성'이라는 탕진된 개념의 경과를 뒤쫓는 데 있다. 이 고찰의 출발점은 '인간 과학'이라는 인류학 유산, 말하자면 보편적 인간human universals의 형식을 취하는 인간 행동의 공통분모를 객관적으로 해명한다는 지적 기획에 의존한다(Brown 1991). 인류학의 핵심에는 그런 보편자의 기원이, 그리고 이 보편자의 작용과 사회적 실행 사이의 변증법이 자리잡고 있다(Ingold 1996). 이런 논의는 유전학과 신경생물학의 새로운 진보를 고려하는 가운데(Martin 2004), 그리고 과학 연구(Latour 1993), 페미니즘(Haraway 1991), 생식 기술(Strathern 1992) 등이 자연을 재발명하면서 등장한 접근법들과 함께 계속해서 다시 시작된다.

인류학은 본질주의적 관점에서 타자에 대한 탐구를 시작했다. 진정 원시적인 원래의 인류학적 '타자'는 문화적으로 가공되지 않은 사람, 즉 미개인이었다. 처음에는 오염되지 않은 미개인, 즉 미심쩍은 인간성을 지닌 전–문화적 피조물a pre-cultural creature이라는 이미지가 있었다. 이는 로버트슨 스미스William Robertson Smith와 레비브륄Lucien Levy-Bruhl 같은 몇몇 인류학자들이 채택해서 고안해 낸 이미지였다. 이들의 경우 로고스와 신화를 구분해 낼 능력이 없는 무언의 정신상태, 그래서 윤리적 능력을 결여한 정신상태를 서구의 실용주의적 합리성이 전무한 무언의 정신상태와 확고하게 구분했다. 미개한 '타자', 즉 이 수상쩍은 인간의 장소는 원시인the primitive이 물려받았다. 이 원시인은 분명히 사회진화론 사다리의 맨 아래 놓여 있었지만, 그렇더라도 더 높은 곳을 바라볼 수 있었고, 그래서 사다리를 타고 문명화된 서구인의 수준에 오를 수 있었다.

그렇지만 오늘날 크게 멸시당하는 용어, 즉 미개인 개념은 수많은 인류학 논의뿐만 아닌 인류학적 상상력에도 침투해서 그를 괴롭히고 자극했다. 문명으로 여겨지는 것과 동물성 또는 야만성 사이에 메울 수 없는 간극이 있음을 보여 줌으로써 말이다. '전–논리적 정신pre-logical mentalities' 이론(Lévy-Bruhl 1926)은 이른바 합리적 · 진보적 유럽인에게서 짐승 같은 미개인을 떼어 놓는, 극복 불가능한 분할이라는 관념을 제시했다. 이런 구상은 비난을 받거나 부정을 당하기도 했지만(Lloyd 1990), 인종차별, 성차별, 우리 경우는 노인 차별 같은 문제들에 대한 문화적 성찰뿐만 아니라 인류학적 사유에도 지속적인 영향력을 발휘해 온 것으로 평가된다(Fabian 1983; Horton 1982). 미개인은 고

결함의 이미지와 저열함의 이미지 사이에서 맴도는 가운데, 비성찰적이고 본능적인 불요불굴의 현실 의식으로 표시되는 의심스런 인간의 아이콘으로—다양한 문화적 변장을 한 채—남아 있다.

19세기 중반 문학에는 이 '타자'의 표상이 넘쳐 난다. 스트리트 Street의 발언(1975: 6)은 이를 전형적으로 보여 준다. "원시적 인간들 primitive people은 관습의 노예로 여겨지고, 그래서 그들 자신의 '집단 의식' 성향을 깨뜨릴 수 없다. 원시적 인간들 사이에서 볼 수 있는 '관습'은 그들의 전체 생활을 지배하는 것으로 상정된다. 그들은 관습을 의식하지 못하고, 그래서 결코 스스로 관습을 바꾸지 못할 것이다." 이런 일반화는 타자로서의 노인이라는 오늘날의 이미지에도 그대로 적용될 수 있다. 실제로, 전통 인류학의 늙은 미개인the old savage은 탈식민 인류학의 미개한 노인the savage old으로 변형되었다.

미개인에 대한 본질주의적 견해는 추정컨대 19세기 인류학적 사회진화론에서 보완되었다. 사회학자 콩트Auguste Comte와 스펜서 Herbert Spencer를 추종했던 모건Lewis Henry Morgan, 메인Henry Maine, 타일러Edward Burnett Tylor, 프레이저James George Frazer 같은 학자들은 요즘식으로 말하면 식민자와 피식민자 사이에 다리를 놓겠다는 약속을 했다. 피식민자가 식민자를 모방하고, 그래서 결국 그 수준에 도달하도록 하겠다는 것이다. 그로 인해 위계적 질서는 유지되었지만, 사다리 같은 진보의 연쇄로 변형되었다. 사나운 미개인이라기보다, 잠재적으로 길들여지고 문명화된 존재로서 재규정된 '타자'의 에토스는 별개의 분리된 본질이라는 '타자'의 은유를 이미 침식해 버렸다. 인류학 이론들은 원시사회, 즉 "결국 영토에 기반한 국가로 바뀌게 되겠지만, 족외혼 혈통 집단들로 이루어진"(Kuper 1988) 원시사회를 발명해 냈다. 이때 '타자' 관념은 미개인이라는 야만적 이미지의 수준에서 구조상 공동체적인 원시인의 수준으로 이동했고, 사회적인 것은 개인적인 것을 변형시키는 매개체가 되었다.

근대성, 그리고 그와 함께 문화상대주의가 들어선다. 그에 따른 문화상대주의의 에토스는 친숙함-타자성Familiarity-Otherness의 수직축을 문화적 차이들의 수평적 고원으로 돌려 놓음으로써 사실상 식민주의적 위계를 쓰러뜨렸다. 이 수평적 고원에서 각각의 문화는 동일한 가치를 보유하면서도 서로 다른 행동 패턴들을 보여 주었다. 이런 계획 안에서는 인류학자의 문화를 포함한 각각의 문화가 다른 모든 문화와 등가적인 것으로 제시될 수 있다. 문화 횡단적 의사소통과 전달은 관찰자-연구자가 옹호하는 다문화주의를 조건으로 하는 것이었다. 극복 불가능한 언어와 의식의 장벽 때문에 문화적 단위들이 서로 나뉘어지는 절대적·극단적 인식상대주의부터 약분 가능성과 공약 가능성을 능수능란하게 수행할 수 있는 관용구에 이르기까지 말이다.

다문화주의의 결과, 미개인/원시인 개념은 추방, 비인간화, 극단적으로는 멸종 같은 파괴적 힘을 상실했다(Daniel 1994). 그렇지만 이 개념은 여전히 정체성을 확인하고 문화적으로 공유된 자아를 인식하게 해 주는 결정적 참조점 역할을 하고 있다. 집단적 기억 지대와 그에 상응하는 상상된 공동체(Anderson 1991; Traindafyllidou 1998)는 서발턴 집단에게 목소리를 부여하고 가청성可聽性, 재현, 그리고 재-현에 대한 요청을 허용하는 정치학, 즉 차이와 정체성의 정치학을 유발한다. 이 경향은 탈식민주의 지식 체제로 인해서 한층 더 강화되었다. 다원주의적·다의적 다문화주의 패러다임은 자기 자신과 타자라는 이중적 시선을 타고난, 하이픈 붙은 정체성들의 증식을 인식하게 되자 분해되어 사라져 버렸다(Appadurai 1988; Clifford 1997). 그로 인해 '타자'는 이방인a stranger이 되었고(Gurevitch 1988), 피식민자와 식민자를 모두 포용하는 대화적 공간은 그런 불안정하고 변덕스런 사회적 실재들을 위한 아비투스로서 구성되었고 또 해체되었다(Bhabha 1990; Comaroff and Comaroff 1999). 이런 유의 이데올로기 가운데 가장 근본적이면서도 강력한 표현은 유럽중심주의 세계관에 배어 있는 오리엔탈리즘적 태도를 다룬 사이드Edward Said의 비판적 분석(1978)에서 찾아볼 수 있다. 사이드의 분석은 본질적 '타자'(미개인)라는 비유가 사회적으로 구성된 '타자'(동양)에 어떻게 자리를 내주는지 자세히 보여 준다. 그의 분석에 의하면 본질이란 없고, 오직 '동양'이라는 사회적 구성물만 존재한다.

탈근대성, 그리고 위계적 이분법과 본질주의에 대한 탈근대성의 폐기 통고가 시작된다. 크리스테바(1991)가 주장하듯이 우리 모두가 잠재적 이방인이라면, 그리고 이방성이 현실과 허구에서 우리를 둘러싼 이래, 외계인, 외국인, 난민, 성전환자, 다국적자, 유목민, 좀비, 키메라, 사이보그 같은 편재하는 이미지들과 화해할 수 있는 유일한 방법은 우리 자신의 자아 안에 체현되어 있는 타자성을 인정하고 영위하는 것밖에 없다(Ahmed 2000). 그 때문에 타자성이 해소되면 비인간성(Latour 1995) 및 동물화(Agamben 2004: 75-77) 관념을 모두 포기하게 되고, 그와 동시에 외계인의 재-문화화re-culturation를 향한 움직임을 강조하게 된다. 이는 경계를 넘어서고 차이를 해소하는 공간, 즉 혼종주의, 번역, 흉내내기, 상호작용, 문화적 가역성 등으로 구성된 초국적 공간이다. 이 모델에는, 혼합, 융합, 전환의 역학을 끊임없이 조장하는 지구화의 핵심 문화 논리로서의 혼종성 가설이 뿌리 깊게 배어 있다. 이런 의미에서 혼종의 문화 소재지는 마녀, 괴물, 불순물, 이방인, 언홈리unhomely, 아브젝시옹, 금기 등이 거주하는 위협적 영토에서 성전환자, 하이픈 붙은 민족성, 혼혈, 인간화된 동물, 사이보그, 외계인 같은 매일매일의 영화 및 기타 미디어 이미지들로 이루어진 아늑한 장소로 바뀌었다. 과거 두려움을 낳았고, 그로 인해 주변화되었던 혼종, 즉 도덕적 공황과 무질서의 유발자는 사회적 상호작용의 중심부로 이동했다. 결과적으로 비합리성, 미개함, 임의적 예측 불가능성 등으로 간주되는 영역들은 문화의 자연스런 상태로 변형된다.

혼종의 이런 변형을 보여 주는 가장 노골적인 사례들은 대중문화에서 볼 수 있다. 뱀파이어, 하프데드half-dead, 좀비, 악귀, 괴물 등은 모두 새로운 유행물이 되었다. 이 모두는 영화, 인기 TV 드라마, 만화, 망가, 애니메이션 등에 등장한다. 〈커스 오브 디 언데드Curse of the Undead〉(1959)와 〈드라큐라 서부에 가다Billy the Kid vs. Dracula〉(1966) 같은 B급 영화에서 〈황혼에서 새벽까지From Dusk till Dawn〉(1996)와 〈조나

헥스Jonah Hex〉(2010) 같은 A급 영화 목록, 더 나아가 애니메이션(〈랭고Rango〉(2011))와 텔레비전 프로그램(〈워킹 데드The Walking Dead〉(2010~), 〈슈퍼내추럴Supernatural〉(2005~), 〈미녀와 뱀파이어Buffy the Vampire Slayer〉(1997~2002), 〈트와일라잇Twilight〉 시리즈(2008~2012))까지 모두 대강의 사례 목록에 포함될 수 있다. 이들은 과거 혐오스런 기형으로서 두려움과 기피의 대상이었지만 이제는 인기 있는 가정용품이 되었다. '몬스터 하이Monster High'는 2010년 7월 마텔Mattel에서 발매된 대중적 패션 돌fashion-doll 프랜차이즈로서 재빨리 TV 특집, 웹 드라마, DVD, 소프트웨어 등으로 제작되었다. 〈몬스터 하이〉(2010~2015)의 캐릭터로는 프랑켄슈타인의 딸, 늑대인간, 드라큘라, 미라, 메두사, 좀비 등이 있다.

문학비평가 버지니아 넬슨Virginia Nelson(2012)이 최근 펴낸 책에 따르면, 소위 '고딕풍'으로 불리는 이 인기 있는 캐릭터들은 더 나아가 이단 정신, 중세주의medievalism, 영미의 고딕 모티프(유령 출몰지, 사악한 노인, 괴물, 변신술사, 박해 받는 여주인공) 등으로 표시되는 '궁극의 잡종 형식the ultimate mongrel form'을 표상한다. 여기서 평범한 사람들은 과거 공포와 혐오의 대상이었을 바로 그 피조물들—좀비, 뱀파이어, 늑대인간—과 변형된 관계를 맺음으로써 신성한 지위를 확보하게 된다. 지금 기술한 변형의 문화 논리에 의하면, 이 같은 인기는 놀라운 일이 아니다. 금기로서의 혼종은 수직적 근대 문화의 보증 마크였다. 여기서는 상위/하위 차이가 계급, 권력, 위신의 구조에 영향을 끼쳤다. 이 체계의 붕괴는 지구화된 수평적 탈근대 문화를 통해서 이루어졌다. 그리고 그 체제의 붕괴는 또한 탈근대 대중문화,

즉 모든 것을 빨아들이는 탈–차이화의 문화산업이 생산·판매하는 셀러브리티로서의 혼종the hybrid-as-celebrity을 위한 길을 터 놓았다.

하지만 '실제' 살아 있는 시체, 말하자면 고령자와 알츠하이머 환자는 전혀 인기가 없다.《알츠하이머병: 살아 있는 시체에 대처하기 Alzheimer's Disease: Coping with a Living Dead》(Woods 1989)나《살아 있는 시체: 미국의 알츠하이머The Living Dead: Alzheimer's in America》(Lushin 1990) 같은 제목의 책은 환자와 악귀를 매끈하게 연결한다. 고령자와 알츠하이머 환자는 인격의 파괴와 시체의 생기生氣를 매우 사실적으로 보여 준다. 하지만 그들의 경우 이 속성들은 낙인찍기, 보호시설 수용, 사회적 비가시성 등으로 이어질 뿐이다(Behuniak 2011). 이런 본질적인 림보 피플limbo people(Hazan 1980)은 인간됨의 의미를 탐구할 때 고려해야 할 대상이라기보다 음폐와 치료의 대상이다. 대중 담론과 학술 담론에서 고령자를 '살아 있는 시체'로 구성하는 일은 상업화된 혼종 담론에 영합하는 게 아니다. 오히려 정반대로, 실제 사람들을 주체성 없는 생기 있는 시체로 구성하고 그들의 질병을 사회질서에 대한 끔찍한 위협으로 구성하는 가운데 그 고통스런 실존을 음폐하는 것이다. 여기서 우리는 혼종에 대한 혐오와 두려움이라는 19세기 전통 인종정치학의 탈근대적 귀환을 보게 된다.

탈근대적 '제3의 공간' 내부의 타자otherness는 이제 파괴 불가능한 것이 아니라 교화, 식민화, 변형 등에 취약한 것으로 인식된다. '제3의 공간'에서 타자성alterity의 직물은 순수한 의미와 반反의미라는 범주들을 설정하기 위한 열쇠로서 그것이 갖는 근본적 타당성을 박탈당한 채 카니발레스크, 하이픈 붙은 자, 혼혈, 성전환자 같은 혼종성의 체현 형식들로 소모된다. 이런 혼종화는 바바(1994)가 말했던 '사이-성in-between-ness', 말하자면 매혹과 예속, 흉내내기와 번역, 가역성과 액체성의 상호반영 행위로 식민자와 피식민자를 포용하는 '사이-성'에 공명한다. 이분법과의 이런 분명한 단절은 혼종화와 양가성 담론을 유발한다. 이 담론은 권력과 지배라는 범주를 해체하는 것처럼 보이지만, 타자성과 관련한 지식의 생산자라는 식민자의 지배력을 강화하는 동시에 상징교환으로 위장한 문화종속의 정치학을 간직하고 유지한다.

타자성의 담론적 진화에서 탈식민 시기는 또한 정치적 배제, 노동이주, 해외여행, 다국적기업, 민족국가의 쇠퇴, 정보 테크놀로지의 확산, 서구식 대중매체의 편재 등을 반영한다(Hannerz 1996). 탈근대주의는 현재 파편화, 카니발풍 가장무도회, 권한 없고 패권 없는텍스트 등을 지배하는 문화적 에토스(Wikan 1996)로서, 본질적 지시대상이라는 '타자'의 자격을 박탈함으로써 그런 현상들을 더욱 강화한다. 네트워크 사회와 탈민족적 흐름은 정체성 형성에서 대립적 타자성이 수행하는 구성적 역할에 한층 더 의문을 제기한다(Featherstone 2001). 이런 문화적 뒤범벅은 가장 극단적인 경우 본질, 순수성, '원본'을 전적으로 결여하게 되고, 그 대신 사본과 시뮬레이션(Baudrillard 1983)의 만연을 강조하게 된다. 본질주의적 속성을 상실한 '타자'는 정체성을 확정하고 경계를 그리는 데 더 이상 효과적이지 못하다. 결과적으로 '타자'—인류학 연구의 중심 대상—는 더 이상 이 분과학문 안에 비치되지 못한다. '타자'의 부재가 인류학을 끊임없이 괴롭히고 또 곤란에 빠뜨린다고 해도 말이다.

탈근대주의의 극단적 표현 형태는 분명히 문화들의 공약 가능성과 비교 가능성을 비판한다. 흔히 인식론적 상대주의로 불리는, 그런 탈근대적 태도는 사회 연구의 실행 가능성 그 자체를 의심한다 (Rosaldo 1989: Winch 1958). 다른 말로 하면, 문화 번역 수단을 통한 지성적 메시지들의 상호주관적 전달이라는 구성주의적 기획의 토대를 의심하는 것이다. 클리포드 기어츠Clifford Geertz(1984a)는 인류학적 위업이 붕괴하리라는 전망을 막아야만 한다는 생각에, 앞서 언급했던 '반反반反–상대주의적' 비판을 전개했다. 이 반 반–상대주의적 비판은 비록 지역적 지식에 닻을 내리고 있다고 해도 인지적 다양성을 초월하고, 그럼에도 불구하고 예측 불허의 '도덕적 상상력'을 통한 번역을 허용한다(Geertz 1983: 36-54). 인류학의 연대기에 문학적 전환이 도래한 이후, 시적으로 설계된 이런 유의 문화 횡단 경로는 이 분과학문의 자기 정당화 체제로서 정전화되고 또 문제화되었다(Clifford and Marcus 1986). 그로 인해 문화 저술 행위와 솜씨는 다시금 권위가 되었다. 민족지 보고서에 텍스트화되어 있는 것으로서 다시금 권위를 얻게 된 것이다. '토착민처럼 살기going native'와 '타자화othering'라는 가면 및 그 면허 아래에서 체험한 현실의 구성 과정의 시학과 정치학을 서술하고 해독할 권위 말이다.

탈식민주의, 페미니즘, 탈근대주의, 반反지구화 등의 목소리는 승인·공인된 타자성의 영역에서 뿜어져 나오는 소리의 음역을 엄청나게 확대해 놓았다. 따라서 비합법적 타자의 목소리는 침묵하기보다 부재하는 것이 되었다. 그 이유가 꼭 묵살과 억압일 필요는 없다. 그것은 오히려 오디어 전송 주파수가 잠재적 청자들, 즉 고전적 인류학의 타자 담론 생산 면허 소지자들의 청각적 감각기관에 맞게 조율되어 있지 않은 데 있다. 인류학이 야만인, 즉 혼종화 너머에 있는 듯한 그런 본질적 비유물에 대한 식민주의적 매혹으로 복귀하면서 '탈-전통적' 국면에 들어선 것은 아마도 최근 재현 및 번역의 위기에 대한 반발 때문일 것이다. 예를 들어, 체현되지 않은 자아의 본질적 비유물과 그 원형적 담지자로는 고령자, 자폐증 환자, 시한부 환자, 무젤만, 노숙자, 난민, 그리고 내가 명명하고자 하는바 '제4의 공간' 에 거주하는 다른 유의 자아 없는 타자selfless otherness 등이 있다.

체현되지 않은 자아와 자아 없는 신체를 인정하려면 공유 가능한 경험 기반 지식의 음향판에서 울려 퍼지는 현상학적 지각들을 단념할 필요가 있다. 따라서 인류학의 아주 유해한 목소리가 그 시초, 말하자면 타자가 청취와 관찰의 대상이 되지 못했던 그 시초로 돌아가려면 자아와 타자의 분할을 해체하는 오늘날의 윤리학은 중단되어야 한다. 타자를 그러한 대상의 생산에 참여하지 않는 것으로 가정해야 하는 것이다. 체현되지 않은 인류학 또는 비-토착민 인류학은 자기모순적 용어처럼 보이지만, 우리가 관습적, 중년기적, 신경전형적 인식론에서 벗어날 수 있는 길을 제시해 줄 수 있다. '제4의 공간' 의 인류학은 비참여 관찰, 즉 탈참여 관찰disengaged observation을 채택해야만 한다. 필드로부터 역할 거리role distance[12]를 두고, 개별자들보다 범주들을 숙고하며, 표면적 규칙보다 심층적 구조를 살펴보면서 말이다. 겉으로 보면 실증주의 재능은 문화 외적인 것을 그 본성에 거슬러 도덕화하고, 동화하고, 길들이고, 식민화하려는 시도들보다 더 많이 그 문화 외적인 것을 감지할 수 있을지도 모른다. 하지만 그런 재능은 변함없이 오늘날 인류학자들이 채택하지 않는 행로로 이어진다. 자아 없는 신체성을 다루는 일은 겉보기에 비인간화된 타자들로 이루어진, 도덕과 무관한 연구 더미—사회에 헌신하는 괜찮은 학자의 경우 씨름할 여유가 없는 것—를 생산해 낼 위험이 있을 수 있다.

'제4의 공간'에 거주하는 불변의 형식들은 지구적 세계의 탈식민 인류학이 지닌 번역의 권위에 도전하는 것처럼 보인다(Rubel and Rosman 2003; Valero-Garces 1994). 번역의 견지에서 보면 우리는 여기서 전혀 다른 이원론적 대립, 즉 환유적인 것과 은유적인 것의 대립을 발견하게 된다. 야생과 문명의 이원성을 이어받으면서 확장한 대립 말이다. 레이코프George Lakoff와 존슨Mark Johnson의 뛰어난 저작은 사회적이고 상호개인적인 경험을 구성하고 해석할 때 은유가 수행하는 두드러진 역할을 다룬 바 있다(Lakoff and Johnson 1980). 그리고 사회학적 사유는 그를 좇아 상호작용 시 상징교환 장소에 주목할 것을 누누이 주장해

---

12 고프만Goffman에 의하면, 인간 행위의 능수능란함, 달리 말해 자연스러움은 행위자가 자신에게 맡겨진 역할을 어느 정도나 거리를 두고 행하느냐에 달려 있다. 그는 이를 '역할거리'라고 불렀다.(김광기, 《이방인의 사회학》, 글항아리, 2014, 42쪽)

왔다. 그로 인해 그 장소에 대한 주목은 더 강력해졌지만 의사소통에 대한 관점은 그런 비유의 다양성들로 환원되어 버렸다. 하지만 인류학은 항상 의미를 형성하는 다른 재현 장치들이 있음에 주목해 왔다. 환유, 제유, 축어the literal, 그리고 분명히 최종적으로는 침묵도 여기에 포함된다.

은유적 언어는 연상에 기반한 편견 없는 창조성을 가능하게 하는 반면, 환유적 기호의 용법은 자기지시적인 것으로서 하나의 폐쇄된 의미 영역에 결박되어 있다. 축어적 언어는 명백히 자연적인 것을 명료하게 표시하고 다의적 상징주의에 저항하는 한 훨씬 더 그렇다 (Hazan 1996: Turner 1991). 축어적인 것은 초월적인 것, 추상적인 것, 은유적인 것에 비해 견고하기 때문에 자신의 지시 범위를 신체 부위, 즉 신체의 입출력 기관, 도구, 기능 같은 유형有形의 물질적 대상에 대한 순수한 묘사 행위에 맞춰 조정한다. 체현에 대한 학술 연구가 증식하면서 밝혀진 바 있는 종류the type의 체현을 예시하지도 않은 채 말이다(Scordas 1990). 다채로운 은유 대 일방적 축어라는 지시·이해 양식들의 불일치는 또 다른 번역 단절, 즉 실존적 조건의 근본적 차이를 보여 주는 그런 단절에 책임이 있을지도 모른다. 인구 범주가 시민권과 문화 신분을 통치권에 빼앗김으로써 사회적 정체성 탈각이라는 가혹한 조치를 당하게 되면, 그에 수반하는 벌거벗은 생명 (Agamben 1998: Bauman 2004) 역시 모든 상징적 의의를 강탈당하게 된다.

아감벤은 조에zoe와 비오스bios를 구분하는 고대 로마법에 결부된 아리스토텔레스 기반 용어, 즉 벌거벗은 생명을 활용해서 순수 실제 경험, 무언의 유아기, "주관적 실재와 이른바 심리적 실재 모두에 선행하는 것"(Agamben 1993: 37)[13]을 표시했다. 아감벤은 인간 존재란 항상 인간적인 것에 앞선다고 주장하면서, (후기 저작에서) 근대의 생명정치를 분석할 토대를 발전시켰다. 이때 근대란 벌거벗은 생명이 정치 질서에서 배제됨과 동시에 포함된 결과 사회적인 것에 의한 신체적인 것의 완전한 강탈이 이루어진 시기를 말한다(Agamben 1993).[14]

'벌거벗은 생명'이라는 개념은 우리가 고령자, 자폐증 환자, 만성 통증 환자, 무젤만처럼 불변하는 '미개인들'의 사회적 위치를 이해하는 데 두 측면에서 도움이 되는 듯하다. 첫째, 그런 '미개인들'의 자명한 생명정치적 신체화는 발화의 경계와 육체적 체험의 경계 사이에 붙들려 있는 비–문화적 의식 상태로 볼 수 있다. 둘째, 근대적 환경에서 배제되면서도 포함되는 오늘날 '미개인들'의 이중적 위치가 있다. 사회질서 외부에 있는 안락사, 배제, 회피의 대상자들, 즉 비가시적 불가촉민들은 다른 한편 생명정치적인 것의 획일화하는 힘에 예속된 존재들이기도 하다. 이 힘은 오늘날 미개인의 범주를 벌거벗은 생명의 영토 내부에 잘 자리잡게 한 뒤 그를 호모 사케르homo sacer로 만든다. '침대와 바디 워크bed and body work'[15]로 이루어진 고령자 범주를 만들어 내는 사회적 시선은 대화적 교환의 여지를 남

---

13 원문에는 (Agamben 1998: 37)로 잘못 표기되어 있음.

14 원문에는 (Agamben 1998)로 잘못 표기되어 있음.

15 올바른 자세, 운동 등 건강한 몸과 정신을 유지하기 위한 모든 작업.

겨 놓지 않는다. 그러므로 육체에 닻을 내린 축어적 언어에 의존하는 일은 상징 세계를 상실한 이들의 통상적 자기표현 형식이 된다. 아파서 누워 있는 환자, 어린이, 감호기관 피수용자, 노숙자, 노예, 난민 등은 다만 신체적 요구와 속성에 집착할 수밖에 없는 사람들을 나타내는 몇몇 사례에 불과하다. 그리고 이들은 그런 집착 때문에 제멋대로의 목적론적 의미 탐구보다는 실존과 생존의 총체적 경험을 위한 지금 여기의 템플릿에 따라 자신들의 현실을 구성하고 또 국한한다.

지금-여기에서 이루어지는 벌거벗은 생명의 축자적 발화는 문화 번역을 심각하게 방해한다. 이미 논의한 것처럼, 그런 핵심적 실천에 대한 부정은 인류학 저술과 그 권위에 대한 부인, 그리고 구조주의 운동의 점진적 중단 행위에 해당한다. 문화 텍스트의 번역 가능성이라는 전제된 입장은 인류학자의 연구 현장 중심부에 내장되어 있다. 이 '장field'에서는 친숙한 것이 이국적이게 되고 이국적인 것이 친숙하게 되면서, 분출하는 새로운 경험들로 충만한 사이의in-between 문화적 공통 영역이 인류학자와 토착민 모두를 위해서 만들어진다(Crapazano 2004). 그렇다면 그런 혼종화를 거부하는 현상, 즉 친숙해지기에는 너무나도 이국적인 현상을 위한 '장'도 존재하는가?

자기확증적 문화의 번역 가능성이라는 매직 서클을 깨뜨리기 위해서는 단언컨대 담론 규약 패러다임의 이동 또는 전환이 필요하다. 모든 행위자들을 포용하는 대화적 계기의 창발성이라는, 인류학적 지식의 신조를 전복할 정도로 말이다(Holquist 1991). 번역의 한계를 시험하고 확인할 수 있는 것은, 분과학문의 동어반복적 논의가 중단되고 지식의 원천으로서의 구성주의적 소통이라는 보증이 의문에 부쳐질 때다. 그런데 그런 사례 연구는 많은 경우 대화 상대자들이 오해, 의사소통 단절, 충만한 침묵 등으로 해석되는 연구 상황에 참여해서 수행하는 귀머거리 대화로 의심 받기 쉽다.

인류학은 항상 (예컨대, 인종과 젠더의 맥락에서) 문화적 보편자들에 몰두했지만, 이런 탈전통적 국면에서 이는 집착이 되어 버렸다. 서로 단절된 담론들은 불변하는 것들이자 상호 영향을 주고받지 않는 것들로, 그리고 그 자체 재구성이나 가역성 너머에서 각각 최종적 타자들을 재현하는 것들로 표현될 수 있다. 이 관점은 별개의 충만한 실재라는, 주로 생물학에 기반한 범주를 간직한 채 상이한 피부색들 간 언어적 의사소통 능력을 무효화하는 인종 분리에 적용되어 왔다(Fanon 1967 [1952]). 아니면 문화보다는 본성 때문에 상호 의사소통이 불가능한 것으로서 이해되는 젠더 차이에 적용되어 왔다(Irigaray 1992). '남성이 화성에서 오고 여성이 금성에서 왔다면' 어떻게 이들이 의사소통하기를 기대할 수 있겠는가? 버틀러Judith Butler(1990)가 주창한 수행적 에토스, 또는 타자를 통한 자아의 대화적 생산과 달리 (Mead 1934), 그런 비타협적 태도는 번역 가능성 너머 본질적 분리를 유지하는 가운데 어느 한쪽의 전향이나 변형을 불가능하게 만든다. 하지만 본질주의란 해석상의 숙고에 따른 해석학의 전략적 산물이기도 하기 때문에, 가정된 실재들 간 분열은—문화적 구성 너머에서 어렴풋이 떠오르는 것으로 간주되는—사회적으로 선별된 어떤 현상들을 설명하는 데 논리적으로 동원될 수 있었다. 빈사 상태 노인의 인간적 위축(Henry 1963) 또는 죽어 가는 자의 고독(Elias 1985)은 그런 배타적 타자성의 사례다. 죽음은 어쩌면 문화 외적 비혼종으로 보일지 몰라도 구성된 상징적 질서에 강한 영향력을 발휘한다. 노인 혐오, 그리고 죽음을 부인하는 다른 사회적 장치들의 형태로 말이다(Bauman 1992). 그런 비재현적 관계들은 하이퍼리얼리티의 거품(Baudllard 1993 [1976]) 속에, 아니면 발화 불가능한 홀로코스트 경험(Bar-On 1998) 같은 담론에서 울려 퍼지는 충만한 침묵 속에 유폐될 수 있었다.

모든 것, 심지어는 죽음까지도 혼종화하고, 동화하고, 상호작용시키는 탈근대적 열성은 최근 디지털/가상virtual 묘지 형식의 새로운 기술적 화신을 받아들였다. 이 묘비는 하이퍼리얼리티와 상징적 죽음을 흥미롭게 혼합함으로써 사진과 블로그를 완비한 상호작용 컴퓨터 역할을 할 수 있다. 사람들이 생각하기에 사랑하는 사람에 대한 기억을 생생하게 유지시키는 최고의 방식을 제공해 주면서 말이다. 이런 'TV 무덤'은 애도자들이 사진, 영상 클립, 그리고 떠나 버린 소중한 사람에 관한 글을 업로드할 수 있는 상호작용 기념관이다. 스크린을 터치함으로써 또는 바코드를 스마트폰으로 스캐닝함으로써 방문자들은 사랑하는 사람에 관해 알 수 있을 뿐만 아니라 그가 과거에 어땠는지도 볼 수 있다. 그들은 또한 웹캠을 활용해서 영상 메시지를 남길 수 있고, 그래서 경험을 참으로 상호작용적이게 만들 수 있다.

이 모든 사례는 어떤 물질적 존재를 다른 물질적 존재로 번역하는 일의 존재론적 난관을 보여 준다. 우리의 서구적, 중년기적, 신경전형적 규범과 기대가 규정하는 바에 따르면, 정체성은 표현되고, 청취되고, 발화될 때마다 의사소통적이고 대화적이게 된다. 혼종성은 정체성 위치를 두고 벌이는 싸움으로서 상호작용적이고 담론적이며 대화적이다. 바흐친(1986) 식으로 말하면, 자아란 그 역시 참여하는 행위의 흐름의 연쇄이기 때문에 종결 불가능하다. 이런 일이 더 이상 일어나지 않으면, 즉 의사소통이 단절되고 의미가 더 이상 협상 가능하지 않게 되면, 정체성과 자아는 비혼종이 되어서 종결된다. 다른 말로 하면, 사회적으로 죽는다.

존재론적 '타자'라는 인간 범주를 설정하는 것은 그래서 광범위한 인식론적 파급 효과를 낳는다. 두 문화 간 시공간의 양립 불가능성은 타자 관리의 타당성을 전복시킨다(Fabian 1983). 이 책의 다음 장에서는 인류학이 비혼종을 번역 불가능한 것이자 문화 외적인 것으로서 주조하는 데 대한 비판을 구체적으로 제시할 것이다. 이 책은 분명히 그런 문화적 실천들을 둘러싸고 있는 의미 틀에 대한 인류학적 분석 그 자체이고, 그래서 우리 모두만큼이나 깊숙하게 그 원환에 빠져 있다. 잠정적 탈출구는 결론에서 살펴볼 것이다.

2장

비혼종되기: 치명적 타자로서의 고령자

심리인류학은 연속성과 '자아 통합ego-integrity'에 관한 호의적, 인간적, 근대적, 중년기적, 신경전형적 서구 관념을 반영하는, 이른바 '나이 없는 자아ageless self'(Kaufman 1986)를 홍보하곤 했다. 이 관념에 맞서 우리는 자아 없는 나이selfless age라는 어둡고 파괴적인 상호보완적 관념을 제시할 수 있다. 여기서 고령자는 해석상 권위도 갖지 못하고 주체성도 박탈당하며, 그래서 '쓰레기가 되는 삶wasted life'(Bauman 2004)이라는 의문스러운 비혼종 범주를 배당 받게 된다. 이른바 '자아 없는 나이'라는 관념은 비혼종에 대한 탈근대적 혐오에 완벽히 들어맞는다. 하지만 탈근대적 조건은 그 자체로 '자아 없는 나이'의 특성을 체화하고 있고, 그런 의미에서 노인은 탈근대적 지구화의 선봉에 설 수도 있었다. 고령자는 특정한 문화를 박탈당한 생물학적 존재로 구성됨으로써 사회적 공간과 개인적 시간을 초월한 완벽한 탈근대적 선구자로 보일 수 있었던 것이다. 하지만 고령자는 죽음과의 비혼종적 유대 때문에 그와 같이 인식되지 않는다.

사람들은 초고령이란 위협적이고 충격적이라는 주장을 펼 수도 있을 것이다. 이는 초고령이 비혼종이라서가 아니다. 그것은 초고령이 더 이상 전적으로 살아 있지도 않고 아직 죽어 버리지도 않은 존재로서 구성되기 때문이다. 그리고 자기통제적이지도 않고 조작 가능하지도 않으며, 들리기는 하지만 아무런 의미도 없기 때문이다. 그러나 바로 여기에 핵심이 있다. 초고령, 즉 더 이상 전적으로 살아 있지도 않고 아직 죽어 버리지도 않은 존재는 그런 '사회적 죽음' 또는 생득적 리미널리티ascribed liminality의 결과로 혼종이 되지 못한다. 혼종화는 번역을 필요로 하고, 그래서 비혼종화는 바로 (삶과 죽음 같은) 번역 불가능한 두 가지 인식 체계가 서로 마주칠 때 발생한다. 여기에 또 다른 중요한 교훈이 있다. '고령자'로 파악되는 자는 또한 '내부의 타자the other within'로도 파악될 수 있는데, 우리들 대부분은 언젠가 초고령자가 되리라는 합리적 예측을 할 수 있기 때문이다. 그렇지만 이런 예측을 하는 것과 고령을 실제로 경험하는 것 사이에는 분명히 감지할 수 없을 만큼 커다란 간극이 있다는 게 내 주장이다. 체험된 경험을 '가로지르는' 대부분의 발화 형식들을 배제하는 것은 바로 번역 불가능성의 간극이다. '그들'이 우리 부모, 조부모, 친구라고 하더라도 말이다. 이 장에서는 고령자와 관련한 우리의 중년기적 근시안近視眼을 기술한다.

단행에 앞서

사회적 통념에 따르면, 어떤 사람에게 귀속되는 최후의 발언은 그 발언과 관련한 시간과 공간을 초월함으로써 불멸성의 아우라를 뿜

어낸다. 에드워드 사이드가 쓴 마지막 미완의 저서, 즉 2006년 사후 출판된 저서는 그런 최종적 진리의 감각을 부여하는 데 그치지 않는다. 그 저서의 내용과 주장은 또한 '제4의 장소'라는 무시간적 영토의 불가해한 영역에 진입할 수 있는 강력한 열쇠를 제공해 주기도 한다.

《말년의 양식에 관하여: 결을 거슬러 올라가는 문학과 예술On Late Style: Music and Literarture against the Grain》은 베토벤 만년의 작곡 양식을 다룬 테오도어 아도르노Theodor Wiesengrund Adorno의 연구서를 계승한 책이다. 그를 이어, 사이드는 위대한 작곡가와 저술가의 만년 저작에서 탐지할 수 있는 무시간성 개념을 전개한다. 생애과정(사이드가 '시간성'이라고 불렀던 것)의 끝에서 두 번째 시기에는 인생 단계와 예술 양식 사이의 문화적 일치가 만연해 있다. 그에 반해 예술적 표현의 최후 폭발은 화해하기 어렵고, 귀에 거슬리며, 논란을 유발하고, 무시간적이다timeless. 이는 시대들의 연대기를 초월하고 규범적 관습을 파괴하는 비역사적 순간이다. 사이드의 말을 옮기면, "자신의 매체를 능숙하게 다룰 줄 아는 예술가가 이제까지 해 온 기존의 사회질서와 교감하기를 과감히 포기하고, 모순적이고 소외된 관계를 새롭게 맺은 순간이기 때문이다. 베토벤의 만년 작품은 망명의 형식을 취한다."[1](Said 2006: 8)[2] 따라서 이런 망명한 만년성lateness은 '제4의

---

1 에드워드 사이드, 《말년의 양식에 관하여: 결을 거슬러 올라가는 문학과 예술》, 장호연 옮김. 마티, 2012, 29쪽.

2 원문에는 (Said 2006: 5)로 잘못 표기되어 있음.

공간'의 땅으로 유배당한 실존의 유일무이함을 탐구할 수 있는 영감이 된다. 인류학적 실체들을 캐묻는 다른 많은 경우들이 그렇듯이, 그 영토는 아마도 방법론적 장애에 우연히 맞닥뜨릴 때 처음 눈에 띄게 된다.

사이드를 비롯한 여러 사람들이 보여 주듯이, 만년의 예술 작품은 때때로 비가청적인 제4의 인생의 실존이라는 축자적이고 무시간적인 초월적 경험을 명료하게 표현할 수 있다. 예를 들어, 로덴 노엘 Roden Noel의 시 〈노인〉을 보자.

그들은 해변에서 기다리고 있다
그들을 집에 데려다줄 범선을.
그들은 더 이상 힘들게 일하지도 비탄에 잠기지도 않을 것이다.
석방의 시간이 도래했다.

그들의 기나긴 인생은 모두 뒤에 남는다.
흐릿하게 뒤섞여 있는 꿈처럼.
그저 유일하게 보이는 왕국에
묶어 두어야 할 것은 남아 있지 않다.

그들은 보트를 기다리고 있다.
해야 할 일은 남아 있지 않다.
저 멀리서 자라나 그들 가까이 있었던 것,

행복한 침묵이 이슬처럼 내린다.

지금 어둑어둑한 범선이 다가온다,

그리고 피곤한 사람들은 집에 돌아갈 수도 있다.

잔잔한 물 옆에서 그들은 쉬려 한다

나무 그림자 속에서.

전투 뒤에는 잠이 제일이고,

소음 뒤에는, 고요함이.

죽음을 목전에 둔 고령자의 사례는 확실히 우리의 서구적, 중년기적, 신경전형적 시각을 재고하게 하는 흥미로운 시금석이다. 고령자들의 목소리와 시선, 아니 그보다 잘 들리지도 않고 잘 보이지도 않는 이들의 특성은 이성, 인과성, 목적의식, 웰빙, 시간성 등으로 구성된 우리의 규범적 담론에 이의를 제기한다. 그 특성은 또한 노인학이나 인류학 같은 분과학문들의 기본적 교리에도 질문을 던진다. 이 분과학문들은 아마도 노화 과정을 인간적 조건의 일환으로 파악하려는 성향이 있기 때문이다. 결국 고령자의 특성은 서술되고 연출되는 자아들selves과 나이들ages로 구성된 문화적 성좌의 경계가 자의적임을 폭로할 기회를 제공해 준다.

'노년old age'에 체현된 문화 외적 물질성으로 들어가기에 앞서 자기발견적 주석을 제시하겠다. 나는 '노년'을 문화적 대상, 즉 상징, 신화, 의미, 기호 등의 클러스터로 간주한다. 이 점에서 '노년'은 '고령자the elderly'를 의미하지 않는다. 내 관점에 의하면, 고령자는 노년의 담지자로 인지되는 사람들의 범주다. 그래서 이 범주는 하나의 상황을 다른 상황으로, 하나의 문맥을 다른 문맥으로 바꾸어 놓을 수도 있다. 노년이라는 대상화된 문화적 범주와 고령자가 경험하는 노화의 주관적 현상학을 그렇게 날카롭게 구분하면서 말이다. 이 점에 주목한다면, '이런 사람들은 누구인가?' '우리는 어떻게 누가 '아주' 늙었고 누가 '초'고령인지 인식하는가?' '고령'이 의미하는 바는 무엇인가?' 같은 물음들에 내가 특정한 대답을 제시하지 않는 이유를 이해할 수 있다.

내가 보기에 이런 물음들은 무엇보다도 중년 집단에 의한 노년의 음폐를 표상하는 것으로 간주되어야 한다. 이는 '경험적' 지시작용으로 알려진 것—전혀 다른 사회적 구성물—을 통해서 '대답'하기보다 해체해야 할 물음들이다. 그 자체로서의 고령자는, 적어도 세속적 근대사회에서는, 일반적으로 폐기된 지시대상, 즉 죽음을 나타내는 기표로 기능한다. 내가 다시금 반복하고 싶은 것은, 노년과 죽음의 융합이란 객관적인 경험적 진술로 간주되어서는 안 된다는 점, 그래서 그러한 것으로 잘못 해석되어서는 안 된다는 점이다. 그 융합에는 늙음being old에 관한 부정적 (중년기적) 스테레오타입이 내재해 있다. 이와 마찬가지로 내가 특히 주목하는 것은 (그리고 독자 역시 주목해야 하는 것은), 노년의 이미지라는 맥락에서 '알츠하이머성Alzheimer's'을 논의하게 되면 그 연상법은 객관적인 것이 아니라 총괄적 스테레오타입을 표시하게 된다는 점이다. 나의 출발점은 사회적 담론과 학술적 담론 모두 보통 고령자, 즉 내가 제4의 인생이라고 부르는 범주를 회피하거나 아니면 중년 집단의 지배담론을 통해서 기술한다는 데 있다. 그래서 고령자들의 사회적 죽음은 그들의 인류학적 죽음과 노인학적 죽음, 말하자면 진정한 목소리와 현존의 결여를 동반하게 된다.

나는 그런 의사소통 단절을 보여 주는 몇 가지 짧은 일화를 통해서 노인학의 이해에 이론적 전환이 필요함을 강조할 것이다. 중요한 공적 관심사이자 대중매체에서 널리 회자되는 알츠하이머성 질병을 사례로 시작해 보자. 그런데 우리는 '알츠하이머성'이 무엇인지 정말로 이해하고 있는가? 우리는 인지적으로나 신체적으로 어려움을 겪는 고령자를 제멋대로 '알츠하이머성'이라고 부른다. 사후에나 임상 진단 결과를 확인할 수 있음에도 말이다. 구브리움Jaber F. Gubrium(1986)은 '정상적인 것'과 '병리적인 것', '늙은이'와 '노인성 치매' 사이의 흐릿한 경계가 전문적으로 관리되고 있음을 논의한 바 있다. 이는 노인이 '사람으로서의 늙은 사람old people as people' 가운데서 등급화되고 있음을, 아니면 노화와 사회의 알츠하이머화가 횡행하고 있음을 보여 주는 강력한 은유다(Gilleard and Higgs 2000). 노망과 치매 —알츠하이머성 질병으로 의료화된 것—라는 비유는 확실히 노화를 인가된 인류학 논쟁 목록에 포함하는 일과 그로부터 배제하는 일 사이를 구분하는 경계선이다.

'알츠하이머성'은 확실히 근대적 노예의 꼬리표로서 문명인의 정반대 쪽에 있는 것으로 간주된다. 인류학에서 추방된 바 있는 '늙은 미개인old savage'이 매우 끔찍한 모습에도 불구하고 오늘날 문화에서 인기 있는 '미개한 노인savage old'이 된 것이다. 인류학에서는 사회적으로 부적절하다는 이유로 이전보다 더 금지되었지만 말이다. 내가 다시금 강조하고 싶은 점은 다음과 같다. 알츠하이머성 질병이 보통 건강 이상으로 취급되고 있기는 하지만, 나는 여기서 이 질병을 우리 사회의 고령자에 대한 병리학적 꼬리표 붙이기의 사례로서 보려고 한다.

독일의 정신과 의사 알로이스 알츠하이머 박사Dr. Alois Alzheimer가 1906년 처음 표기했던 '알츠하이머성 질병'(AD)은 원래 초로기young-onset 치매를 나타내는 데 널리 쓰이던 용어였다. 20세기 하반기 들어 AD는 '노망'이라는 특정한 말년 질환을 대체했다. AD를 질병으로서 사회적으로 구성하는 데서 볼 수 있는 이런 변화는 다양한 문화의 힘에 기인했다. 그 가운데 가장 주목할 만한 것으로는 선진국의 경우 장수長壽의 증가, 과학 연구의 진보, 영악한 정치적 주장 등이 있다. 노인학 자체도 AD라는 사회적 구성물을 에워싸고 있는 양가성에 무언가 잘못된 점이 있음을 점차 의식해 가고 있다. 최근 《노인학자The Gerontologist》에 실린 한 논문은 이렇게 주장한다.

어떤 사람들은 기억상실을 의료화하는 임상적 접근법을 선호한다. 다른 사람들은 생물의학의 전문용어에 만족하지 않고, 예를 들면 특이 질환보다 '뇌 노화' 또는 '노망' 같은 조건을 언급하며 덜 의료화된 접근법에서 무언가를 얻으려고 한다. "당신이 앓고 있거나 앓고 있지 않은"이라는 AD 패러다임에서 사회가 벗어나게 되면, 가이드라인은 임상 진단의 불확실성과 임의성을 입증하게 된다. 이런 모호함은 '문제는 질병 서사다illness narratives matter'라는 갱신된 이해를 생성할 수 있다. (George et al. 2013: 385: 나의 강조)

'알츠하이머성'이라는 꼬리표는 때에 따라 사회적으로 셈할 수 없는 것이자 '문화 너머'에 있는 것이라는, 무엇보다 중요한 노년의 스테레오타입을 반영하는 것일 수 있다. 따라서 그것은 수명을 재평가할 수 있는 새로운 기준을 도입하는 데 실패했음을 보여 주는 중년기적 은유이자 지표다. 말하자면, 순차성의 견지에서가 아니라 이성의 시대 정신적 어려움을 겪으면서도 살아남을 수 있는 능력이라는 실체적 규준을 매개로 인생의 후반 시기들을 분별하는 데 실패했다는 것이다. 위 인용문의 주장처럼, 병의 의료화보다 질병 서사를 강조하는 것은 사람의 주관적 목소리로의 귀환, 그리고 그 증후군을 단순히 진단/구성하는 대신 그 주관적 목소리를 들어야 할 필요성을 잘 보여 준다.

존 베일리John Bayley는 죽은 부인을 사례로 알츠하이머성 질병의 발발과 진행에 관한 보고서를 발간한 바 있다. 이 베스트셀러 보고서에서 그는 알츠하이머성이라는 은유를 아주 흥미롭게 기술했다. 베일리의 부인은 저명한 철학자 겸 작가 아이리스 머독Iris Murdoch, 즉 언어와 지성에 통달한 사람이었다. 남편은 그녀의 생애를 그때와 지금의 호환 가능한 대조적 에피소드들—명료함과 혼란스러움,

또렷함과 흐릿함—사이에서 동요하는 것으로 묘사한다. 남편은 자신이 처한 상황의 혼돈을 묘사하기 위해서 한 친구가 만들어 낸 비유를 자신의 입장에서 다시 이야기한다. 그 비유는 알츠하이머에 시달리는 사랑하는 배우자의 간병인을 '송장에 매인 존재'와 비교한 것이었다. 베일리는 그 은유에 반발하지만, 인류학과 노인학은 그 때문에 살아가는 듯하다.

고령에 대한 우리의 두려움이 중년기적인 자아와 신체 개념의 붕괴에서 유래한다는 명제를 좀 더 살펴보겠다. 초고령의 경우 두 개념, 즉 자아와 신체는 분리되어 있다. 알츠하이머성은 분명히 그 극단적 실례다. 그러나 그 분리는 '정상적' 노화 과정에서 점진적으로 축적된 생물학적 특성이라고도 주장할 수 있다. 초고령이 기능에서 뿐만 아니라 태도에서도 중년기의 단선적 시간성으로부터 떠나 있음을 의미한다면, 과거에 결부된 미래의 방향과 선택이라는 견지에서 이루어진 모든 정체성 또는 자아 규정은 틀림없이 실패할 수밖에 없다. 따라서 결과적으로 복잡해진 고령자의 자아는 이제 장래의 선택지들과 기회들로 이루어진 각본의 시간적 구성 영역이 아니라, 무시하기 힘든 압박과 현재의 위기를 잘 견뎌 내기 위해서 마련된 특별한 공간 배치 안에 머무르게 된다.

생활living에서 실존existing으로 이동함에 따라 발생한 자아 감각의 잠재적 상실은 정체성의 결정적 변형을 예고한다. 여기에는 젠더 구별의 포기(Silver 2003), 세대 초월적 유대의 해체(Hazan 2003: Phillipson 2003),

적응형 대안adaptive alternatives[3]의 소멸(de Medeiros 2005), 인생 이야기의 묵살(Hazan 2006) 등이 포함된다. 이 모든 것들이 의미하는 바는, 노인들 가운데 몇몇은 반드시 자아 개념을 상실한다는 게 아니다. 그보다는 그들의 자아 개념이 점점 더 성찰에 기반한 담론임을 주장할 수 없게 된다는 것이다. 따라서 노인학자에게 남아 있는 선택지는, 자주 오작동하는 관찰 가능한 신체를 고령자 주체의 세계 내 존재를 이해하는 데 활용할 수 있는 거의 유일한 견본으로 간주하는 것 외에 거의 없다(Gubrium and Holstein 2002). 이는 결국 노년을 전체론적 실재로 보아야 한다는 요구를 구실로 노년이 수행하는 신체성을 통해서 노년을 이해한다는 일원론적 양식을 채택하기에 이른다(Heikkinen 2004: Leibing and Cohen 2006; Taylor 2008).

죽어 가는 노인이 자신의 제의적 사후死後 연속성을 준비하는 모습에 놀란 마이어홉Babara Myerhoff(1978b)은, 절대적 죽음에는 그 어떤 중요한 의미도 없다고 주장하면서 그 노인을 '죽음으로 완성된 상징a symbol perfected in death'이라고 명명했다. 죽음이 사회적으로 구성된 의미를 부여받음으로써 무효화되지 않는다면, 종말terminality은——적어도 세속적 사회의 경우에는——문화적으로 불가해하게 되고 그래서 인류학 패러다임의 경계를 벗어나게 된다. 고령자는 이렇게 '벌거벗은 생명' 또는 '산송장living corpse'으로 전환된다. 모든 상징적 장식을

---

3 인간관계 문제를 해결함으로써 더 긍정적 관계를 형성하기 위한 만족스런 방법을 일컫는 용어.

박탈당한, 죽음의 환유적 재현으로서의 고령자는 인류학이 타자성을 '우리' 인간들 가운데 하나로서 재구성·협상·철회·재상속할 수 있는 형태로 추구하는 데 방해가 된다. 따라서 순수한 노인은 어떤 인정 받는 문화도 소유하지 못하게 되고, 심지어는 흉내 내거나 조롱할 볼거리로도 전시되지 못한다(Hall 1977).

다음은 고령자 집단과의 인터뷰를 기반으로 한 인류학 연구에서 가져온 삽화다. 이 글 역시 이미 알고 있는 의미 좌표의 균열과 그 결과로서 노년의 독백을 강조한다. '타자'에게 말을 거는 인류학자가 다음과 같은 재담에서 포착해야 할 것은 무엇인가?

인류학자: 제게 당신의 인생 이야기를 해 주시겠습니까?

고령의 응답자: 잘 모르겠습니다. 일어난 일은 모두 그 나름의 이유가 있습니다. 이 일과 저 일 사이에는 아무런 관련도 없습니다.

이 발췌문에 관한 논의를 계속 이어 가 보자. 나는 상황적 쟁점보다는 어떤 일반적 쟁점, 즉 어떤 연구장의 출현을 위한 공통 기반을 배양하는 과정에서 발생하는 두 대사 간 상호교감 실패와 관련한 일반적 쟁점을 숙고하는 데 이 발췌문을 활용하려고 한다. 이 삽화는 겉보기에 어쩌면 '비-인터뷰non-interview'로 간주될 만한 것을 묘사하고 있다. 베일리처럼, 이와 같은 인터뷰를 진행하려는 인류학자는 확실히 그/녀가 상징적으로 '송장에 매여chained to a corpse' 있다고, 말하자면 비-의사소통적 상대자에게 매여 있다고 느낄 수 있다. 질문은 다음과 같다. 상대자는 확실히 의사소통을 하지 않고 있는 것인가—아니면 우리가 다른 쪽에서 통지된communicated 것을 해독할 수 있는 적절한 약호를 사용하지 않고 있는 것인가? 우리 논의의 목적은 '민족지의 목표'(Clough 1992)를 넘어서는 데 있다. 민족지적 기회들의 구조에 내재하는 핵심 문제 가운데 하나, 즉 하나의 문화를 다른 문화로 번역한다는 딜레마를 해명함으로써 말이다. 다음 절에서는 의사소통, 번역, 담론, 고령자 관련 이론 등에 있는 그런 단절과 간극을 해명하려 한다. 이런 번역의 위기를 표현한 다음에 이 장 마지막 절에서 대안적 용어를 제시할 것이다.

사회 이론과 초고령

고령자 관련 문헌에 대한 검토 작업은 세 가지 범주를 중심으로 조직될 것이다. 바로 이론, 분과학문, 방법론이다. 이 각각의 영역에서 중요한 논의 사항은 초고령과 관련한 재현 및 번역의 위기다. 예를 들어, 청년 중심 문화에서 죽음과 병치되는 노년에 대한 사회적 망각은 프랑스 사회철학자 장 보드리야르Jean Baudrillard가 말한 노인혐오적 확신에 잘 표현되어 있다. 보드리야르는 고령의 잉여성을 금기를 유발하는 것, 즉 "주변적이고 궁극적으로 비사회적인 삶의 조각—게토, 집행 유예, 죽음으로의 활강—"으로 묘사했다. "노년은 글자 그대로 제거되고 있다. 그에 비례해서, 삶이 더 오래 유지될수록, 즉 그들이 죽음을 물리칠수록, 노년에 대한 상징적 인정은 중단된다"(Baudrillard 1993 [1976]: 163). 이런 상징적 제거의 이유는 노년이라는 지각된 비혼종에서 유래하는바 적절한 이론적 의미 좌표의 결여에 있다. 자폐증, 통증, 홀로코스트 같은 비혼종으로 파악되는 여타 사례들처럼, 사회의 규범적 반응은 두려움과 거리두기—단계화 및 차등화 시도를 수반하는 것들—가운데 하나다. 노년의 경우 이는 노인혐오와 연령차별주의를 조장하기도 한다.

노인은 흔히 본인이 속한 사회 내부의 '타자'로서 사회적으로 배치되어 있다. 연령차별주의와 탈참여 상태를 조장하고 합법화하는 방식으로 말이다. 나이 자체가 맞서 싸워야 하고 가능한 한 멀리해야 할 쓰레기가 된다. 그러나 나이에 맞선 싸움이 실패하리라는 것은 사전에 잘 알려져 있는 사실이다. 나이란 협상 너머에 있고 그래서 변화 너머에 있는, 자연이 준 비혼종으로서 파악되기 때문에, 그런 싸움은 선험적으로 무의미하다(Hazan 2009). 혼종적 지구화라는 탈근대적 시대정신은 내부의 그런 비혼종을 용인할 수 없고, 그래서 비혼종을 축출하려고 한다. 연령차별주의는 이런 사회적 전략에 의한 기능적 결과로 정의할 수 있다(Agich 2003: Phillipson 1998: Vincent 2003).

여기서 나는 두 가지 중요한 이론적 쟁점에 초점을 맞춘다. 정체성 개념과 번역 개념. 이 개념들은 모든 사회과학에서 너무나도 중요하지만, 노년 연구를 수행하는 사회적 분과학문, 말하자면 인류학과 노인학에서는 특정한 함의를 내포한다. 이는 다음 절에서 살펴볼 것이다. 정체성과 '자아'에 관한 우리의 자명한 서구적, 중년기적,

신경전형적 가정들은 사회적으로 예속된 자, 말하자면 훈육된 '나me'와 그 보완적 대립물인 개별 주체, 즉 '나'를 모두 포괄한다(Mead 19934). 하지만 노년이라는 모순된 참화慘禍는 흔히 몸과 마음을 분리시키고, 그래서 이 두 궤도가 더 이상 효과적으로 연동하지 못하게 만든다(Archer 2000). 이런 불일치는 사회적인 것과 신체적인 것의 결합이라는 현대 전체주의 담론을 붙들고 씨름하는 이들에게 이론적 역설을 의미한다.

그처럼 나이에 좌우되는 데카르트적 이분법, 즉 신체와 자아/영혼의 이분법을 이론적으로 다루는 일은 근대 서사와 탈근대 서사로 쪼개진 두 가지 정반대의 이론적 관점에서 이론적으로 수행될 수 있다. 첫 번째 관점은 세계 내 존재의 능동적 대행자로서의 신체를 추방한다. 이 관점은 자아의 영속하는 경험적 현존에 파국적 단절이 있음을 무시하는 가운데, 자아의 통합성·연속성·견고함이 지배적이라는 데 대한 관념론적 찬양을 반영한다. 이것이 연속성과 자아 통합이라는 근대 서구적 관념을 반영하는 소위 '나이 없는 자아'(Kaufman 1986)다. 그와 달리, 두 번째 관점은 주관성의 해석학적 권위를 무시한다. 이때 '쓰레기가 되는 삶'(Bauman 2004)은 생명권력에 의해 처리된 인구, 즉 아감벤(1998)의 용어로 말하면 죽임을 당할 수는 있지만 희생될 수는 없고 그래서 어떤 문화적 의의도 없는 인구의 폐품 더미에 던져진다. 이는 이른바 탈근대의 '자아 없는 나이'다. 노인학은 두 가지 우발성 사이에서 찢겨져 있는 듯하다. 첫 번째는 노년을 다른 무엇보다도 정신적 형성물로 보는 것이고, 두 번째는 노년을 신체적 결정물로 보는 것이다.

두 번째 관점, 즉 '자아 없는 나이'라는 관점은 문화적 구성물 너머 생물학적 본질을 강조하는 것이기에 수용하기가 매우 어렵다. 자아 없는 노년은 번역과 가역성 너머에 있는 것으로 간주된다. 주로 생물학에 기반한 범주들을 별개의 견고한 실재들로서 견지하는 이 견해는 상이한 피부색들 간 언어적 의사소통 능력을 무효화하는 인종 분리(Fanon 1967 [1952])에, 또는 문화보다는 본성nature 때문에 상호 공약 불가능한 것으로 구성되는 성차性差(Irigaray 1992)에 적용되어 왔다. 버틀러 학파가 주장하는 수행적 에토스(Butler 1990)와 달리, 이런 비타협적 태도는 융합이나 변형을 허용하지 않는다. 이렇게 파악된 본질주의는 노인혐오의 형태로, 그리고 죽음을 부정하는 기타 사회적 장치들의 형태로 구성된 상징적 질서를 심각하게 침해한다(Bauman 1992).

초고령이라는 맥락에서 본 분과학문으로서의
인류학과 노인학

탈식민기 각광 받는 현대 인류학의 주 무대는 젠더화되고 탈식민화된 각 지역 구석구석에서 등장하는, 과거 비가시적이었던 배우들이 차지한다. 그러나 노인은 디아스포라, 접촉 지대, 문화변용 영역, 이행 경로 등을 기를 쓰고 탐구하는 분과학문의 주 무대에 전혀 등장하지 못한다. 노년은 최근 인류학과 문화 연구에서 매우 인기 있는

〈표 2.1〉 1963년부터 2002년까지 다섯 종류의 주요 인류학 저널*에 발표된 연구 논문들을 주제 주제별로 나눈 비율

주제	젠더	아동	게이	노화
논문 수	170	95	16	7

* 《미국 인류학American Anthropology》, 《미국 민족학자American Ethnologist》, 《현대 인류학Current Anthropology》, 《문화인류학Cultural Anthropology》, 《인간Man》

그 모든 참고 항목들의 생생한 사례다. 그러나 주요 사회 및 문화인류학 저널에서 노년은 거의 완전히 누락되어 있다.(〈표 2.1〉 참조) 오직 한 저널만이 노화의 문화적 측면을 전문적으로 연구한다(《문화 횡단적 노인학 국제 저널International Journal of Cross-Cultural Gerontology》).

이와 마찬가지로, 증가하고 있는 '사회의 신체화somatization of society'와 관련한 사회인류학 문헌은 그 담론에서 노회한 몸을 거의 배제한다(Oberg 1996). 현대인류학에서 젠더와 의료화의 접점은 많이 논의되는 주제지만, 노회한 여성의 몸은 거의 언급되지 않는다(Lock 1998).[4] 강압적 역할 포기, 재배치, 정체성 하락, 의존성 증가 등은 확실히 노회한 몸을 분과학문에 포함할 것인가, 배제할 것인가를 결정하는 인류학 지킴이들에게 면밀한 검토를 요구한다. 그렇다면 인류학자들이 제3세계를 선호하면서도 제3의 나이Third Age를 무시하는 이유는 무엇인가? 아니면, 직설적으로 말해서, 인류mankind에 대한 연구

---

4 [원주] 노인이 권력−지식의 의료 대상으로 전환되는 과정을 다룬 사회학적 논의로는 Turner(1995), 노인을 간호 대상으로 환원하는 민족지적 해설로는 Diamond(1995)와 Foner(1994)의 사례를 보라.

가 늙은 류the old kind에 대한 연구를 회피하는 이유는 무엇인가?

이 이야기는 인류학자와 노인학자의 혼인 미수 사건에 관한 것이다. 겉으로만 보면, 아마도 이 두 영역이 공유하고 있을 인문주의적 관점이 문화적 혜택을 받지 못한 자, 묵살당한 자, 추방당한 자, 억압당한 자, 그리고 착취당한 자의 지위와 행동에 대한 관심·이해의 공통 기반을 보증해 주었어야 한다. 하지만 노인학적 인류학이 차지하고 있는 주변부적 장소는 그 반대를 증언한다. 말하자면, 이 하위 분과학문의 주변화는 노인에 대한 일반적인 노인차별적 태도에 오염되어 있는 듯하다. 이 태도는 사회문화적 인류학의 전체 무대를 노인 연구가 끼어들 수 없는 영역으로 남겨 두고, 고령자를 주류 인류학 담론에서 파문당한 상태로 내버려 두는 것이다. 여기서 나의 초점은 노화와 관련한 가장 극단적인 특질들, 즉 노쇠, 치매, 알츠하이머성, 죽음 같은 특질들에 맞춰져 있다. 나는 항상 현재하지만 학술적 논의에 거의 진입하지 못하는 범주, 즉 노년에 초점을 맞추고 있다.

다음 목표는 이런 역설을 풀어내는 일이다. 노인학적 인류학의 주요 주제들이 그 학문의 직물에 짜여 들어가지 못하는 이유와 방법을 설명하는 한편, 인류학의 거대서사를 해체함으로써 말이다. 더 나아가서는, 노인학적 인류학의 정신이 그 모태 학문에 명백히 전복적임을 주장하려고 한다. 이때 장본인은 양 담론에서 축복받는 영웅, 그러나 양 분과학문에서 정면 대립하는 것처럼 보이는 '타자'라는 비유다.

타자로서의 노인에 대한 연구는 두 유형의 타자성을 보여 준다. 문화적으로 다른 것으로서 구성된 타자성 대 본질적으로 다른 타자성. 이

두 유형의 타자성 사이에는 어떤 분열이 있다. 현대 인류학의 의제들을 지배하는 '타자'는 협상 가능한 문화적 구성의 산물이다. 현대 인류학에서 타자성은 동일성과 차이, 친숙한 것과 이국적인 것, 알려진 것과 미지의 것을 평가할 수 있는 척도 기능을 한다. 하지만 노인의 타자성은 인식 불가능성이라는 전제에 의존한다. 사회적으로 구성된 타자들은 추정컨대 재귀적이고 구성적이며, 그래서 변화 가능하고 구성 가능한 자아성과 주체성에 대한 암시를 그 내부에 담고 있다 (Archer 2000; Carrithers, Collins, and Lukes 1985; Morris 1991). 늙음이라는 상태는 이런 매개변수들에 모순된다. 그것은 객관적이고 변화 불가능하다.

연령이 많은 노쇠한 사람들, 특히 보호시설에 수용된 사람들은 그런 초고령 상태의 담지자로 간주된다. 그들의 경우 개인의 책임은 신체적 구속과 전문 보호사의 사회적 권위로 인해서 감소할 수 있고, 그래서 통상 인격의 발전이 더 이상 가능하지 않은 것으로 인식된다. 그와 같은 노년은 본질적으로 사회적 담론 너머에 있다. 노년은 '토착민의 시점'(Geertz 1984a)을 재현하라는 인류학의 기본적 금언에 거의 대응하지 못하는 문화 외적인 비혼종적 물질성이다. 이와 같은 날물질성은 현대 인류학의 상대주의 해석학에 적합하지 않다. 더 나아가, 노년은 통제 불가능하고, 그 때문에 사회적으로나 실존적으로 위협이 된다. 사회적 실재의 구성을 연구하는 데 집착하는 현대 인류학은, 다양한 노인 의료 계획 및 그에 수반하는 경험의 처리와 관련해서 민족지적으로 박식한 해설을 제시하면서도 노년의 날물질성을 무시한다.

여기서 내가 의도하는 바는, 노년의 사회문화적 측면에 대한 풍부한 연구와 그 연구 현장에 축적되어 있는 풍부한 학식을 체계적으로 평가하는 게 아니다. 그보다는 지금까지 주목받지 못했던 의제를 드러내고자 지식 장소의 계보학을 기술하는 것이 나의 목적이다. 분명 다양한 독법이 있을 수 있다. 나의 독법은 단지 하나의 방법에 불과하다.

문제의 쟁점을 다루기 위해서 고안된 노인학의 명명법은 타고난 결점과 약점을 말해 준다. 그래서 '문화적 말살', '탈참여', '분해', '비가시성', '역할 없음', '역할 종료' 등과 같은 용어들은, 노년을 인식하려고 할 때 그에 해당하는 개념적 실체가 부재함을 증언하는 자명한 경멸조 언어가 된다. 긍정적인 과학적 노년 인식이 이루어지지 않은 데는 서로 모순되지만 보완도 되는 두 가지 이유가 있다. 첫 번째 이유는, 중년기적 의식이 수행하는 노년 관련 글쓰기의 나이 중심적 기원이다. 이는 전성기의 생활 방식과 욕망을 만년의 열망 이미지로 확장하고, 그래서 노년의 다층적 현실을 은폐한다(Hazan and Raz 1997). 기량과 명성이 단절 없이 계속되리라는 그런 기대는 괜찮은 적응과 훌륭한 생활이라는 널리 쓰이는 언어로 구현되고, 최선의 노화, 성공적 노화, 생산적 노화, 의미 있는 노화 같은 어구들로 표현된다. 추정컨대 이런 목표를 추구하는 것은 중년기적 가치와 규범을 노년에 외삽하는 일이다. 사망률 감소에 얽혀 있는 기대 수명 연장(Fries 1980)은 현대 서구 사회의 부와 권력의 정점에 내장되어 있는 나이차별적 안티에이징 소비주의 문화를 미발굴된 초고령 노인의 나라에 대한 노인혐오적 인식이라는 험악한 국면에까지 늘여 놓는다.

최종적 노쇠화와 무감각한 노화가 불가피하게 실현되면, 제4의 인생을 식별하려는 달갑잖은 노력과 관련한 지적 파산의 두 번째 이유가 등장한다. 그것은 바로 모든 시대를 파악할 수 있는 최고 패러다임, 즉 근대주의적 진보·발전관—이는 의도적 경험에 의해서 추동되는 통합적 자아로 주체화된다—을 고수하는 일이다. 하지만 우리들 가운데 몇몇이 그렇듯이, 제4의 인생을 사실상 노화 과정의 가장 전형적인 시기라고 한다면, 우리는 노인학의 바로 그 근간과 관련한 두 가지 핵심적 딜레마를 잘 생각해서 해명하지 않으면 안 된다. 첫 번째 딜레마는 팔팔한 노인, 말하자면 실존에서 중년과 식별하기 어려운 노인을 노년 도장이 찍힌 분할 불가능한 인간적 조건을 나타내는 범주, 즉 학술적·공적으로 식별 가능한 하나의 범주로 포함하는 일이다. 그렇지만 이런 잘못된 명명법에 꼭 들어맞는 것은 두 번째 딜레마, 즉 제4의 인생이라고 불리는 예외적 실존 상태를 분석하는 데 적합한 대안적 언어를 제출한다는 딜레마다. 최근 노인학 담론에서는 적당하지도 않을뿐더러 측량할 수도 없는 용어들, 즉 역량 증진, 심리적 저항, 노년 초월gerotranscendence,[5] 영성 같은 매혹적이지만 모호한 용어들이 널리 쓰이고 있다. 동시대 젊은이들에 비해 사회적 권리를 박탈당한 초고령 노인들의 불안한 현존이 유발

---

5 60,70대가 되면 그전에 할 수 있었던 일을 못하게 되어 우울증을 겪지만, 이후 80,90세가 되면 오히려 할 수 있는 일을 찾아내어 '아직도 이것을 할 수 있다'는 마음가짐 아래 편안하고 행복한 삶을 누리게 되는 현상.

하는 도덕적 공황 상태를 용서해 주는 관대함으로서 말이다.

앞서 논의한 바 있는, 노년의 자아와 신체에 관한 이론적 딜레마는 노인학 연대기에서 상당 기간 동안 존재하지 않았다. 사회학의 경우에는 탈참여 이론disengagement theory[6](Cumming and Henry 1976)의 흥망성쇠를 통해서, 인류학의 경우에는 단순 사회simple societies[7](Glascock and Feinman 1981)에 대한 고찰을 통해서 노년기의 자아와 신체는 사회적 위축 과정의 일환으로서 동기화되어 왔다. 하지만 근대성의 기획에 내재하는 양가성과 모순을 의식하게 되면서(Bauman 1991) 노인학자들은 자아와 신체의 분리 담론이라는 선택지를 고려하게 되었다. 이미 언급한 것처럼, 이는 나이 없는 내적 자아의 연속성 에토스(Kaufman 1986)와 외적 스테레오타입화·낙인찍기를 중심으로 한 노화의 음폐(Featherstone and Hepworth 1991) 간 학문적 균열로 귀결되었다.

최근 널리 보급된 페미니즘 연구로 인해 노인학에는 이 두 가지 분산된 논의가 하나로 전환되는 중대한 변화가 있었다(Twigg 2004). 신체적인 것과 정신적인 것의 체현된 통일성을 옹호하게 된 것이다. 이 에토스에 서명하는 일은 사회적으로 불우한 두 범주, 즉 여성과 노인 사이의 가정된 친연성을 통해서 명문화되고 장려된다. 심층

---

6 노화는 사회체제 내에서 늙어 가는 사람들 간 상호작용을 통해 발생하는 불가피한 공동 회수 또는 탈참여다. 탈참여 이론은 늙은 성인들이 사회로부터의 회수를 자연스럽게 받아들일 것을 요구한다. 커밍Elaine Cumming과 헨리William Earl Henry는 《늙어 감Growing Old》(1961)에서 이 이론을 처음 정식화했다.

7 인간 사회의 최초의 형태처럼 최소한도의 내적인 분화만 있는 사회.

부의 자아와 외부의 모습을 상호 배타적이게 만드는 노화의 가면이 벗겨짐으로써 "우리 신체—우리 자신"—이라는 페미니즘적 주제를 상연할 무대가 마련되는 것이다. 고령의 사람들은 욕망과 수행 사이의 그 체현된 부조화를 실행하기 위해서 우드워드Woodward(1991, 1995)와 빅스Biggs(1999, 2004)가 말했던 역할 연기 가면무도회에 자주 참여한다. 여기서 해당 라이프 스타일과 뒤얽혀 있는 신체적 변형은 규칙보다 외적으로도 내적으로도 부자연스러운 개인적으로 선택한 이미지를 투사한다(Blaikie 1999). 탈근대가 나이 없음이라는 카니발 같은 스펙터클이 무대에 오르는 것을 가능하게 하고 또 그를 허용하는 한, 나이의 분계선은 계속해서 침식당할 것이다. 한편, 늙은 배우들이 걸친 의상은 무대 뒤 그들의 정체성 결여라는 소외된 현존을 부각시켜 줄 것이다.

인류학과 노인학에서 타자로서의 노인

'노인' 범주는 고령자 그 자체와 동등하지 않다. '노년'은 일상 언어와 품행에 스며들어 있고, 각종 기구와 사회정책에 의해서 영속하며, 대중문화로 장식되어 있는 상징적 공간이다(Blaikie 1999). 노인학은 아마도 노년에 대한 견해의 중요한 원천일 것이다. 노인학의 견해는 청중에게 토착민의 시점을 제공하겠다는 서약과 토착민에게 중년기적 공공영역의 시야·정신에 서명할 것을 강요하는 사회적 압박 사이에 사로잡혀 있다. 야누스의 얼굴을 한 이 모습은 이중구속으로 전환될 수 있다. 노년과 관련한 사회구조나 문화 편성이 꼭 개별 고령자들의 개인적 이야기를 알려 주는 것은 아닌데, 그들의 이야기에 표현된 태도는 흔히 학문적으로 기록된 서사, 즉 고령자가 몸담고 있는 지역 '사회 세계social worlds'의 명령과는 아무런 관련도 없는 서사를 만들어 내기 때문이다(Gubrium 1993; Hazaon 1980, 1996; Kaufman 1986; Keith 1982; Savishinsky 2000). 그러므로 노인학적 타자로서의 노인은 체현된 주관성의 투사물이 아니다(Biggs and Powell 2001; Foucault 1980; Rose 1990). 오히려 그 노인은 체현된 주관성을 사회적으로 설계해서 제작하려는 실천과 전략의 투사물이다(Gubrium, Holstein, and Buckholdt 1994). 다른 말로 하면, 문화적 구성물로서의 노년은 늙음이라는 체험된 현실, 즉 정말로 바라는 본질적 현실을 거의 재현하거나 촉진하지 못한다.

'연속성'과 '불연속성', '활동' 대 '탈참여', '역할 수행', '역할 없음' 등은 모두 노인학 언어를 이루는 주요 용어들이다. 그리고 '최후의 미개지'(Fontana 1976)에서 살아남으려는 싸움이 가치 있는 일인지 의문을 던지면서도(Butler 1975) 그 싸움을 계속 이어 가는 가운데, 노인을 '우리'로 대우하는 일과 '그들'로 차별하는 일 사이에서 어물쩍대는 동일한 딜레마 양상을 이루는 용어들이기도 하다. 이 두 가지 선택적 입장은 노인을 향한 이중적 태도를 반영하는데, 이 태도는 자유 시민 사회 및 복지국가의 빛나는 가치들(Gilleard and Higgs 2000)과 죽음, 무기력, 노쇠 관련 금기들(Fiedler 1996)로 구성되어 있다. 이 둘 사이의 노골적 모순은 노인 이미지에 태생적 모호함을 유발하는데, 노인이란 걱정을 없애 주는 친숙함과 위험을 초래하는 악마성이라는 중첩된 문화 공간을 점유하고 있기 때문이다. 통상적인 사회인류학적 용어가 노년을 이해하는 데 충격적일 만큼 부적절함에도 불구하고, 노화를 이해하는 데 주변성marginality이나 이방성strangeness 같은 개념을 거의 활용하지 않았다는 사실은 매우 흥미롭다. 몇몇 예외를 제외하면(Dowd 1986: Hockey and James 1993: Myerhoff 1978a), 그와 같은 분석틀의 기피는 불분명함에 대한 거부로 해석될 수 있다. 사회적으로 보증 받는 지극히 평범한 묘사를 고집하는 동시에 변형과 가역성도 일리 있음을 암시한다는 점에서 그렇다(Hazan 1994). 리미널리티, 즉 인간성의 끄트머리에 있는 상태는 일종의 본질주의에 대한 탐구를 가능하게 해준다. 다른 경우에는 인류학과 노인학이 기피하는 그 본질주의 말이다. 그와 동시에, 리미널리티는 문화로의 귀환이라는 위안이 되는 약속을 비축해 두고 있다. 하지만 노인에게 그런 왕복 여행(말하자면, 문화에서 떠나기와 문화로 귀환하기)은 거의 상상 불가능한 일이다.

시몬스는《원시사회에서 늙은이의 역할The Role of the Aged in Primitive Society》(1945)에서 산업화 이전을 배경으로 고령자의 지위를 묘사했다. 여기서 그는 '타자 내부의 타자', 즉 원시인 내부의 노인이 의례 방치, 학대, 때로는 재촉된 죽음 등 사회의 쓰레기장으로 이송된다는 결론을 내렸다. 그에 뒤이은 비교 연구들, 즉 근대화 이론에 기댄 연구들(Cowgill and Holmes 1971)은 시몬스의 연구 결과를 필연적 진보 모델 안에 개념적으로 짜맞추었고, 그러면서 그 발견을 정교하게 다듬었다. 그런데 이 진보 모델은 존경 받는 고령자의 운명에 있는 가차없는 퇴보에 거꾸로 상응한다. 존경받는 고령자는 '패배자'보다는 '승리자'로서 단지 존엄하게 죽기만을 바라는 억압받는 고령자로 전환된다(Simic 1978a).

　노년이 벌거벗은 인간의 전형적 공통 경험이라는 확신은 다른 학파 인류학자들도 공유하고 있다. 노년의 '문화 말살' 과정을 고찰했던 앤더슨Anderson(1972), 단순 나이가 정체성의 전체 지표로서 갖는 중요성을 인식했던 콜슨Colson(1977), 만년기 욕구의 질서를 탐구했던 시믹Simic(1978b), 자아의 나이 없음으로 증류된 문화적 테마들의 연속성을 추적했던 마이어홉Myerhoff(1978a)과 카우프만Kaufman(1986) 등이 그렇다. 이 연구들은 모두 근대 인류학, 즉 현실의 사회적 구성에 전념했던 분과학문의 사례들이다. 하지만 노년을 다룰 때 이 인류학자들은 본질주의자가 된다. 나는 이 불가사의가 이론과 실천의 간극을 드러내 준다고 설명하고 싶다. 현대 인류학은 자신이 구성주의와 상대주의에 전념한다고 주장할지 모르지만, 실제로 발견하게 되는 것은 앞서 언급했던 것들과 같은 본질주의적 노년 연구다. 그런 의미에서 노년 연구는 인간 생애주기 발달상 맹아기의 원초적 원시인에 대한 19세기식 사냥을 얼마간 연상시킨다. 노인처럼 거의 유아에 가까운 원시인은 전인미답의 사회적 행동, 즉 '인간적 보편human universals'이라는 완곡한 소인이 찍힌 행동을 내보이는 문화의 정점에 자리잡고 있다(Brown 1991). 따라서 문화란 다양성을 내포하므로, 보편적으로 인간적인 것은 그 다양성 너머에서 어렴풋이 나타나 순수하게 신체적인 것—유기체적인 것, 혹은 형이상학적-초월론적인

것—에 의지하게 된다.[8]

본성nature과 양육nurture의 교차점은 위계상 불변하는 미개인과 변화 가능한 원시인 간 탈바꿈이 일어나는 시점이다. 이는 원시인과 노인 간 유비가 끝나 버리는 곳이기도 하고, 사회적으로 볼 때 타자로서의 노인이 중년기의 '우리' 범주로 복귀할 수 없게 되면서 두 가지 문화 개념이 갈라지는 곳이기도 하다(Hazan and Raz 1997: Hepworth and Featherstone 1982). 결과적으로 노인학적 인류학이 남긴 것은 주체성을 강탈당한 '언퍼슨un-person'으로서의 노인과 잊혀지지 않는 경외심의 원천(Kitwood 1990), 간단히 말해 미개인이 전부다.

이제 독자들은 노년을 다루는 인류학자들이 맞닥뜨릴 수밖에 없는 어마어마한 재현의 부담을 이해할 수 있을 것이다. 현대 인류학에서 '타자'는 다층적 문화 구성물인 반면, 타자로서의 노인은 소통 불가능하고, 비가청적이고, 비가시적이며, 비가역적인 존재다. 노인학적 인류학은 학술적으로 인정 받지 못하는 그런 대상을 떠맡게 되면서 모태 분과학문의 주요 담론들이 지닌 매력적인 후광을 잃게 된다. 노인학적 인류학이 이 분과학문의 가장 기본적인 관심사들을 조금은 건드리고 또 그 절박한 열망들을 약간은 다루기는 하지만 말이다. 따라서 노인학적 인류학은 사회문제-지향적 연구 영역 안에서 고립되거나, 아니면 인생 회고와 인생 이야기라는 개인적·

---

8 [원주] 조상숭배나 사후 세계를 믿지 않는 근대사회의 노인학자들과 인류학자들은 노인들의 일관성에 귀속된 탐구 작업을 지켜 나갔다. 그들은 형이상학적인 것을 지향함으로써 종말성을 회피하는 성향이 말년기에 점증함을 조사했다(Gamliel 2001; Tornstam 1997).

문화적 세계 안에서 보호된다.[9] 게다가 노인학적 인류학은 너무나도 많은 비방을 당한 바 있는 인류학의 식민주의적 입장으로 무심코 돌아가기도 한다. 이후 파농Fanon(1967[1952]), 사이드Saide(1978), 바바Bhabha(1994) 등을 비롯한 여러 탈식민주의 작가들은 인류학이라는 분과학문에서 '원시주의'라는 비난의 족쇄를 벗겨 놓은 바 있다. 노인학적 인류학은 가정된 정체성의 사회적 서브텍스트를 제거하는 한편 노년의 경험을 읽어 내기 위해서 그 주체들에게 나이와 무관한 탈식민주의적 시선을 던지지는 않았던 듯하다(Palmore 1990; Todd 2002).

제3세계와 제3의 인생: 두 가지 혼종 이야기

자칭 중년의 인류학자와 고령의 물리학자가 노화를 두고 나눈 대화 시리즈가 출판된 일이 있다. 이 시리즈에서 고령의 물리학자가 주장한 바에 의하면, 노년은 자기 대화 상대자를 포함한 젊은 동료들이 이해할 수 없는 의식 상태다(Shield and Aronson 2003). 노인학적 인류학에서는 왜 이런 지적 태도가 정당성을 잃었는가? 독특한 경험으

---

9 [원주] 노인학적 인류학은 사회과학의 서사적 전환을 잘 받아서 활용했고, 고령의 피조사자들과 나눈 심층 인터뷰에 기반한 어마어마한 연구 성과를 낳았다(예를 들면, Gubrium 1993; Naraya 1989; Savishinsky 2000; Shenk 1998). 이 장르는 인류학에서 관찰 및 진정성 있는 해설 업무를 면제시켜 주는 동시에, 참여 행위로서의 '진정한' 경험을 기록한다는 인류학의 목표에 잘 들어맞는다. 이런 절충은 고령자의 경우 특히 납득이 간다. 고령자의 사회적 고립과 소외는 행위자와 맥락 간 균열을 거의 회복 불가능한 것으로 만들기 때문이다.

로서의 노년에 대한 거부는 표준화 장치다. 그 결과 노인이라는 본질적 타자성의 메타담론이 등장하는데, 이는 강탈, 전치, 억압, 디아스포라 경험 같은 명명법을 활용하는 탈식민주의적 발화의 인류학적 판본보다 '재배치', '사례 관리case management',[10] '취업 알선', '기능', '일상생활 수행 능력', '간이 정신mini-mental', '적응성' 검사,[11] '최적의' 또는 '성공적' 노화 등 관료적 행정 용어들을 채택한다.

그러나 타자성의 분류체계에 따라 고령자를 규율하는, 특히 강력한 생명권력의 통치에는 확실히 앞의 용어들이 잘 들어맞는다. 하지만 치매와 알츠하이머성이라는 문화적 개념들이 또한 근대적 미개함의 강력한 상징이듯이, 그런 통치 과정의 의료화는 벌거벗은 노화 경험에서 눈길을 돌려야 할 필요성을 보여 주는 사례다. 타자성의 이런 초기 형태에 대한 반박은 점점 증가하고 있는, 타자 없는 인류학자 클럽에 가입하기 위한 자격처럼 보인다. 이때 '타자'로서의 노년은 친족, 자산 승계, 사회적 분류법, 생애과정의 전환기 같은 인류학적 실체에 대한 증거 역할을 하지 못하면 입장을 거부당한다.[12]

제1세계에서 제3의 인생을 연구하는 노인학 인류학자는 자신이

---

10 만성 장애인이나 중증장애인을 지속적으로 보호하는 각종 서비스들을 관리하는 방법.

11 치매를 비롯한 환자들의 노쇠 정도 평가.

12 [원주] 무어Moore(1978)를 비롯한 여러 학자들의 적절한 인식에 의하면, 생애 기간의 복합적 환경을 인류학적으로 아우르기 어려운 것은 산업사회의 점증하는 사회적 분화 때문이다. 그래서 인류학에 정통한 몇몇 성찰들(Turnbull 1983)을 제외하면, 전체 수명은 인류학적 기획의 주제가 되지 못했다.

사회의 비혼종적 타자를 묘사하고 있음을, 그래서 자기 작업이 모태 분과학문의 오늘날 언어에서 멀어져 있음을 무심결에 자각한다. 이 언어는 본질적 '타자'의 대리 원형을 제공할 어떤 가능성도 거부하기 때문이다. 제3세계 담론을 제3의 인생 담론, 즉 비가시성, 비가청성, 착취, 억압, 식민화 등의 무대에 외삽하는 일은 꺼려지는데, 이는 제3의 인생 담론에 내재하는 유례없는 '타자' 이미지와 관련이 있을 수 있다. 차이와 거리가 축소될 수 있는 훨씬 제한된 우주로의 시공간적 내파(Lash and Urry 1994)를 암시하는, 심지어 흉내내기(Bhabha 1994), 따라하기aping(Taussig 1993), 혼종성 등을 통해서도 '정상적' '우리'로 변형될 수 없는 '타자' 말이다. 노인들이 역할과 시간을 되돌리기 위해서 제의(Myerohff 1984), 연극(Handelman 1977), 드라마(Lev-Aladgem 1999/2000) 등을 수행한다는 민족지적 증거가 있다고 하더라도, 인류학의 노인 혐오는 그런 전환 가능성을 거부한다. 이는 상징적 불멸성으로는 희석되지 않는 근대적 죽음 공포의 귀결일 뿐만 아니라(Bauman 1992: Becker 1973: Liifton 1983: Wallter 1994), 어쩌면 본질적으로 길들일 수 없는 야생의 '타자', 말하자면 짐승을 인간으로 변형시키는(Eisler 1978) 문명화 과정(Elias 1994[1939])을 무효화하는 그 '타자'가 귀환하는 데 대한 무비판적 반대의 귀결이기도 하다.

나는 제임스 클리퍼드James Clifford와 조지 마르쿠스George Marcus가 편집한 유명 선집《문화를 쓴다: 민족지의 시학과 정치학Writing Culture: The Poetics and Politics of Ethnography》을 활용해서 내 주장을 기술하려고 한다. 이 책은 "우리가 타자와 타자의 목소리에 부과하는 것을 솔직히 표시하고 또 그를 흔쾌히 바꾸려고 해야 한다는 윤리적 태도를 취하는 … 새로운 운동의 핵심"(Birth 1990: 551)에 있다는 찬사를 받았다. 하지만 나는 개별 페이지에 노년이 전혀 존재하지 않는다는 점을 중심으로 이 책을 읽는다. 각 장에서 독자는 현대 인류학을 그렇게 만들어 온 탈식민주의적 시선, 자기비판적 시선, 구성주의적 시선, 상대주의적 시선을 볼 수 있다. 그와 동시에, 노년이 이 시선들의 규준을 분명히 충족하고 있음에도 불구하고 전혀 인식되거나 언급되지 않는다는 점 또한 볼 수 있다. 예를 들어, 이 책도 그렇지만 클리퍼드는 서론에서 이렇게 말한다. "민족지는 … 그전에는 확실히 정의된 타자가 있었다. 이를테면, 야만인·부족민·비서양인 또는 문자 없는 사람들·역사를 갖지 않는 사람들 등이다. … 이제 민족지는 자기와의 관계 속에서 타자를 만나고, 한편으로는 자기 자신을 타자로서 본다."[13] (p.23)

노년과의 만남은 아주 딱 들어맞는 사례지만 언급되지 않는다. 마찬가지로, 크라판자노Vincent Crapanzano는 이렇게 주장한다(Clifford andd Marcus 1986: 52). "민족지 기술자는 … 이질적인 것을 익숙한 것으로 바꾸지 않으면 안 된다. 그러면서 동시에 그 이질성도 유지해야 한다."[14] 이는 노년과 민족지를 논의하기 위한 적절한 출발점이 될 수 있었지만, 저자는 만단족 인디안Mandan Indians과 발리족Balinese 같은

---

13 제임스 클리퍼드, 〈서론: 부분적 진실〉, 제임스 클리퍼드·조지 E. 마커스 편, 《문화를 쓴다》, 이기우 옮김, 한국문화사, 2000, 52쪽.

14 빈센트 크라판자노, 〈헤르메스의 딜레마: 민족지 기술의 은폐된 자기 모순〉, 제임스 클리퍼드·조지 E. 마커스 편, 《문화를 쓴다》, 이기우 옮김, 한국문화사, 2000, 97쪽.

'토착민' 사례를 선호한다. 이 책에서 탈랄 아사드Talal Asad의 글은 '약한weak' 언어와 '강한strong' 언어의 관계 내부에 있는 '문화 번역'(민족지) 장소에 초점을 맞춘다. 노년 민족지의 경우 보통 고령자의 약한 언어를 신체 건강한, 중년기적, 신경전형적 사회의 강한 언어로 번역하는데(Hazan and Raz 1997), 이 역시 아주 적절한 사례임에도 불구하고 전혀 논의되지 않는다. 레나토 로살도Renato Rosaldo 또한 자신의 글(1986)에서 민족지 기술자와 기술 대상 사이의 불평등이라는 윤리적 문제─(전부는 아니지만) 다수의 노년 민족지에서 분명히 노출되는 문제─를 다룬다. 마이클 피서Michael Fisher의 글은 '대안적 자아 연기하기enacting alternative selves'라는 관념을 검토하면서 역시 노년과 관련한 주제를 다루지만 흑인 자서전에 초점을 맞춘다.

분명히 밝혀 두어야 할 것은 모든 현대 인류학자를 노인학자로 만드는 게 내 의도는 아니라는 점이다. 모든 저자들이 인류학의 고전에서 그 또는 그녀에게 흥미로운 사례를 찾으려고 하는 것은 예상 가능한 일이다. 내 의도는 그런 탐구 결과에 노년이 부재함을 강조하는 것이다. 《문화를 쓴다: 민족지의 시학과 정치학》이 전제하는 '현대 인류학의 재현의 위기' 논쟁에서 나는 어느 한쪽 편을 들지 않는다. 나는 다만 노년의 맥락에서 보면 그런 재현의 위기가─《문화를 쓴다: 민족지의 시학과 정치학》의 개별 페이지에는 언급되어 있지 않지만─오랫동안 존재했음을 지적할 뿐이다.

사회인류학은 인간과 비인간의 구분과 관련한 초기의 물음에서 멀어져 갔고, 결과적으로 메타문화적 보편자에 대한 집착에서도 멀어지게 되었다. 그 대신 사회인류학은 문화상대주의를 인식론의 핵심으로 받아들였고, 그 때문에 권리의 평등 안에서 가치의 다양성 추구를 신성시하게 되었다. 인간성이 의문의 대상이 되면, 수용 가능한 인격체acceptable personhood라는 생각과 그에 대한 냉혹한 부정 사이의 누구나 알 수 있는 차이점 때문에 가치와 권리는 모두 논란을 빚게 된다. 게다가 괴짜, 괴물, 그리고 인간적으로 문제가 있는 여타 존재들은 거의 인류학적 관심의 대상이 되지도 못한다. 민족지가 정신박약의 낙인이 찍힌 고령자들의 삶을 찾아갈 때, 그 서술의 목표는 그들의 행동에 있는 합리적 잔재에 맞춰진다. 말하자면, 민족지는 광기 내부에 남아 있는 논리의 흔적이 지닌 미덕을 찬양하고(Beard 2004; Golander 1995; Gubrium 1997), 그럼으로써 노망든 사람을 정상적 상태로 만들고 궁극적 '타자'를 인간적으로 인정 가능한 상태로 만들어 놓는 것이다. 민족지 기술자가 초롱초롱한 정신을 지닌 피조사자들과 관련한 연구 결과를 산출해 낼 때, 노화를 가리키는 은유적 선택지들은 많은 경우 삶과 죽음의 구분이 흐릿해졌음을 표현한다. 《림보 피플Limbo People》(Hazan 1990), 《시간의 종말The Ends of Time》(Savishinsky 1991), 《쉽지 않은 종말Uneasy Endings》(Shield 1988) 같은 제목들이 분명히 보여 주는 것은, 모든 인간적 현장에 문화적 공간을 배정한다는 상대주의적 금언이란 그 현장의 주민들이—체험된 경험을 설명할 수 있는 매체들로서—곧 사라지려 한다는 현실 인식과 조화를 이루기 어렵다는 점이다.

위안이 되지는 않겠지만 그런 지형 할당에 대한 해결책은 아마도 장기치료 문화로 불리는 노인의 제도적 분리에 있을 것이다.(Henderson and Vesperi 1995) "인간과 유령 사이"(Barker 1990)라는 그 어두운 문화 관념이 암시하는 것은 '주어진' 사회성이라는 매개변수로 벼랑끝전술을 펼치려는 듯한 인류학의 욕망이다. 여기서 동질적 노년 공동체를 벼려 내는 '우리 의식we-feeling' 정서의 발달(Keith 1982)은 노인의 주변성이라는 상태에 의해서 양육되고(Hockey and James 1993), 그래서 이를테면 인간됨이라는 전제된 본질과 그에 수반하는 타자성을 살짝 건드린다. 하지만 명백한 나이 연대age solidarity라는 이런 발견물이 모든 정체성을 변경시키는 이행기적 코뮤니타스communitas가 되는 것은 아니다. 반대로, 나이 연대는 실존의 요체로서의 생존자권survivorship을 고수함으로써 격변하는 사회질서를 진정시키려는 목적으로, 그 사회질서에 의문을 제기하기도 하고 때에 따라 그에 도전하기도 하는 고령자들의 의식적 노력을 초래한다. 인류학은 노인들의 공동체 형성에 관한 이런 재해석에 관심을 가졌어야 했지만, 아주 많은 경우 고독, 탈참여, 문화를 말살당한 삶 등을 폭로하는 반反언어의 등장 가능성은 고려하지 않은 채 삶의 서술된 의미라는 측면에서만 그를 기술한다. 그 때문에 '삶에 대한 말하기speaking of life'(Gubrium 1993)는 죽음, 침묵, 치매, 그리고 여타의 공유 불가능한 경험에 대한 말하기로 전환되지 않는다.

그러므로 노년은 다시금 인류학의 시선에서 빠져나간다(아니면 그 시선에 의해 기피된다).[15] 기억의 종말은 엘리아스Elias(1985)가 '죽어

---

15 [원주] 최근 노년을 다룬 몇몇 민족지들은 그런 일반화에 대한 즐거운 예외를 제공해 준다.

가는 자의 고독'이라고 표현한 탈–문명 상태the post-civilized state와 연관된 것으로서, 인류학자 또는 노년 연구자의 언표 범위 너머에 있는 타자성의 감각을 제공해 준다. 나는 과거 연구서(Hazan 1996)에서 자칭 제3의 인생을 사는 한 무리의 사람들에 관해 기술한 바 있다. 그들에게는 병약함과 최종적 사망으로 이루어진 제4의 인생에 대한 두려움이 있었는데, 이는 그들이 양로원 관련 지식의 습득 계획 또는 양로원 거주자들의 원조 계획에 포함되기를 거부하는 데서 분명히 입증되었다. 다른 민족지(Hazan 1992)에서 나는 요양원 거주자들이 어떻게 심한 불구자들의 정당한 지위를 박탈하는지 보여 준 바 있다. 요양원 거주자들은 이들에게 위험한 동물의 이미지를 부여하고, 그럼으로써 이 부류를 미개함의 왕국으로 보내 버렸다. 하지만 알츠하이머성의 이미지 형식을 취하는, 절대적 타자성이라는 최종적 배제 표시를 문화적으로 인식하지 못한다면(Cohen 1998), 그런 속성들은 노인 담론에 전혀 존재하지 않게 된다.

인류학자는 이론상 전능한 번역자, 즉 어떤 문화를 다른 문화로 잘 바꿀 수 있는 언어적·상징적 장치들에 주로 몰두하는 번역자로 여겨진다(Rubel and Rosman 2003; Valero-Garces 1994). 대화는 왜, 그리고 어떻게 해서 실패하는가? 두 담론이 상호 이해 가능한, 공유된 상징 교환 무대를 구축할 수 없게 막는 것은 무엇인가? 번역 과정에서 유실을

예를 들어, 데그넌Degnen(2012)을 보라. 데그넌의 민족지―영국 남요크셔의 과거 석탄 광산 마을에서 수행됨―는 시간이나 자아에 대한 고령자의 입장이 젊은이의 그것과 어떻게 달라질 수 있는가를 기술함으로써 중년기적 자아의 보편화라는 생각에 도전한다.

초래하는 조건은 매우 많다. 그 가운데 가장 중요한 조건은 한 묶음의 은유를 다른 묶음의 은유로 설득력 있게 옮길 수 없다는 점이다. 열대지방에서 발생한 두 문화가 시공간적으로 다양한 이미지들을 반영함으로써 인지적으로 상호 배타적이게 되면, 그런 심각한 공약 불가능성이 발생할 수 있다(Alverson 1991). 문화의식의 양립 불가능성은 암시적 연상의 수준보다 사유 스키마schemes of thought의 수준에 자리잡고 있고, 그래서 보통 말하는 번역 실패란 별개의 두 생활세계 간 메울 수 없는 간극으로 발생되고 촉진될 수 있다. 이 점에서 그 양립 불가능성은 양자관계로 규정되어서는 안 된다. 자아의 다면적 구조야말로 '배가doubling'(Lifton 1976)라는 변화무쌍한 원리를 추종함으로써 서로를 이해하지 못하는 일관성 없는 표현들을 만들어 내기 때문이다. 탈근대적 사유는 아마도 정체성을 추구하는 통합된 자아라는 근대적 시각과 이별하고, 그 대신 현실을 동기화되지 않은 상호 무관한 목소리들을 내뿜는 다층적 구성물로 독해하는 데 서명할 것이다(Gergen 1994). 인정받는 권위적 주체가 없으면, 번역은 수신자를 잃게 되고 따라서 무가치해진다.

이는 앞의 실패로 수렴되는 또 다른 실패 가능성, 즉 세대횡단적 관계 내부의 문화적 간극에 적용되는 그 실패 가능성에서 나온다. 코호트 효과cohort effect[16]의 분열적 힘은 '문화적 자폐증'(Melucci 1996), 즉 역

---

16 5~10년 단위로 특정 시기 출생자들이 다른 시기 출생자들과 심리, 사회, 문화, 인구구성 등에서 구별되는 특성을 보이는 현상. 코호트 효과 연구는 사회변동에 대한 이해를 가능하게 해 준다.

사적으로 조건지어진 문화 패러다임들의 교환 및 번역 시도를 손상 시키는 세대 간 오해 상태를 조장한다. 번역 불가능한 세대들(Sheleff 1981)의 경우는 언어적 차이에도 기초해 있지만, 담론들의 병렬 상태 를 반영·유발하는 의존성 구조(Hockey and James 1993)에도 기초해 있다.

담론은 지식과 권력의 결합체로서 다른 담론—즉, 그에 지배되 거나 예속되면 어떤 형태의 균형 잡힌 번역도 불가능해지는 담론 들—에 찌든 이해 양식과는 무관한 문화적 단위를 형성할 수 있다. 이 탈식민적 조건은 이상적으로는 학문적 관심과 조사의 대상이 될 수 있었다. 앞 절에서 설명했듯이, 노년의 경우는 그렇지 않았지만 다른 경우들은 그럴 수 있었다. 이 모든 논의는 어떤 물질성을 다른 물질성으로 번역하는 데 있는 존재론적 곤란, 즉 구성 가능한 공통 성의 결여와 속성들의 공유 불가능성에 기인하는 존재론적 곤란에 해당한다(Fabian 1983).

연구 방법론과 초고령

앞 절에서 논의한 것처럼, 고령자에 대한 인식론적·분과학문적 접근의 어려움은 연구방법론에 함의하는 바가 지대하다. 소통 불가 능성이라는 그런 선험적 환경 아래 수행되는 연구 활동은 방법론적 미숙함을 노출할 수밖에 없었다. 그것은 어떤 현실을 다른 현실의 용어로 번역하는 데 실패하기 때문이다. 질문지든 인터뷰든 대화든, 이 모두는 일치하지 않는 확고한 입장들보다 전반적으로 공유하는 경험이라는 견지에서 규격화되어야 하는 것이다.

참여 관찰이라는 민족지 방법은 이 과제를 완수할 수 있는, 경험에 가장 가까운 기회를 제공해 주는 듯하다. 그러나 동떨어져 있는 두 목소리 사이의 번역 불가능성은 시간적 다양성 때문에 파열된 대화들에 대한 어떤 설득력 있는 해설도 불가능하게 만든다(Fabian 1983). 하지만 시간적 공약 불가능성이라는 문제와 대결한다는 바로 그 도전이야말로 유일무이해 보이는 그 세계로의 접근 가능성이라는 중대한 문제를 다루려는 시도를 촉진할 수 있다. 두 목소리를 화해시키는 데 실패한다고 하더라도, 그 도전은 자아 없는 나이 범주의 윤곽과 그 독특한 타자성에 대한 인정을 약속하는 어떤 관측점을 제공해 준다. 이런 경험적·이론적으로 텅 빈 공간은 분과학문의 골칫거리를 상쾌한 지식 선물로 바꾸어 놓을 수 있고, 그래서 압축적 질병compressed morbidity[17]의 도래를 압축적 노인학compressed gerontology의 모험으로 변형함으로써 '초'고령 또는 '고'령 연구의 얼굴에 새로운 생기가 돌게 할 수 있다.

실증주의를 지향하는 전통적 접근법은 응답자들의 대답에서 경험적 정보를 이끌어 낼 수 있는 기회로 인터뷰에 집중한다. 응답자는 기본적으로 "답변들이 담겨 있는 수동적 그릇 … 경험 사실들 및 그와 관련한 세부 사항들의 저장소"(Holstein and Gubrium 1995: 7-8)로 간주

---

17 죽음에 이르는 여러 노년기 질병들이 짧은 시간에 압축적으로 발병해서 진행됨을 의미함.

된다. 이 입장에서 보면, 인터뷰의 객관성이나 진리값은 신뢰성과 타당성의 견지에서 측정될 것이다. 이런 전통적 접근법과 달리, 사회과학의 '해석학적 전환'은 인터뷰와 관련한 새로운 이론적 시각과 방법론적 틀을 만들어 냈다. 예를 들어, 민족지학방법ethnomethodology은 인터뷰를 계속적인 해석학적 실행, 더 나아가서는 특수한 방식의 진행과 책임감을 요구하는(Cicourel 1964) 협업적 의미 구성체(Garfinkel 1967)로 여긴다. 민족지적 분석도 이와 마찬가지로 문화 구성원이 고유한 권리를 지닌 민족지 기술자 자격으로 참여하는 대화 장소로서 인터뷰를 강조한다(Atkinson 1990: Clifford and Marcus 1986). 서로 다른 방식이기는 하지만 민족지학방법, 구성주의, 탈근대주의, 탈구조주의, 페미니즘 연구 등은 모두 사회적 생산물로서의 인터뷰와 결부되어 있다.

이후 논의에서 인터뷰는 경험적 삽화 역할을 하게 될 텐데, 나는 그를 분석할 때 '사회적 생산물social production' 관점을 조형적造形的 참조틀로서 활용하려고 한다. 고령자와의 인터뷰는 상호-보기inter-viewing를 위한 소박한 기회 이상으로 해석되어야 한다. 앞서 기술한 바 있는 번역 및 의사소통 단절을 생각해 보면, 이런 '상호-보기inter-views'는 오히려 '상호-응시inter-gazing'로 간주되지 않으면 안 된다. 그런 '상호-응시'의 침묵과 빈틈 내부에서는 무엇이 사회적으로 생산되는가? 그 상황에 대한 공통된 규정이 부재하는 상호작용 무대에서는 무엇을 협상하게 되는가? 이는 대안적 용어를 찾아 떠나는 여행을 시작할 때 직면하게 되는 문제들이다.

대리代理 용어

인류학적 노인학에 노년의 진정한 목소리를 들을 수 있는 방법이 있는가? 나는 초고령의 경험이란 본질적으로 문화 너머, 따라서 담론 너머에 있는 것으로 인지된다고 주장했다. 이는 우리 자신의 한계를 인정하는 것 외에 다른 선택의 여지가 없기 때문에 우리를 무력하게 만드는 주장일 수 있다. 비혼종이 그렇게 소름끼치는 이유가 바로 여기에 있다. 다른 한편, 사람, 문제, 이미지 등에 대한 전통적 노인학의 집착은 종말이 임박한 노인의 모방 불가능한 상태에 고유한 논리로 대체될 수 있다. 그런데 이런 가능성으로 인해서 노년 범주에 대한 연구는 사회적인 것, 문화적인 것, 심리적인 것 등의 가장자리를 안팎에서 감지하려는 지적 추구의 선두에 서게 될 수도 있다. 제4의 인생이라는 막연한 정점을 겨냥하게 되면 모든 나이를 볼 수 있는 특별한 파노라마적 경관이 드러날지도 모른다.

나는 보완이 되는 발걸음을 두 번 내딛을 필요가 있음을 주장하고 싶다. 첫째, 여기 제시된 분석은 시계추 효과pendulum effect의 일환으로 보일 수도 있다. 고전적 인류학은 원시사회의 미개인부터 근대 유럽인에 이르기까지 실증주의적·본질주의적 사물의 질서를 전제했다. 이 전제는—우리 자신의 반영으로서의 '타자'를 다루는—구성주의적·상대주의적 세계관에 의존하는 근대 인류학에 대한 반명제로 여겨지기에 이르렀다. 반명제(고전적 인류학)는 명제(근대·현대 인류학)를 경유해서 오늘날 종합 단계에 도달했다. 서론에서 기술한 바 있는 이 종합은 문화적인 것을 위해서 본질적인 것을 격하하고, 그래서 혼종화, 즉 현대 문화 연구의 핵심 시나리오에 초점을 맞춘다(Hannerz 1992, 1996; Wilson and Dissanayake 1996). 사이보그나 혼종에 관한 여타의 논의들(Balsamo 1995; Haraway 1991)과 함께 고령자도 일부 생물 일부 문화로, 말하자면 인류학에서는 이미 점점 더 인기를 얻고 있는 어떤 혼합으로 다루어질 수 있다(Flanklin 2003). 이 종합에 발맞춰, 인류학의 언어도 자료 원천으로서의 감각 정보로 분해되면서 학문적 구별짓기와 창조적 글쓰기의 혼종으로 변화할 수 있다(Stoller 1997).

두 번째 내딛을 발걸음은 노년의 혼종화란 상호적인 것이자 진정한 것임을 분명히 하는 일이다. 이를 위해서는 노년이 단일 결정結晶의 실재가 아니라는 인식에서 출발해야만 한다. 그러나 중요한 것은, 노년의 의료화 등급표를 통한 혼종화의 덫에 빠지지 않도록 주의해야 한다는 점이다. 그 대신에 우리 여정은 노화의 가면 및 그 단일 결정의 스테레오타입 이면에서 전개될 텐데, 이때 우리는 노인들이 시간과 공간을 내부로부터from within 구성하는 데 사용하는 역설적 약정서terms of reference를 탐구하게 될 것이다. 노년 가운데 우리가 이야기할 수 있는 부분이 있다는 인식은 이 여정의 길잡이가 되어야 한다. 결국 우리 모두는 언젠가 죽는다. 동정심을 느낄 수 있는 능력, 즉 일찍이 노인학의 중심 동기였던(Woodward, Van Tassell, and Van Tassell 1978) 그 능력을 전제하는 인문주의적 접근법은 근시안적일 수밖에 없는 우리의 노년 연구를 계속해서 이끌어 주어야 할 것이다.

《오이디푸스 왕Oedipus Rex》에서 늙은 예언자 테이레시아스Tiresias

는 운명 때문에 괴로워하는 왕 앞에 나타나 이렇게 말한다.

아아, 지혜가 아무 쓸모도 없을 때,

안다는 것은 얼마나 괴로운 일인가!

어쩌자고 내가 그것을 알면서도 잊었단 말인가! 차라리 여기 오지

말 것을.(Sophocles 1912: 4)[18]

우리는 사회적 참여도 사회적 책임도 기대할 수 없는 문화적 황무
지에서 울부짖는 이 목소리를 동정심을 갖고 들어야 한다. 그러나
'현명한 노인'이란 중년기적 사회가 고령자의 탈참여적 현존을 두고
립서비스로 사용하는 클리셰라는 사실 또한 기억해야 한다. 우리는
어떤 노화의 가면(예를 들면, 아파서 누워 있는 노망든 자)을 다른 가면
(현명한 노老예언자)으로 대체하지 않도록 주의해야 한다. 후자가 아
무리 매력적이라고 하더라도, 그것은 여전히 가면이다.《황무지The
Waste Land》에서 엘리엇T. S. Eliot은 근대 세계와 고전 세계를 잇는 고
리로서 테이레시아스라는 인물을 활용한다. 테이레시아스가 거기
에 있는 이유는, 그가 기계화되고 표준화된 현재의 산업사회에 대한
엘리엇의 비판을 전달하는 데 적절한 신화적 인물이라는 데 있다.
노인을 노망든 자로 바꾸는 것을 조심해야 하듯이, 노인을 예언자로
바꾸는 것 또한 조심해야 한다. 그렇지 않으면 노인학적 인류학은

---

18 아이스킬로스 · 소포클레스 편, 《희랍비극1》, 조우현 외 옮김, 현암사, 1994(1969), 209쪽.

복화술이라는 그 현재 상태로 돌아가게 될 것이다. 고령자들은 스쳐 지나가는 예언에는 진정 관심이 없을 것이다. 그들에게는 다루어야 할 더 절박한 관심사가 있을 것이다.

철저한 소외라는 비유는 후속 논의를 위한 촉매제 역할을 한다. 초고령기 인생의 종말 상태를 안팎에서 모두 인격을 박탈당한 초도덕적 범주로서 성찰하도록 권유하는 그 논의 말이다. 이 작업을 위해서 나는 학술적 의사소통의 실패를 인정하고, 이 실패를 회상remembrance과 망각forgetting이라는 실존주의적 논리에 연결할 것이다. 그리고 최종적으로는 버려진 인간이라는 문화적으로 배제된 범주의 윤곽을 그려 보려고 한다.

문화 외적인 것의 인정

극노년deep old age은 예방과 치료라는 교정 능력 너머에 있다. 그 때문에 탈근대 문화와 그 구성주의적 장치들은 극노년을 축출하고, 그를 인간 쓰레기Human Obsolescence(Henry 1963)의 형식으로 평가한다. 다시 말해, 극노년은 사회에서 문화 외적인 것the extra-cultural이자 비혼종적인 것으로 간주되는, 인간성의 끄트머리에 자리한 범주다. 번역에 저항하는 이런 문화 외적 현실이란 어떤 것인가? 이 현실을 인식하고 관리하는 게 가능한가? 우리는 어떤 수단을 써도 포함할 수 없는 유형의 배제, 즉 미지의 것이 미지의 것이 되게 함으로써 미지의 것을 가려 버리는 인류학의 맹점을 어떻게 다룰 것인가?

인류학적으로 말하면, 이런 난제는 타자성의 경계 담론이라는 견지에서 표현 가능하다. 이때 타자성의 경계 담론이란 수용할 수 있는 범주와 거부해야 하는 범주, 들을 수 있는 목소리의 소유자와 끄집어내서 들을 수 있게 만들어야 하는 목소리의 소유자에 대한 숙고를 말한다. 탈식민주의, 페미니즘, 코스모폴리타니즘, 지구화 등의 탁월풍卓越風은 인정받고 공인받는 타자성의 영역에서 뿜어져 나오는 소리의 범위를 크게 확장시켜 놓았다(Spivak 1987; Taussig 1993). 비합법적 타자성이란 침묵하는 목소리의 소유자다. 이때 침묵은 단지 억압과 묵살 때문이 아니다. 그것은 오히려 음성 통신 주파수가 청취자들의 감각기관에 맞게 조율되어 있지 않기 때문이다.

외견상 문화 외적인 몇몇 특징은 타자성의 최고 사례, 즉 노년의 어떤 현시에 내장되어 있다. 이를 살펴보기 위해서 우리는 이른바 제3의 인생의 증거를 가져올 수 있다. 우선 기억해야 할 것은, 모든 인생 경험이 그렇듯이 제3의 인생 경험도 다변수적多變數的이라는 사실이다. 말하자면, 나이의 경계는 불분명하고, 사람들은 정체성과 존재의 범주를 관리하기 위해서 각자 고투한다. 하지만 제3의 인생을 더 꺼리면서도 그것을 점유하고 있는 일부 사람들은 모든 노년 식별 기호들을 거부하는 것처럼 보일 수 있다. 이 기호들은 빠르게 돌아가는 생물학적 시간의 기어를 멈춰 준다는 의료 기술에 의존하는 한편, 중년에 딱 맞는 틈새 브랜드와 젊어 보이는 생활양식 및 여가 소비 패턴을 채택함으로써 그 사람들의 공적인 모습을 건드리고 또 오염시킬지도 모른다(Katz 2003). 이른바 제3의 인생을 살지만 노년이라는 데스마크스를 거부하는 일부 사람들은 제3의 인생을 흉내내기, 가장무도회, 나이-간 혼종주의의 장소로서 구성한다(Biggs 2004). 제3의 인생은 이렇게 해서 사람들이 인생을 새로운 패턴으로 구성하는 '제2의 성년기second adullthood'로 평가받는다(Bateson 2010).

이 모든 것은 위험에 빠진 자아가 자제력을 잃고, 고삐 풀린 미개인이 되고, 문화의 경계를 가로지르고, 사회의 보호막을 박탈당함으로써, 시간의 참화에 무자비하게 침식되는 것을 막으려는 전략이다. 신문광고를 보면 자아가 부재하는 문화 외적 지대로 탁송될까봐 무서워하는 집단에 후기자본주의가 제공하는 풍부하고도 다양한 안티에이징 상품들이 전시되어 있다. 《상징 교환과 죽음Symbolic Exchange and Death》에서 철학자 장 보드리야르Jean Baudrillard는 노년에 저항하면서도 그에 근접해 가는 데 따른 긴장을 식민주의적 억압과 유사한 것으로 인식했다. "최근 들어 식민화된 근대의 노년은 식민화된 토착민이 지녔던 것과 똑같은 무게의 부담을 사회에 준다. 은퇴, 또는 제3의 인생은 그 의미를 정확히 말해 준다. 즉, 그것은 일종의 제3세계다"(1993 [1976]: 163). 아니면 빅스Biggs(2004: 44)의 서술처럼 제3의 인생이 재현하는 것은 "한 연령 집단의 목적, 목표, 우선 사항, 의제 등에 의한 다른 연령 집단의 식민화다. … 이 식민화는 정치적·경제적 형편을 이유로 의식적으로 수행될 수도 있고, 이런 우선 사항이란 상식에 불과하다는 듯이 부지불식간에 수행될 수도 있다."

그러나 제3세계가 제1세계 또는 제2세계가 될 수 있는 데 반해,

제3의 인생은 돌이킬 수 없다. 보드리야르(1993 [1976]: 163)가 덧붙인 것처럼, "그것은 아무런 의미도 없는, 검게 그을린 죽음의 오솔길 위에 있다." 그 때문에 보드리야르와 바우만(2004)은 모두 현대의 노년을 근대성에 연결했다. 진보의 순례자를 의미도 정당성도 없는 달갑잖은 목적지로 이끄는 근대성 말이다. 그래서 정말 보드리야르는 고령자를 '문화적 잔여cultural residuals'(1993 [1976])로 불렀다.

제3의 인생에서 제4의 인생으로: 비혼종으로 전환된 혼종

노년의 '타자성'에 대한 학계의 집착은 간혹 제3의 인생으로 기술되는 것의 영역, 말하자면 연장된 중년들extended mildlifers이 거주하는 민속folk 범주에 자리잡고 있다. 이때 연장된 중년들이란 정신적 · 사회적 · 신체적 기능이 대체로 계속 유지되는 자들을 말한다. 제3의 인생이 문화적으로 구성된 이후, 제3의 인생이라는 구성물은 인류학적 노인학에 얼마간 한계는 있어도 상대적으로 안전한 영토를 제공해 주었다. 그러므로 '타자'야말로 중년기의 관심사를 관습적으로 조사해서 번역하는 데 잘 들어맞는 것이다. 제3의 인생 연구는 그처럼 소위 '정상적', '성공적', '최적의 노화'라는 보편자를 옹호했다. 리프Ryff와 싱어Singer(1998)의 개념, 즉 근대성에 맞게 설계된 통합 개념 '자세 건강posture health'은 그에 대한 완벽한 본보기였다. 이렇게 해서 제3의 인생은 탈식민주의적 비평의 복잡성을 피하고, 근대적 중년, 노인

혐오적 규범, 통합의 가치, 자기 실현, 일관된 감각, 인격 발달 등 가시적·가독적 담론 바로 그 내부에서 노년을 바라보는 연구 의제를 스스로 구성했다. 제3의 인생에 대한 노인학의 연구는 그와 같이 노년을 관리한다는 중년의 거대한 기획에 의해 훈육되었다(Katz 1996).

후속 분석을 위한 나의 출발점은, 대안적 언어를 위한 길을 내려면 제3의 인생의 문화적 공간과 제4의 인생의 실존적 공간을 구별해야만 한다는 것이다. 제3의 인생은 자아와 '타자'의 마주침, 대화와 번역의 추구, 혼종적 실재의 등장 등으로 특징지어진다. 제3의 인생은 아마도 탈근대 시대에 문화적으로 각인된 의미 감각을 유발할 것이다. 제3의 인생의 경계 지리는 중년의 꿈인 주름 펴진 얼굴 가장자리와, 사람이 살고 있어 두려움을 주는 노년이라는 불쾌한 지역 사이에 펼쳐져 있다. 제3의 인생이란 시간에 의해서 가차없이 쇠퇴해 버린 자연의 신체를 계발하는 연령 간 혼종주의에 관한 모든 것이다. 이는 자제력 상실, 미개함으로의 선회, 그리고 문화의 박탈과 동시에 초월이라는 위험에 처한 신체다. 신문광고의 세계를 한 번 보기만 해도, 후기자본주의 시대 주체와 객체, 자아와 '타자', 내부와 외부의 변증법을 폐기하는 데 열중하는 사회에 너무나도 풍부하고 다양한 안티에이징 상품들이 공급되고 있다는 인상을 받기에 충분하다. 불가피한 노화의 가속력은 탈-중년, 즉 전-노년 요새의 방어 시설을 계속해서 뒤흔들고, 그래서 궁극적으로 제3의 인생을 제4의 인생으로 변형시킨다.

그런 문화적 잔여로의 초도덕적 침잠이라는 도덕적 공황 상태는 제3의 공간/제3의 인생과 제4의 공간/제4의 인생 사이에 가느다란 선을 그어 놓는다. 그 하나의 사례는 이스라엘의 요양원 거주자들이 제 기능을 하지 못하는 구성원들, 즉 노인 시설로 옮겨 가야만 했던 구성원들에게 부여한 명칭이다. 그것은 바로 '채소와 동물vegetables and animals'이다. 이는 영국 케임브리지 소재 제3의 인생 대학the University of the Third Age 연구 집단에 참여한 바 있는 활동적이고 정신이 또렷한 연장자들이 왜 '제4의 인생을 사는 사람들Fourth Agers'로 파악했던 이들—말하자면, 몸과 마음이 무능력하게 된 노쇠한 늙은 사람들, 그리고 요양원과 노인 시설에 수용된 그런 늙은 사람들—을 방문하거나 심지어 조사하는 것조차 거부했는지 설명해 준다. 그런 상상된 선을 더 이상 그릴 수 없게 되면, '제4의 인생' 속으로 사라지기 직전에 있는 사람은 자신을 폐기 처분될 쓰레기로 볼지도 모른다. 하키Hockey가 묘사한 노인병동의 모습은 이를 잘 보여 주는 사례다. "직원이 쓰레기를 플라스틱 가방에 집어넣는 모습, 또는 바닥에 널부러진 음식 찌꺼기를 쓰레받이로 치우는 모습을 보며, 입원자들은 다음과 같은 농담을 한다. '나도 거기에 넣어 줘', 혹은 '나도 치워 줘. 그러는 게 낫겠어.'" 하키에 따르면(1990: 124), 이런 언급들은 '삶이란 무상한 것이라는, 즉 보호시설이 그들에게 부과하는 무시간적이고 반복적인 일과란 단지 가상의 영속성 감각을 만들어 낼 뿐이라는 입원자들의 의식'을 드러낸다. 내가 여기서 시사하듯이, 그런 의식은 개인의 번역 불가능성 경험과 이 경험이 사회적 정체성에 끼치는 영향 또한 드러내 준다.

인류학의 시선이 제3의 공간에서 제4의 공간으로 이동하는 것은 어떤 해석학적 분수령이다. 표면적으로 그것은 민족지의 표준적 문제, 즉 해당 분야의 범주들과 참여 관찰 사이에 있는 번역·해석상 간극을 메운다는 그 문제에 공명한다. 앞의 일화는 농담, 의료화, 은유화 같은 해석 장치들에 의존해서 그 문제를 해소한다. 하지만 그 간극이 배타적으로 제4의 공간의 은어만을 언급할 경우 그것은 어떤 심연, 즉 한 유형의 의식과 다른 유형의 의식을 분리시키는 인식론적 공백이 된다. 첫 번째 유형, 즉 '제3의 공간' 유형은 누적적 시간cumulative time에 정향되어 있다. 말하자면, 이 유형은 기억과 유의미함을 정당화하고 또 그에 의해 정당화된다. 두 번째 유형은 공간에 맞춰져 있다. 그 중심 원리는 그 고유의 권리를 향유하는 순간의 단독성singularity, 즉 오직 그 자체만을 지시하고, 현재에 제한되고 현재에 집중하는 무매개적·직접적 실존의 지금 여기다. 더 이상은 없다.

제4의 인생에는 고령자들, 노골적인 인지적·신체적 퇴화에서 임박한 죽음을 예감하는 사람들이 거주한다. 제4의 인생은 회상에도 망각에도 정박하지 않는다. 제4의 인생은 번역 불가능한 파편적 텍스트들, 순전한 실존이라는 순수한 문화 외적 범주들, 와해된 참여, 그리고 결과적으로 관찰자가 이해하지 못할 수도 있는 세계 내 존재의 감각 등으로 이루어져 있다. 따라서 문화적으로 접근 가능한 선행지식에 의존해서는 이 '제4의 공간'의 지표들을 인식할 수 없다. 이는 환유의 영역, 즉 역사적 시간이 결여된 영역, 기억이 고갈된 영역, 번역 또는 흉내내기를 허용하지 않는 영역, 변경 불가능한 것이자 사회적 구성 너머에 있는 것으로 간주되는 영역이다. 무엇보다도, 이 공간의 거주자들과 은유에 기반한 대화를 나눌 가능성은 전혀 없지만, 그럼에도 불구하고 그 가능성은 문화의 무상함에 실존적으로 본질적인 강력한 그림자를 드리운다. 그런 접근법은 다음과 같은 관찰의 비형이상학적 감각을 만들어 낼 수 있다. 이 관찰은 중년기적 사회가 '고령'으로 여기는 사람들 가운데 한 명이 세계 속 자신의 장소에 대해 수행한 것이다.

나는 벌써 90살이다. 나는 2년 전 시나고그[유대교 예배당]의 라비[랍비]에게 가서 말했다. 이것 보세요, 라비님, 잘 들어 보세요, 토라Torah에서는 우리 수명이 70년 혹은 힘이 있으면 80년이라고 합니다만, 나는 이미 90을 넘었습니다. 예? 이럴 수 있습니까? 나는 누구입니까?

'제4의 공간'에 거주하는 또 다른 기이한 노인은 이렇게 말했다. "나는 더 이상 사다리에 있지 않습니다. 나는 사다리보다 위에 있습니다."

제4의 인생의 시작은 나이, 병약함, 시설 수용 등에 의해서 별도로 표시되는 것이 아니다. 오히려 그 시작은 은퇴, 사회심리학적 탈참여 상태의 감수, 구조적 의존성의 증가, 노인차별적 배제 메시지에 대한 주목도의 증가 같은 지표들로 표시되고, 연속적인 노화 구성 과정을 통해 점진적이면서도 미묘하게 알려진다. 그런 노화 경험 내내 누적된 결과는 시공간적 방향의 근본적 변형 조짐인데, 이는 의미 추구적 생애과정이라는 선형적 서술 플롯이 일상적 위험 관리 활동에 의해서 통치되는 측면側画의 현재 구속적 세계로 이동하는 것을 말한다. 이런 변화는 가치 있는 생활 감각이라는 근대적 이해에는 너무나도 낯설다. 그래서 몇몇 학자들은 거의 틀림없이 이해할 수 없는 제4의 인생 거주자들의 삶을 해명하기 위해서 사용 가능한 학문적ㆍ전문적 능력을 곰곰히 생각해 보게 된다. 베이츠Bates와 스미스Smith(2003: 114)는 인구 기반 제4의 인생 규정과 개인 기반 제4의 인생 규정 사이에서 흔들리면서도, 어떤 규정 아래서든 "제4의 인생은 의도성, 개인 정체성, 우리 미래에 대한 심리적 통제, 존엄하게 살다 죽을 기회 같은 인간 정신의 아주 귀중한 특질들 가운데 일부를 위협한다"고 말한다.

이 실존적 경이에는 기존 노화 해석 담론의 기저에 있는 몇몇 당연시되는 교리들에 대한 근본적 의심이 내장되어 있다. 이는 분명히 노년을 주지의 검증된 문화 목록 제도 안에 가두려는 욕망에 대한 신랄한 비판이다. 그것이 스위들러Swidler의 문화 공구 세트cultural tool kit(Swidler 1986)이든 볼탄스키Boltanski와 테브놋Tevenot의 정당화 체제 regimes of justification(Boltanski and Tevenot 1999)이든 말이다. 그런 제도들은 문화 외적 상황을 무시한다. 문화 외적 상황이란 익숙한 척도나 판단 기준에 부합하지 않는 합리성 양식, 즉 아마도 단순한 실존의 견지에서 선택, 위험 감수, 의사결정, 우선 수단이나 목표의 설정, 궁극적으로는 윤리학의 재고 등을 결정하는 그런 합리성 양식을 내포하는 충동과 사유로 통치된다.

따라서 제4의 인생이라는 실존적 공간에 진입하려면 몇 번의 교육적 발걸음을 내딛을 필요가 있다. 첫 번째 발걸음은 해석 대행자의 정보원情報源과 구조의 전제조건—앤더슨Anderson(1972)이 노인의 문화적 말살로 인식하고, 하잔Hazan(1980)이 림보 상태로 묘사한 것—과 사이에 균열이 있음을 인정하는 것이다. '인문주의적 비인간화 humanistic dehumanization'라는 이 담론적 절차로 나아가는 다음 발걸음은 초고령에 대한 관심을 둘러싼 침묵에서 탐지할 수 있다. 이 침묵은 사회적 거부, 즉 누구나 의식하고 있지만 감히 누구도 말하려고 하지 않는 것에 대한 인정을 반영한다(Zerubavel 2006). 하지만 농담, 흉내내기, 유머, 존중, 기피 같은 빛나는 장치들이 더 이상 효력을 발휘하지 못할 때, 그런 '문화적 잔여'를 환기시키는 것들은 늘 두드러지게 그리고 불가피하게 눈에 띄어서 주목을 받게 된다. 고프만이 묘사한 바 있는 총체적 기관total institutions(1961)에서의 자아의 죽음, 그리고 아감벤이 분석한 바 있는 강제수용소 수용자들의 벌거벗은 생명은 '제4의 공간'의 매개변수들을 틀 지으려는 두 가지 시도일 뿐이다. 여기서 친구들과의 의사소통은 보통 권위주의적 관리·처리 경로, 즉 주체성, 가역성, 협상 가능성 등이 말소된 바로 그 경로를 통해서 수행된다.

그래서 제4의 인생을 다루게 되면 생명정치의 형식뿐만 아니라 새롭고 독특한 '생명사회성'도 만나게 된다. 폴 래비노우Paul Rabinow (1992)는 한때 유행했던 '사회생물학'을 활용해서 이 용어를 주조해 냈다. 그가 이 개념에 이끌린 것은 새로운 유전학과 생명공학의 출현 때문이었다. 태아 검사 산업이 번성하는 데 비해, 노년에게는 유전 진단genetic diagnosis이 별 의미가 없다. 그럼에도 불구하고 생명사회성에 초점을 맞추게 되면 생애주기상 '벌거벗은 생명'의 두 극단 (즉, 태아 단계와 종말 단계) 간 유의미한 대칭이 눈에 띄게 된다. 태아와 고령자는 인류학의 정체성 논의에 전혀 새로운 것을 가져다 준다. 이를테면, 두 경우 모두 정체성은 불가사의다. 직접적 의사소통이 부재할 경우 강조점은 신체검사, 진단, 화상畵像 진찰 등에 찍히게 되고, 그에 따라 중년의 은유적 언어는 불가피하게 축자적/형이상학적 언어로 바뀌게 된다. 몸과 마음으로 갈라진 이 모호한 정체성에는, 누군가의 정체성을 구성하는 것은 누군가의 우발적 (습득된) 특성들이 아닌 본질적 특질들일 수밖에 없다는 생각이 각인되어 있다. 이안 해킹Ian Hacking(2006: 88)이 최근 주장한 것처럼, "'본질적'이나 '우발적'처럼 고매한 형이상학의 냄새를 풍기는 단어들은 … 존 로크John Locke가 3세기 전 본질들을 파괴한 이래 적어도 영어권 세속 철학자들 사이에서는 땅 밑으로 꺼져 버렸다. … 그러나 정체성에 관해 말하려는 이들은 본질이라는 은밀한 생각을 위험을 무릅쓰고 못 본 체한다."

해킹은 DNA에 관해 썼지만, 그가 한 말은 제4의 인생의 경우에도 해당한다. 제4의 인생의 생명사회성에서 현실의 구체적 물질성은 물리적 이동과 신체의 운용을 제약하는 주변 경계들의 관리 형태를 틀 짓는다. 은유적 신체를 경시하면서 축자적 신체를 강조하는 것은 실존에 일상적으로 대응하는 물질성에 몰두하는 것이고, 그래서 남아도는 시간적인 것 대 절박한 공간적인 것 사이에 어떤 틈을 만들어 내게 된다. 시간(과거와 미래를 강탈당한 생명)과 공간(현재에 구속된 장소 중심의 삶)의 이혼은 기억이라는 구성적·구조적 저장소를 고갈시키고, 그로 인해 상상된 정체성을 위한 기억 능력을 생존 연습 사업이 소비하는 방부제 경제a preservative economy로 바꾸어 놓게 될 것이다.

지금까지 나는 '제4의 인생'과 '제4의 공간'이라는 용어를 상호 교환가능한 것으로 사용했다. 하지만 실상은 복잡한데, 중년기의 규정에 따르면 두 용어는 일반적으로 분리되어 있기 때문이다. 치료 담론의 유포는 전문 관리인 군단과 함께 어떤 의료적·법적·매체적 환경을 만들어 낸다. 여기서 제4의 공간 범주들은 사회적 징벌과 배제의 희생자들이 집단 죄의식의 제단에 바쳐진 문화적 제물의 표시들로 다시 태어남을 인정하고 또 그렇게 정화된다. 이는 제4의 인생의 실존적 공약불가능성과 결별한, 유도된 '제4의 공간'a stimulated "fourth space"이다. 치유 시설, 교정 시설, 수감 시설, 살상 시설 등은 통제된 관음증과 조직된 핍쇼peep show〔훔쳐보기 쇼〕를 위한 '제4의 공간'을 공급하는데, 이는 관찰자의 시선과 피관찰자의 시선 간 상호 작용·의사소통·교환이 금지되었음을 확인시켜 주면서 무시무시한 교육적 호기심으로 미지의 것을 일별하게 해 준다. 이런 구조적 환경 아래에서 번역가능성에 내재하는 거의 모든 위험들은 하나로 모여 '제4의 공간' 관련 지식을 더 익숙한 문화적 인식의 영역으로 전송하려는 모든 시도를 방해하게 된다.

제4의 인생 범주의 파악 불가능성

처분 가능한 문화적 잔여물로 변형되리라는 두려움이 제3의 인생과 제4의 인생, 말하자면 극도로 무기력한 인생의 종말을 극명하게 구분시켜 준다. 그 두려움은 정신이 또렷하고 활동적인 은퇴자들, 즉 영국 케임브리지 소재 제3의 인생 대학 구성원들이 자신들과 구분해서 제4의 인생—요양원과 병원에 수용되어 있는, 노쇠한 몸과 마음을 지닌 상처 받은 노인들(Hazan 1996)—으로 평가한 이들을 방문하거나 심지어 그들에 대해 연구하는 것조차 거부한 이유를 설명해 준다. 구브리움(1993)은 탐탁치 않은 그들의 현존을 개인적 공간에 대한 위협적 침식으로 묘사했다. 노년기 의미 지평 구성하기라는 허약한 보호조치에 대한 침해로 간주할 수 있다는 것이다.

이런 의사소통의 난국을 이해하려면 실드Shield와 아론손Aronson (2003)을 참고할 필요가 있다. 의사들이 논의 내내 반복해서 말한 것은, 낯섦을 전문적으로 연구하는 인류학자들을 포함해서 노년의 독특함을 전혀 모르는 문외한도 그 우주의 경험과 언어를 이해할 수 있다는 점이었다. 이것이 고령의 의사가 그런 무시간적 공간의 협소한 지평을 묘사한 방식이다.

그림자가 길어지고 인상이 흐려질 때, 시간이 더 이상 무한하지 않을 때, 한 나이 든 시민의 말처럼 누군가가 더 이상 초록색 바나나를 사지 않을 때, 불안해하는 사람들이 줄어드는 시간을 낭비하지 않기 위해서 여가 독서를 오직 요약하는 일에만 한정할 때, 완전한 성숙과 노화의 최종 단계(극노년), 즉 황혼 지대 사이에는 그래도 어떤 시간적 간격이 있다(Shield and Aronson 2003: 186).

겉으로 보면 인류학적 '타자의' 시간성(Fabian 1983)을 그렇게 분명하게 표현하는 것은 재현, 번역, 이해 등 표준적 민족지의 문제점인 듯하다. 그러나 실제로 의사소통 단절이란 심연이다. 다시 말해, 그것은 기억을 신성시하고 또 그에 의해 신성시되는 누적적 시간을 지향하는 의식과 절대적 실존—즉, 문화적으로 무매개적이고 직접적인 삶의 지금 여기—을 조직화 원리로 하는 공간에 연동되어 있는 의식 사이의 인식론적 공백이다. 현재에 매인 경험a present-bound experience에 관한 그 은퇴한 의사의 은유적 묘사는 사회적으로 거부당한 위치, 즉 의미 있는 과거와 미래에 기반한 시간적 구성물의 일부가 될 권리를 박탈당한 그 위치에 자리한 어떤 범주의 속성들을 반영한다. 다른 식으로 말하면, 그 구조적 편성은 문화 외적 상태를 반영하는데, 이는 그 거주자들이 보고하는 주관적 세계에나 어울릴 법한 것이다. 만약 이것이 사실이라면, 그런 사람들과의 대화 실패는 예상할 수 있다. 그리고 이 대화 실패는 병리학적 손상에 따른 결함이라기보다 자기 귀속적 비인간 상태라는 견지에서 문제가 된다.

자기 파문破門

다음에 보고된 연구는 어떤 대화적 난국을 조사한 것이다. 여기서 고령자는 응답자의 자기 귀속적 파문에 따른 파생물처럼 보인다. 이 연구는 텔 아비브 대학교Tel Aviv University 헤르첵 노화 연구소 the Herczeg Institute on Aging에서 수행한 평균 나이 93세의 고령자 164명과 진행한 일련의 인터뷰에 기반하여 진행되었다. 표본 응답자들은 이스라엘의 유대인 노인 인구를 대변했고, 인터뷰 진행자들은 일정한 체계가 없는 서사적 연출을 통해서 인생 이야기를 끌어내려고 했다. 모든 인터뷰 대상자들은 심리학상 음향 인지 기능 확인 검사를 통과했다. 이 자료를 분석할 때 나의 관심사는 벌거벗은 실존의 표현을 불러일으키는 유사점들, 그리고 명백히 파괴된 의미와 기억의 실마리들을 찾는 데 있었다. 노년을 연구하는 몇몇 학자들도 그런 언어에 귀를 기울이려는 시도, 더 나아가 그 언어를 서사적 글쓰기로 전송하려는 시도를 한 바 있다. 그 가운데에는 독일에서 노화에 관한 장기적이고 다변수적인 연구를 진행한 발테스Baltes와 스미스Smith(2003)가 있다. 연구 막바지에 그들은 초고령이라는 '행성'으로 나아갔다. 이 행성은 예상과 달리 그에 선행하는 것과 단절되고 또 차이가 나는 것으로 드러났다. 그들은 이 세계를 해독할 수 있는 개념적 무기도 없이 이 행성과 마주친 것이다. 발테스와 스미스는 표준적 노화 담론—기억 담론, 즉 정체성과 의미의 연속성 담론—에 대한 해석학적 위협을 다음과 같이 정식화했다. "제4의 인생은 의

도성, 개인 정체성, 자신의 미래에 대한 심리적 지배, 존엄하게 살다 죽을 기회 같은 인간 정신의 아주 귀중한 특질들 가운데 몇몇을 위협한다"(Baltes and Smith 2003: 124).

그렇다면 다음과 같은 질문이 제기된다. 이 패러다임 단절을 해결하려면 어떤 유의 해석 틀을 제시해야 하는가? 특히 초고령이라는 현실과 관련한 신뢰할 만한 주장을 제안하려고 할 때 이 난제와 대결하는 것이 가능한가? 어떻게 가능한가? 노화 이해에 관습적으로 사용해 온 개념과 방법의 쇠우리에 갇히지 않은 채 그 일을 어떻게 해낼 수 있는가? 발테스와 스미스(2003)가 인식한 핵심 문제는 이 인생 단계의 사회심리적 독특함에 관한 물음이었다. 연구 과정을 통상적으로 지도 및 감독하는 언어·문화·지각·세계관과 근본적으로 구별되는 언어·문화·지각·세계관을 우리가 과연 목격할 수 있는가? 이 특이한 연구 영토를 재현하는 지도들 내부에서 합리적 방향 설정을 하는 것이 가능한가?

제4의 인생과의 실패한 대화

앞서 언급한 이스라엘 노인 연구를 위해 수집된 텍스트들 여기저기에는 의문부호, 휴지(休止), 단절, 깨어진 발화, 조각난 문장 등이 산재해 있다. 더듬거리는 대화는 부가되어 서술된 인생 이야기라는 관점, 즉 자신이 그 사례로 예정되어 있던 관점에 감금된 채 지적인 연구 결과를 정확하게 전달하는 데 실패했다. 그 대화는 계시라기보다 수수께끼였고, 그래서 대화의 흐름보다 숨죽인 시간적 간격을 담아냈다. 그럼에도 불구하고 잘 알아들을 수 없는 언어 뭉치에서 제4의 인생의 내적 공간에 관한 여섯 가지 결론을 도출해 낼 수 있었다.

첫째, 초고령은 개인의 생애과정에서 엄청난 변화를 의미하는 듯하다. 말하자면, 평생에 걸친 자아의 연속성을 가정하는, 암암리에 삽입된 계발적 접근법은 늙은 노인의 실존적 현실에는 적용되지 못한다. 오히려 저 특이한 언어는 무엇이든 그에 선행하는 것과의 근본적 단절을 수반한다. 보르리야르(1993: 163)가 주장한 것처럼, 아주 늙은 노인들은 해독할 수 없다. 그들은 문화의 상징 체계 너머이자 외부, 즉 "비사회적인 문화적 잔여"이기 때문이다. 혹은 상카르Sankar(1987)가 지적했듯이, 그들은 현재의 우연한 의존적 궁핍 상태를 점유한 것으로 간주되는 "살아 있는 죽음"이다.

둘째, 제4의 인생은 분명히 문화 외적 조건이지만, 노년에 고유한 것은 아니다. 초고령처럼 생존보다 실존의 자격을 얻은 모든 상태들(Johnson and Barer 1997)은 사회학 문헌에서 '시민권 상실civil death'로 불리는 범주에 속한다. 어빙 고프만(1961) 식으로 말하면, 그 상태는 사회적 존재로서의 권리와 특권을 빼앗긴 개인이다. 조르조 아감벤(1998)의 용어로 표현하면, 이 개인은 생물학적 존재에 불과한 '벌거벗은 생명'이다. 이는 그 집단이 사회에서 배제되어 있음을, 그리고 문화적으로 보호받는 삶에 대한 권리를 부정당하고 있음을 함축한다. 그는 살해당할killed 수 있지만 희생될sacrificed 수는 없는데, 희생이란 상징적 중요성을 의미하기 때문이다. 그 집단은 아무런 죄 없이도 비난받을 수 있고, 그 집단의 협상 불가능한 종말이 미리 정해져 있을 수도 있다. 세속적 사회에서 피할 수 없는 생물학적·사회적 죽음을 눈앞에 둔 초고령은 어떤 지점, 즉 어떤 문화적 구원도 존재하지 않는 저 너머의 지점에 있는 것으로 간주된다. 병 들고 노쇠한 노인도 그런 태도를 견지한다. 인터뷰 진행자와 응답자 사이의 '귀머거리 대화'는 이 점을 분명히 보여 준다.

인터뷰 진행자: 앞으로 바라는 게 무엇입니까?〔반복〕

응답자: 나는 바라는 게 없어요. 나는 의사가 왜 수단과 방법을 가리지 않고 사람의 생명을 연장시키려 하는지 모르겠어요. 내 생각에 그건 아무런 의미도 없어요.

셋째, 개인적 차이와 문화적 차이에도 불구하고 인터뷰 대상들 사이에는 어떤 공통분모, 즉 상호개인적 차이와 상호문화적 차이를 초월하는 공통분모가 있었다. 이는 몸속 깊숙이 자리잡고 있었다. 그 모든 인터뷰가 보여 주는 것은, 신체적 경험이란 신체적 관심사에 대한 지대한 집착을 반영한다는 점이다. 이는 구브리움Gubrium과 홀스타인Holstein(2002)이 말한 바 있는 "담론의 닻discursive anchor"이다. 하지만 그들의 견해와 달리 우리의 경우 신체를 언급한다고 해서 자기이미지와 자기 정체성이 구성되는 것은 아니다. 제4의 인생의 신체는 구체적인 신체다. 평범한 글자 그대로의 본질, 말하자면 어떤 소통 가능한 의미도 결여되어 있고 자아 또는 승화sublimation도 고갈되어 버린 총제적·일원론적 본질 말이다. 이를 분명히 보여 주기 위해서 나는 클리셰에 가까운 전형적 회화, 즉 숙명론적이고 겉보기에 자아 없는 회화를 인용하겠다.

인터뷰 진행자: 올해 건강은 어떻습니까? 작년보다 더 나아졌습니까, 더 나빠졌습니까?

응답자: 우리는 내리막길에 있어요.

인터뷰 진행자: 내리막길이요?

응답자: 더 나아지길 기대하지 않아요. 〔단지〕 더 나빠지지 않기를 바라지요.

인터뷰 진행자: 그게 걱정스럽니까, 당신 건강?

응답자: 건강 때문에 걱정하지는 않아요, 누구나 죽는다는 걸 알아요. 그건 마지막 오솔길이에요.

넷째, '나'의 은유적-서사적 관점과 인터뷰 대상자들의 그런 관점 결여 사이에 존재하는 간극은 인식론적 암흑, 만나지도 교차하지도 않는 의식의 평행선, 궁극적 침묵을 만들어 내는 분리된 담론으로 이어졌다. 생활 사건, 즉 외상적 전환 '이전'과 '이후'의 인생 이야기와 그 둘 간의 간접 비교, 그리고 주관적인 탈시간적 가치평가—노년에 대한 질적 연구를 지배하는 것—를 요청하는 선형적-서사적 접근법은 뒤죽박죽의 탈구된 대화와 만나려고 하지 않는다. 이런 고찰은 노인의 인생 경험 보고서가 원자적·파편적일 수 있음을, 즉 잘 짜여진 이야기로 절합되지 않는 단독적 시간 단위들로 조각날 수도 있음을 보여 주는 풍부한 증거들에 의해서 뒷받침된다. 미래가 부재하면 과거 또한 사라지고, 현재는 모든 것이자 궁극의 것이 되면서 현재 그 자체로 수렴된다. 그럼으로써 서로 인정하는 일관성 있는 의미로 실을 짜겠다는 연구자의 목표는 배반당한다. 실제로 한 인터뷰 대상자는 인생 이야기를 들려 달라는 요청을 받고는 그런 허무주의를 표현한 바 있다.

> 응답자: 말할 게 별로 없어요. 모든 게 끊어져 버렸어요.
>
> 인터뷰 진행자: 앞으로 바라는 게 무엇입니까?
>
> 응답자: 없어요. 미래는 끝났어요.
>
> 인터뷰 진행자: 인생 이야기를 들려줄 기회가 있다면, 각각의 챕터에 어떤 제목을 붙이고 싶습니까?
>
> 응답자: 공백, 공백으로.
>
> 인터뷰 진행자: 모든 삶을요?
>
> 응답자: 모든 삶을.

다섯째, 사회심리학자 알베르토 멜루치Alberto Melucci(1996)가 세대 간극 탓으로 본 바 있는 문화적 자폐증cutural autism은 거의 비인간에 가까운 인간됨의 최저 공통분모, 즉 순간적 요구들의 순전한 만족을 신봉하는 제4의 인생 거주자와의 의사소통에 적용되면 특별한 표지들을 획득하게 된다. 그런 의식 양식을 다루려면 대화 상대자는 '기억의 과학'의 원리들을 포기하지 않으면 안 된다. 이때 '기억의 과학'이란 해킹(1998)이 심리학, 사회학, 인류학 등에 붙인 딱지로서 연속적 정체성 추구, 자아 통합, 그리고 무엇보다도 의미 구성자로서 기억의 헤게모니에 대한 인정 같은 가정 위에서 창설된 학문을 말한다. 이런 조항들을 충족하게 되면 다음과 같은 좌절된 대화도 가능할 수 있게 된다.

> 인터뷰 진행자: 인생에서 배운 가장 중요한 것은 무엇입니까?
>
> 응답자: 모르겠어요, 표현할 수 없어요, 어떻게 표현해야 할지 모르겠어요. 말하지 못했던 많은 것들이 기억나네요.
>
> 인터뷰 진행자: 그게 뭔지 말해 줄 수 있습니까?
>
> 응답자: 관심 없어요, 관심 없어요.
>
> 인터뷰 진행자: 단 하나도요?
>
> 응답자: 당신에게 말할 수 없어요.

그런 문화적 자폐증을 고치는 데 필요한 패러다임 변화는 개념의 근본적 이동 외에 없다. 그래서 예컨대 우리는 '이야기', '서사', '기억' 같은 용어 대신 헤이든 화이트Hayden White(1987)의 '연대기annals' 개념을 빌려 올 수도 있다. 이 개념이 사건의 진행에 대한 비역사적·무시간적 조망을 가리키기를 기대하면서 말이다. 이 관점에 따르면 사람들은 마치 사건들 사이에 어떤 감정적·논리적·윤리적·미학적·목적론적·인과적 연결도 없는 것처럼 냉정하게 사건 기록을 보고한다. 셈accounts과 책임accountabilty 사이의 이런 불연속성은 사실상 서술자라는 주체의 지위, 즉 수명life span의 표면을 전시하기 위해서 과거, 현재, 미래의 조각들을 효율적으로 조직하는 누적적 기억의 지배자를 단계적으로 철폐한다.

제4의 인생에서 의미와 기억

의미의 결여처럼 보이는 것은 오히려 초고령이라는 도달할 수도 없고 개념화되지도 않은 층위에 있는 풍부한 실존의 의미인 듯하다. 이런 이해하기 어려운 핵심의 실연實演은 발화에 대한 거부가 되고, 그래서 이 거부야말로 발화되지 않은 무언가를 말하려면 포착해야만 하는 바로 그것이다. 발화하는 인터뷰 대상자는 자신에게 강요된 서사의 의무에서 벗어나고, 그래서 어쩌면 무의식적으로 또는 어쩌면 충분히 의식하면서 저자의 죽음을 선언한다. 즉, 능동적 행위자라는 그 자신의 입장을 재고하는 한편, 책임 있는 자아로서 그 자신의 죽음을 선언하는 것이다(Tull 2004).

사실상 그는 무심하게도 청취자들이 자기 인생의 의미를 제멋대로 활용하도록 소유권 도용을 허용한다. 이는 배교背敎 행위다. 말하자면, 진정한 목격자, '타자'의 목소리, 발화와 청취에 대한 자신의 권리, 그리고 자기 세계의 해석자를 위한 증거 자료 역할을 할 권리를 신성시하는 인류학 교리에 대한 거부인 것이다.

그러나 우리에게 샤일록Shylock을 기독교인으로 개종시킬 수 있는 정당성과 권위, 또는 원치 않는 기억과 하찮은 전승 지식을 예언자 테이레시아스Tiresias에게 떠맡길 수 있는 정당성과 권위가 있는가? 수사적 물음처럼 보이는 이것은 인류학 담론, 즉 기억의 요소들을 연결하는 대화적 순간의 가능성과 필요성에, 은유적 결합으로 과거와 현재를 미래에, 따라서 문화들과 맥락들을 중단 없이 연결하려는 시도에 기초한 인류학 담론에 존재하는 것이 아니다.

인류학자 빈센트 크라판자노는 《상상의 지평들Imaginative Horizons》에서 바다들의 융합 지점을 나타내는 수피교Sufi 개념 바르자흐barzakkh를 호출한 뒤 이를 논의의 핵심 은유로 사용했다. 인류학의 중심 기획이란 사이성in-betweenness의 시간과 공간을 탐구하는 데 집중해야 한다는 그 논의 말이다. "은유가 시사하는 사이the between, 즉 바르자흐와 함께 시작한다면 은유 이론은 어떤 모습일까? 회고된 사건도 회고도 아닌 이 둘 사이의 간극과 함께 시작한다면 기억 이론은 어떤 모습일까?"(204: 157)

크라판자노를 뒤집어 말하면, 이런 물음을 던질 수도 있다. 바르자흐—인류학자 폴 스톨러Paul Stoller(2009)가 소리 높여 주장하는 접점의 효과, 사이의 힘, 즉 기억의 요람이자 도덕성의 원천—가 없다면 기억 이론은 어떤 모습일까? 근대 인류학이 사회적 틈새, 리미널리티 상태, 이행 과정, 문화적 접촉 지대 등에 집착한다면, 우리는 확실히 이렇게 질문할 수 있다. '사이성betweenness'의 신성화에 기초해서 창설된 분과학문이 대안적 인식론, 말하자면 침투 불가능한 경계들 배후에 도사리고 있는 비혼종적 타자의 가능성을 인정하는 데 입각한 인식론을 제공해 줄 수 있는가?

이 물음에 대한 대답의 단초는 제4의 인생의 공간, 즉 제3의 인생이 점유하는 공간과 달리 사이에 의해 벼려진 혼종성을 전혀 담고 있지 않은 공간에서 부상할지도 모른다. 여기서는 어떤 문화변용도 발생하지 않고, 어떤 번역이나 모방도 일어나지 않는다. 여기에는 심지어 망각조차도 담기지 못하는데, 기억이란 의미 생성자이기에 그 안에서 어떤 자리도 차지하지 못하는 것이다. 이는 외부의 관찰자가 감지하지만 체험할 수는 없는 공간, 즉 명백히 문화 외적인 불가지의 경관이다. 모두가 보지만 누구도 그 현존을 정확하게 인정하지 못하는 방 안의 코끼리처럼[19](Zerubavel 2006), 이 잠재적 타자성이란 비가시적인-그러나-현재하는 손, 말하자면 그 손 자체를 가려서 보이지 않게 만드는 문화적 윤곽 또한 그려 내는 손이다.

제4의 인생을 향해 떠나는 초도덕적 여행

방 안의 코끼리 또는 임금님의 새 옷이라는 관념은 분명 침묵하는

---

19 구성원 누구나 느끼고 있지만 감히 누구도 표면화하지 못하는 문제를 의미함.

제4의 인생의 왕국으로 가는 첫걸음이다. 두 번째 단계는, 타자들의 배제 공간을 가리키는 푸코의 용어를 빌리자면 헤테로토포스적이다(Faucault 1986: 22). 이때 코끼리는 방에서 사라지고, 그래서 금지되어 보이지 않거나 금기시되는 것들의 땅, 즉 요양원, 노인병동, 노인보호시설 등으로 추방된다. 여기서는 또한 침묵의 음모가 해명되어 완곡한 발화로, 그리고 치료 목적의 독선적 돌봄으로 전환된다.

노년의 문화적 담지자들 사이에서 육체적·정신적 질환이 더욱 심해질수록 사회의 도덕 질서에서 위안을 얻고자 '타자로 지명된 사람들'과 다시 연락할 필요성은 증가한다. 이 일면적 관계는 사라진 코끼리를 다시 생산해 내고, 그래서 코끼리가 필요로 하는 것과 코끼리가 차지하는 방에 대한 인정을 요구한다. 이는 또한 제4의 인생으로 가는 도로의 세 번째 단계가 시작될 수도 있는 곳이다. 오욕汚辱과 위반의 단계, 또는 인류학자 마이클 타우시그Michael Taussig(1999)가 명명한 바 있는 '마멸defacement', 비방, 그리고 피해victimization의 단계, 말하자면 그 탈은폐된 비밀의 공적 무게를 과장함과 동시에 그 비밀을 사라지게 만들려고 하는 문화적 망신주기 활동의 단계다. 그렇게 해서 그 비밀의 대상에게 가해진 모든 위해는 노인을 사회적 참사의 피해자victim에서 희생자sacrifice로 전환시키는 움직임을 부추기게 되고, 희생자 보호라는 립서비스가 문화적 가책을 면제받기 위해서 행해진다.

의료화, 유아화, 후견 등 사회적 감시 체제는 많은 경우 이런 마지못한 책임의 수행으로 이루어진다. 그래서 전체 고령자는 훈육된 온순한 신체, 말하자면 시간이란 지금이 전부임을 내포하는 고령자의 체현된 자아로부터 몰수한 신체로 축소된다. 그런 실천들은 도덕주의자의 옷을 걸친 생명정치·경영 담론의 중추로 흡수되는데, 이는 극노년을 문화 외적 무인지대로 안내하게 된다. 이 무인지대란 자폐증 걸린 사람들—단단히 자리잡은 노숙자, 난민, 번역 불가능한 인간성을 지닌 타자들, 말하자면 흔히 불가역적인 것으로 파악되고, 그래서 교환과 변환을 전제하는 세계에서 공통화폐 역할을 할수 없는 실존의 소유자들—이 거주하고 있을지도 모르는 공간이다. 정탐하는 인류학자들과 화성인들이 도덕적으로 맞물려 있지 않으면, 공통된 인간성에 기반한 어떤 상호책임 체계도 확인할 수 없고 어떤 납득할 만한 대화적 교류도 이어질 수 없는 것 같다.

결론적으로 노인과 그 밖의 사회 간 탈참여 이론이라는 강력한 버전, 즉 심하게 비난 받는 그 난해한 버전(Cumming and Henry 1961)은 설득력이 있다. 그뿐만 아니라 그것은 두 유형의 독립된 도덕성 사이를, 그리고 살 만한 인생의 선순위 속성들에 대한 두 유형의 관점 사이를 틀어지게 만드는 초대장이기도 하다. 탈참여 이론은 둘로 갈라진 인간성의 이미지를 사례로 논의를 전개하지만, 정치적 올바름과 자유주의적 윤리학이 드리운 그림자는 이런 식의 어떤 진전된 논의도 제한한다. 보편적으로 인정 받는 인간성이라는 추정 너머 도덕성의 상대주의적 얼굴을 내보임으로써 말이다.

3장

혼종성의 난국: 액체성Liquidity에서 본질성Quiddity으로

이 장에서는 오늘날 지구적 문화의 핵심 시나리오이자 원거리 관계들의 병존을 알리는 신호, 즉 유동적인 것과 고정적인 것의 상호작용에 기대어 비혼종적 '제4의 공간'의 인류학을 위한 잠재적 연구 방향을 기술한다. 나는 이 목표를 완수하기 위해서 홀로코스트, 자폐증, 통증 등의 사례를 검토할 것이다. 이 모든 '제4의 공간'들에서 의사소통과 상호작용은 행해지지 않는 것으로 제시되고, 그래서 보통 상호배타성의 견지에서 기술된다. 근본주의, 즉 우리 시대 비혼종적 '제4의 공간'의 전혀 다른 사례의 맥락에서 보면, 지각 가능한 상호배타성은 교전 상태로, 그리고 박멸을 통한 제거 가능성으로 귀결된다. 오늘날 세계에서 타자성의 실질적 위협으로 인식되는 것은 근본주의 같은 변형 불가능한 순수성이다. 이 맥락에서 보면 '문명의 충돌'은 희망 없는 전쟁으로 이해할 수 있다. '문명의 충돌'이란 공약 불가능한 두 이미지—이슬람인의 눈에 비친 서구 혼종성 대 이슬람적 '타자', 즉 서구인의 눈에 비친 번역 불가능한 비혼종적 근본주의자—사이의 만남을 의미하기 때문이다(Michalis 23).

사실 비혼종 이론은 불안과 타자성의 결합이 2001년 미국 테러에 수반하는 공격적 조치들을 가능하게 했음을, 그리고 이 조치들이 오늘날 지정학을 계속해서 지배하고 있음을 설명해 줄 수 있다. 비혼종 이론은, 서구적·자유주의적·세속적·사회경제적·정치적 환경 내부에서 파악 가능하고 표현 가능한 것으로서 두려움과 혐오 감각 의 유발자가 어떻게 단순한 '타자성'이 아닌 '비혼종적 타자성'인지를 보여 주는 전혀 다른 사례다. 그래서 오리엔탈리즘에 관한 사이드의 독창적 논의는 이슬람에 대한 서구의 어떤 특정한 혐오aversion가 아니 라 지각 가능한 비혼종에 대한 탈근대적 혐오adhorrence의 여러 사례들 가운데 하나에 대한 성찰로서 재맥락화될 수 있다. 이 경우에는 서구 의 (재)생산 관계 내부에서 비혼종으로서의 무슬림 근본주의를 목표 물로 삼아 표기한 것이다. 그런 야만적 공간의 거주자들이란 비혼종 범주의 전반적인 비인간적 성격에 오염되어 있기 때문에, 결과적으 로 비인간화된 사람들의 개인적 운명은 또 다른 범주, 즉 잠재적으로 혼종화되어 있어서 지구화에 저항하지 않는 범주에 속한 자의 이름 으로 행동하는 이들에게는 전혀 중요하지 않게 된다.

논쟁 너머? 홀로코스트의 문화적 공백

우리는 아우슈비츠 이후 시의 불가능성(혹은 야만성)에 관한 아도 르노의 유명한 금언을 다음과 같은 물음으로 바꿀 수 있다. 홀로코 스트 이후, 말하자면 홀로코스트에 대한 이해 없이 '인간 과학a science of man'이 가능한가? 탈근대 인류학은 홀로코스트란 문화 횡단적 번역과 혼종화라는 인류학 기획의 외부에 남아 있어야 한다고 믿음으로써 이 물음에 대체로 침묵해 왔다. 프리모 레비Primo Levi가 쓴 책《이것이 인간인가If This is a Man》의 제목은 모든 홀로코스트 담론에 스며들어 있는 곤혹스러움을 뜻하는 격언이 되었다. 홀로코스트를 이해하려고 할 때면 문명화, 인간성, 도덕성 등에 관한 지식과 관념은 한계에 도달하게 되고, 경험을 소통 가능한 명명법으로 번역하는 일은 그 타당성을 의심 받게 된다.

　많이 논의된 바 있는 이런 인식론적 균열은 설정된 우주론을 혼란에 빠뜨리기 쉬운 능동적이고 강력한 행위자 역할을 한다는 점에서 공론장과 학계에 개념적 공백을 초래한다. 문화적 장치들, 즉 이런 비문화적 공간들과 협상하고 또 그 공간들을 계발하는 그 장치들은 이어지는 분석의 주요 관심사다. 귀에 거슬리는 모든 지적 담론들에서처럼, 그 논의의 추진력은 모순을 인정하는 순간 일축되고 만다. 우리의 경우 그 모순은 현재 논쟁의 두 가지 주요 주제, 즉 지구화 과정에 있는 원심적 방산력放散力 대 '홀로코스트'라는 본질적으로 실존적인 범주에 할당된 구심적 권위 사이의 명백한 불일치를 말한다. 홀로코스트는 폭넓게 지각 가능한 본질성과 환유 덕분에 탈근대적 지구화에 의한 번역에도 그 지구화로의 편입에도 저항한다.

　폭력, 배제 전략, 분류 체계, 경계 유지 등을 이해하는 데 대한 인류학의 관심을 재논의하고 또 재구성할 템플릿으로서 탈–홀로코스트post-Holocaust 분파들을 불러들여야 한다는 요청이 있었다. 그럼에도 불구하고 홀로코스트의 해독 작업에 인류학자들이 참여해야 한

다는 비인류학자들의 학술적 호소가 주목을 받지 못하는 것은 매우
흥미롭다. 이와 관련해서 역사학자 단 디너Dan Diner는 다음과 같이
주장했다.

유대인이 경험한 인류에 대한 범죄의 현상은 … 두 가지 대립적 관
점…에서 분리되어 다루어진다. 하나는 역사적으로 논의하는 관점,
그래서 무엇보다도 희생자들이 채택하는 관점이고, 다른 하나는 보
편적 영역에 깊숙이 닿아 있는 인류학적 성향의 사건 파악이다. 후
자의 관점은 그 사건이 종種 그 자체에 대해 갖는 의의에 초점을 맞춘
다. 이 두 관점은 불균등할 수밖에 없다. 두 관점은 심지어 상호 대립
할 수도 있다.(Diner 2008: 95)

인류학에 '보편적 영역'을 배당한 것은 인류 연구라는 이 분과학
문의 관습적 이미지를 반영한다. 그런데 홀로코스트는 '인간 과학'
에 관해서 무엇을 말해 줄 수 있는가? 그동안 관심은 홀로코스트를
문화와 인간 문명의 한계를 가늠하고 점검할 참조점으로 전환하는
데 있지 않았다. 그보다는 모든 비교 척도에서 홀로코스트를 배제
하는 쪽으로, 주로 인종청소, 식민지적 억압, 인종차별 같은 경우들
을 향해 있었다. 의도적인 것처럼 보이는, 이런 인류학 지식의 공백
을 어떻게 설명할 것인가? 이 딜레마를 다루는 데는 상호보완적인
세 가지 경험적 설명이 있을 수 있다.

첫 번째 설명은 혼종의 번역에 집중하는 탈근대 인류학의 지배

적 에토스를 다시 도입한다. 홀로코스트는 문명의 균열이라는 독특한 지위를 견지하는 한 고통, 피해, 악의로 이루어진 위계 질서에 편입될 수 없다. 홀로코스트를 불가피한 궁극적 악에 의해 자행된 것으로 표기하면, 그것은 어떤 인류학적 번역 관념도 거부하게 된다. 이런 맥락에서 홀로코스트의 가공할 만한 공포는 무젤만의 공유 불가능한 고통으로 요약된다. 아감벤은 《아우슈비츠의 남은 자들 Remnants of Auschwitz》에서 무젤만을 벌거벗은 생명의 표본으로 정의한다. 그 실존이 일종의 살아 있는 죽음 또는 비인간적 인류로 환원되는 벌거벗은 생명 말이다(2005a: 44, 48).

인류학의 홀로코스트 인식을 계발하는 데 책임이 있는 두 번째 여과장치는 이 분과학문의 시간적 구성에 기반한다. 인류학의 책임은 현장연구 기간 설정된 민족지의 진정성 개념과 지침 안에서 표현되는 것으로, 현재에 결부되어 있다. 미셸 롤프 트루요Michel-Rolph Trouillot는 독창적 저서 《과거 침묵시키기Silencing the Past: Power and the Production of History》에서 역사와 인류학의 결별을 논하는 가운데, 홀로코스트를 재현하고자 설계된 현대 문화 생산물에 대해 언급했다.

워싱턴에 있는 유대인 대학살 박물관이 지닌 계몽적인 가치는 그것이 아우슈비츠와 그 주변에 묻혀 있는 진짜 시신들과 연결되어 있는 만큼, 미국 유대인들의 현재 상황도 연결되어 있을 것이다. 사실상 많은 대학살의 생존자들은 일개 박물관이 아우슈비츠를 조명해 줄 수 있을지 확신하지 못한다. 문제의 핵심은 여기 그리고 지금으로서, 어떤 특정한 역사적인 맥락에서 묘사되는 사건과 그 사건의 대중적인 재현 사이의 관계이다.[1](Trouillot 1995: 147)

따라서 홀로코스트와 연관된 기념행사, 과거 사건에 자극된 법률 제정, 추모비, 유적, 유물 등에 대한 민족지 연구가 급증했다. 과거에 닻을 내린 개별적 증언들과의 직접적 만남을 단념하도록 말이다. 인류학의 결정적 요소인 목격witnessing의 위기는, 홀로코스트와 여타 인간 행동을 비교하지 말라고 경고하는 수많은 홀로코스트 생존자들의 확신으로 고조된다.[2] 그래서 홀로코스트 기념행사 계획과 유적이 급증한 것은, 예를 들면 앞서 말했던 디지털 무덤을 통해 상호작용할 수 있는 '평범한 죽음'과 홀로코스트 피해자들의 '예외적 죽음' 간 구분을 두드러지게 해 준다.

셋째, 그리고 번역 불가능성 또는 목격 불가능성과 연계해서 우리는 홀로코스트에 관한 현장연구 수행이 무용함을 발견한다. 어떤 인류학자도 홀로코스트를 '현지인처럼 살' 수 없고 또 경험할 수 없기 때문에, 홀로코스트 현상은 참여관찰로는 채울 수 없는 문화적 공백으로 남게 된다. 이렇게 해서 그 현상은 인간의 담론 너머 야

---

1 미셸 롤프 트루요, 《과거 침묵시키기》, 김명혜 옮김, 그린비, 2011, 275쪽.

2 [원주] 예를 들어, 안락사에 대한 이스라엘 홀로코스트 생존자들의 태도는 전문가들의 태도에 반하는 것으로 드러났다. 생존자들은 안락사를 홀로코스트와 다른 것, 즉 도덕적으로나 윤리적으로 정당화될 수 있는 어떤 것, 따라서 홀로코스트와 여타 인간 행동을 비교하지 말라는 경고를 받을 수 있는 어떤 것으로 보았다(Leichtentritt, Rettig, and Miles 1999).

만성의 형태로 간주된다. 이 문화 외적 위치란 공현존의 조건을 협상하는 데 적합하지 않고, 그래서 손댈 수 없는 미개인은 야만적 공간—'제4의 장소'—에 위탁되고 만다. 이 규칙을 증명하는 예외적 존재들은 바로 더빙된 번역을 통해서 식민화되는 생존자들이다. 이때 그들은 재현의 위기를 한탄하면서도, 인류학자가 상호 공유된 대화를 태생적 진정성에 대한 보고서로 가공하도록 내버려 둔다. 홀로코스트 생존자들의 증언은, 그 핵심이 흔히 문화적으로 불가해하고 번역 불가능한 것으로서 제출되는 한 내부에 야만-같은 타자성이라는 제1범주를 은닉하고 있다고 말할 수 있다. 더 나아가, 그처럼 사회적으로 유도되어 기록된 기억들은 '다른 행성'에서 유래한 자기선언적 경험들로서 공공연하게 전시될 수도 있었다. 아이히만Eichmann 재판에서 아우슈비츠 생존자 야히엘 디누르Yechiel Di'nur(카 체트닉ka-Tzetnik으로도 알려진 인물)가 보인 연극 같은 법정 모습처럼 말이다. 여기서 야히엘 디누르는 자신의 삶에 범람하는 과거 유령들로 인해서 괴로워하고 있음을 진술하던 도중 갑자기 졸도했다. 정신이 혼미한 검찰 측 증인은 억제되지 않은, 다루기 힘든, 예기치 못한 야만성에 사로잡힌 나머지 법적 규격에 맞는 증언을 철회했다. 그는 학술적으로 인정받는 어떤 문화 체제도 결여한, 공포라는 그 자신의 '제4의 공간'으로 돌아가 버린 것이다. 인류학자들이 암흑의 핵심에서 유래한 이런 부류의 체현된 증거와 협상하기란 거의 불가능하다. 인류학자들의 비판적 담론은 과거보다 현재에 우선성을 부여하게끔 되어 있지, 그 반대는 아니다.

쇼아-비즈니스

홀로코스트는 지구적 관용구가 되었다. 쇼아*Shoah*-비즈니스라는 말이 나올 정도로 말이다. (쇼아는 히브리어로 홀로코스트를 뜻한다. '쇼 비즈니스'의 말장난으로 이 표현을 사용했다) 홀로코스트는 국가를 횡단하며 진술되고 상연되는 이야기들, 즉 홀로코스트를 아주 흔하게 만들면서도 그 유일무이함에도 의존하는 이야기들로 이루어져 있다. 지구적으로 신성시되는 이 이야기들[3]은 역사적 증거, 정치적 이해관계, 철학적 숙고, 도덕적 가르침 등으로 직조된 것들로서, 그에 사로잡혀 있으면서도 그에 매료된 청취자들[4]에게 진리, 악, 죄, 고해, 심판, 징벌, 속죄에 대한 인식이라는 유사 신학적-교육적 교의를 제공해 준다. 그렇지 않으면, 비록 상호보완적인 것이라고 해도, 외상, 외상 후, 심리적 동일시,[5] 우울증, 회복력, 재활 같은 치료용 명명법을 이용해서 자아 기반 담론을 제안하기도 한다. 이는 홀로코스트의 영향을 잘 관리하고자 보편적인 것으로 추정되는 이론과 실천의 주름 안으로 모든 생존자들을 호출하는 그런 담론이다.

---

3 [원주] 예를 들어, 2005년 유엔총회는 1월 27일을 국제 홀로코스트 희생자 추모의 날 International Holocaust Remembrance Day로 선언했다.

4 [원주] 이스라엘 국가가 지원하는 아우슈비츠 수학여행 같은 게 있다. 이 여행에 대한 민족지적 연구로는 Feldman(2008)이 있다.

5 [원주] 예를 들어, 홀로코스트의 보편화를 다룬 알렉산더Alexander의 저작에서 나타난다 (Alexander 2009).

하지만 모든 것을 포용한다는 그런 거대 기획의 극악무도함이란 그 태생적 불가능성을 강조할 뿐이다. 서로 얽혀 있는 두 가지 구성요소, 즉 홀로코스트라는 비혼종 비유와 지구화[6]는 태생적으로 극명하게 대립한다. 앞으로 살펴보겠지만, 미진하나마 지구적 수준에서 홀로코스트의 울림에 몰두하는 집단이 계속 증가하는 것은 그 간극이 유발한 역학 때문이다. 그런 몰두는 미진할 수밖에 없다. 홀로코스트의 가정된 본질성에 지구적 속성들을 부여하는 것은 그 표현상 모순을 내포한다는 점에서 미진할 수밖에 없는 것이다. 이 모순은 어떤 대립, 즉 그 두 복합개념을 표현하기 위해서 통상적으로나 학술적으로 활용하는 서술 관행의 불일치에서 나오는 대립이다. 그래서 형언 불가능성, 침묵, 불가지성 등은 흔히 생존자들과의 그리고 생존자들 사이의 소통 불가능성 영역을 교묘히 회피하는 데 협력하고, 그럼으로써 생존자들을 환유적 성격의 불투과적·폐쇄적·자기지시적 체계—이 체계의 표리부동한 함의는 연출된 증언과 유도된 회상을 통해서 상연될 수 있었다—에 거주하는 자들로 표시한다.[7] 거꾸로 말하면, 우회적인 것이든 직접적인 것이든 홀로코스트 담론은 은유적 발화·행위 채널을 통해 의사소통을 한다는 규칙,

---

6 [원주] 홀로코스트와 지구화의 상호관련성을 다룬 많은 연구서들 가운데 레비Levy와 슈나이더Sznaider의 저작(2006)을 보라. 여기서는 홀로코스트가 지구화 시대 인권신장의 실마리 역할을 함을 강조한다.

7 [원주] 예를 들어, 아이히만 재판의 증언을 다룬 펠만Felman과 라웁Laub의 연구서(1992), 또는 그 재판의 무대화를 다룬 아렌트Arendt의 저서(1992[1963])를 보라.

말하자면 공유된 이해·의미 양식을 말할 수 없는 것과 표현 불가능한 것에 덧씌울 수 있는 그 규칙을 준수한다. 지구적 약호화의 논리는 관현악적 일반자를 위해서 단독자의 불협화음을 소거하는 데 조금의 거리낌도 없이 헌신한다.

특히 주목할 만한 것은 홀로코스트가 아주 흔한 지적 현상으로서 지구적으로 전유되고 선출되었다는 점, 그것도 그 유례없는 예외적 지위에 대한 요구가 흔적도 없이 문화적으로 삭제된 채 그렇게 되었다는 점이다. 그 때문에 홀로코스트를 대학살 사건들의 수준별 목록 안에서 짜맞추는 것과 지각 가능한 모든 불평불만을 홀로코스트의 용어로 뒤덮는 것은 모두 홀로코스트의 유일무이함에 대한 암묵적 거부다.[8] 이런 형태의 폐기가 갖는 파급력은 홀로코스트의 발생 범위와 엄청난 규모를 부정하는 뻔뻔한 선언들보다 훨씬 더 엄청나다.

이제부터 지구화된 홀로코스트를 사유할 몇 가지 주제를 탐색할 텐데, 이는 결국 두 가지 홀로코스트 개념 사이에 이름을 제외한 어떤 유사성도 없다는 데까지 이른다. 데카르트의 밀랍논변wax argument[9]처럼,[10] 형식과 질료의 변형은 진정한 홀로코스트와 지구적

8　[원주] 탈식민적 문맥과 명명법 안에서 홀로코스트를 틀지으려는 경향이 증가하고 있음을 보여 주는 사례로는 모제스Moses(2008)가 있다.

9　[원주] 데카르트Descarte의 제2성찰Second Meditation(Ariew and Watkins 1998)에 있는 것.

10　데카르트에 의하면, 사물에 대한 우리의 인식은 감각기관의 활동만이 아닌 정신의 통찰(mentis inspectio)을 요구한다. 예를 들어, 밀랍은 외부의 충격으로 형태가 변할 수 있지만 유연성, 가변성, 연장성 같은 밀랍의 본질은 변하지 않는다. 이때 이 본질은 오직 정신의 통찰을 통해서만 파악할 수 있는 정신적 개념이다.

으로 대단히 복잡한 그 표현 형태들을 분리시킨다. 그런데 그런 변형의 요체는 밀랍이나 홀로코스트 같은 하나의 특수한 사례가 아니라 어떤 문화적 물질 상태에서 다른 문화적 물질 상태로의 이동, 말하자면 본질성에서 액체성으로의 이동에 전적으로 의존한다. 이런 결정적 변화에 대한 이해는 제2차 세계대전 당시 유럽 유대인들이 처했던 유일무이한 인간 조건으로서의 홀로코스트를 두고 벌어진 논쟁을 잘 식별하게 해 줄 것이다. 그 핵심, 즉 재현물에서 원본을 식별할 일반 규칙의 탐구라는 핵심을 단념하지 않으면서 말이다.

모든 담론의 감시적 속성에 관한 푸코주의적 전제에 의하면,[11] 홀로코스트를 둘러싼 발언과 수행 형식들은 그 침묵하는 본질로 여겨지는 것의 무제약적 반향을 훈육하는 정의definitional 행위로 볼 수 있다. 푸코가 홀로코스트를 다룬 방식은 그런 푸코주의적 성찰에 잘 들어맞는다. 1976년 푸코는 갑자기 나치즘을 언급하며 다음과 같이 말했다. "결국 나치즘은 18세기 이래 수립됐던 새로운 권력메커니즘이 실제로 절정에까지 도달한 것입니다. … 살인적 권력과 주권적 권력이 사회체 전체에 걸쳐 맹위를 떨치게 됐습니다"(2003: 259).[12]

홀로코스트와 나치를 바로 그 근대성 기획, 더 나아가 계몽주의 그 자체에 내재하는 어떤 가능성의 최종적 실현으로 보는 관점(Bauman 1989)은 홀로코스트의 지각가능한 단독성을 역사적 스펙트럼

---

11 [원주] 푸코의 글은 이 관계에 대한 언급으로 가득 차 있다.

12 미셸 푸코, 《"사회를 보호해야 한다"》, 김상운 옮김, 난장, 2015, 309~310쪽.

의 절정에 놓으려는 또 다른 시도를 반영한다. 이는 논란 많은 아감벤의 주장, 즉 **무젤만**이 철저한 정치적 착취의 극단적 가능성만은 아니라는 주장, 오히려 우리 모두가 (실질적으로) **무젤만**들이라는 주장을 이해하는 나의 방식이기도 하다. 인류학 분과학문은 그런 단언의 최고 표본을 예외 없이 실제로 제시해 준다. 이렇게 해서, 인류학은 진정한 본질주의를 향한 정치적으로 부당한 열정과 사회적으로 무한한 해석의 권위를 부여받은 교란행위 사이에 사로잡혀 있는 여타 분과학문들을 위한 사례 연구가 될 수 있다.

호모 사케르라는 아감벤의 개념(1998)은 홀로코스트와 나치즘을 근대성 기획에 내재하는 어떤 가능성의 최종적 실현으로 보는 관점의 유력한 사례다. 호모 사케르, 즉 성스러운 추방자의 파문당한 벌거벗은 생명에게 살해는 속죄라는 죄물 가치를 인정받지 못한다. 이를 전체 인구로 확장해 보면, 유대인 같은 사람들은 긴급조치를 구실로 가해자에 대한 처벌 없이 대량 학살되어 배제될 수 있다. 그렇지만 절멸이라는 무시무시한 해법을 방지하고자, 계속 증가하는 교류 집단들의 기세를 향한 그런 위협을 다스리려는 문화공학적 처리 방식들이 등장하는데, 이는 치료 관행의 정상화 또는 제도적 결정의 인간화라는 형태로 통용된다. 그 방식들의 경우 분리 불가능한 단독적 본질은 비역사적 시점에 고착된 존재에서 지구화된 시간성과 합리성에 잘 들어맞는 협상 가능한 구성물로 대체되도록 설계된다. 이렇게 해서 홀로코스트는 대학살로, 그런데 이번에는 근대성의 논리(Bauman 1991), 식민 투쟁, 또는 급증하는 정신분석 세력—추론과 이해, 그리고 때로는 구제적 치료redemptive therapy[13]로 나아가는 용서 또는 용인된 망각에 속하는 모든 것들—이라는 견지에서 해석된 대학살로 표현될 수 있다.

이 모든 문화적 공백의 대체물은 그 공백에 대한 부인이라는 자격을 얻는다. 홀로코스트도 예외는 아닌데, 증류해서 얻은 그 번역 불가능한 잔여가 담론적으로 해체되면 그것을 지구적이게 만들어 놓을 바로 그 가능성도 의문시될 것이다. 사실 홀로코스트 부인자들, 즉 그 사건의 경험적 또는 논리적 우발성을 반박하는 사람들은 그 현상을 인간적으로 믿기 어려운 일로 보고, 그래서 그것이 불쾌한 본질성quiddity임을 인정해 버린다. 그런 부인의 암시적 양식과 명시적 양식에 모두 암묵적으로 내재하는 것은 가해자와 피해자를 비슷하게 인간적 견지에서 해석해야 한다는 오늘날 확산되는 전제이다. 이 전제가 터무니없는 것처럼 보일지라도 말이다. 인간적으로 미심쩍은 그런 공동 공간을 그것의 형성에 참여하는 두 범주 사이의 관계라는 각도에서 바라보면, 인류학이 몇몇 주요 관심사들을 해명하는 데 복무해 온 홀로코스트에 마구를 채울 절호의 기회를 제공하는 이유가 분명해진다. 분류 체계들의 전쟁은 분과학문의 권한 범위를 초월하기 때문이다.

나는 홀로코스트 이후 인류학 또는 '인간 과학'이란 어떤 모습을

---

13 [원주] 이 절차의 실마리는 근대의 치료문화를 분석한 일루즈Illouz에게서 볼 수 있다(Illouz 2008).

하고 있는가라는 물음을 던지며 이 장을 시작했다. 홀로코스트 이후 인류학이 무엇을 할 수 없는지 인식할 때 우리는 그 물음에 답할 수 있다. 인류학은 사람이, 즉 어떤 종류의 사람이 비인간이라는 생각을 참을 수 없어 한다. 이는 자칭 보편적 인간 과학이 활용하고 실행하는 홀로코스트의 보편적 교훈이다. 탈인간화는 분명 홀로코스트 이전에도 노예, 희생물, 인간 제물, 그리고 다른 벌거벗은 생명의 형태로 존재했다. 하지만 홀로코스트는 모든 탈인간화 이념 또는 행위를 참을 수 없게 만들었다. 그 결과 탈인간화에 대한 언급은 모두 추방되고 부인되며, 모두를 아우르는 인권 담론으로 대체되었다. 이런 새로운 담론적 의미 체제에서 (어린아이에서 테러리스트까지, 그리고 환자에서 동물까지) 만인을 위한 권리라는 수사적 선언은 많은 경우 탈홀로코스트적 청소 행위가 된다.

이 의미 체제는, 이를 아주 뻔뻔하게 표현하는 현대 독일에서 다양한 '과잉 인간화over-humanizing'의 생명정치적 역설을 만들어 냈다. 예를 들어, 배아 보호법에서 파생된 세계적으로 유일무이한 독일의 규제 정책 사례를 생각해 보자. 착상 전 유전 진단PGD: pre-implantation genetic diagnosis이라는 새로운 기반基盤 기술은 체외수정(IVF)의 일환으로 수정란의 DNA를 탐지하는 데 사용된다. PGD는 2010년까지 독일에서 완전히 금지되어 있었다. 그런데 2010년 독일 연방법원이 신체 외 수정(IVF의 의미)과 심각한 유전자 결함 검사를 불법으로 볼 수 없다는 결정을 내렸다. 2011년 의회는 PGD를 계속해서 금지해야 한다는 결정을 내렸지만 심각한 병을 막기 위한 음성선택陰性選

擇이라는 중대한 예외는 인정했다. 이는 심각한 질병에 맞서 PGD를 채택하여 사용할 수는 있어도, 어떤 형질을 위해 채택할 수는 없음을 의미한다. 그럼에도 불구하고 독일 국립 윤리위원회German National Ethics Council, 의사협회총회the Medical Assembly, 종교 단체, 다양한 공공 집단과 학술 집단 등은 배아의 도덕적 상태, 유전자 검사의 사회적 영향, 그리고 혐오스런 우생학 관행의 반복에 대한 우려를 두고 아주 다른 입장을 견지한 채 논의를 이어 가고 있다(Valkunburg and Aarden 2011). 이렇게 해서 독일 법률은 (예를 들면, 빈혈의 맥락에서) 기존 형제자매에 의한 형제자매 기부는 허용해도, 기부자 형제자매들을 위해 PGD를 채택해서 사용하는 것은 금지한다.

객관적으로 말해 페트리 접시[14]에 담긴 한 무리의 세포에 불과한 체외수정란은, 독일 법률에 의해 그렇게 인간화되고 과잉보호된다. 체외수정란이 이런 방식으로 인간화되는 것은 생명의 선물donum vitae 이라는 가톨릭 교리 때문이 아니라 세속적인 우생학 감수성 때문이다. 많은 독일 사람들은 홀로코스트의 보편적 교훈, 즉 나치 정치학과 나치 의학 때문에 너무나도 끔찍하게 산산조각나 버린 인간의 생명과 존엄성에 헌신해야 한다는 교훈을 즐겨 강조한다(Hashiloni-Dolev and Raz 2010; Weindling 2005; Winau and Wiesemann 1996; Wuerth 1997). 독일 유전학자들은 재생유전공학[15]과 선택적 유산을 '낙태 찬성' 옵션으로 실천하

---

14 세포 배양을 위한 둥글고 넓적한 작은 접시.
15 생식 프로세스를 변경하거나 통제하는 데 사용되는 유전학 기술.

면서도, 역설적으로 개체군 검사population screening[16]나 PGD 같은 잠재적으로 유익한 유전자 검사를 금지하는 입장과 규정에 매달린다.

홀로코스트와 그것이 인간성에 끼친 영향을 이런 식으로 재-고하는 것은 확실히 도발적이다. 하지만 홀로코스트 연구만이 그런 학술적 기업가 정신에서 이득을 볼 수 있는 것은 아니다. 인류학 담론 자체도 다양한 영역에 걸쳐 있는 인간적 조건과 비인간적 조건 사이의 접촉 지대로서 그것을 다시 물려받을 수 있다. 이런 난제가 해결되지 못한다면,《동물 홀로코스트Eternal Treblinka: Our Treatment of Animals and the Holocaust》(Patterson 2002) 같은 제목에서 제시된 명제는 지구화의 물결에 올라타 인간 범주와 동물 범주 간 경계를 훨씬 더 모호하게 만들 수 있다. "동물에게 그것은 영원한 트레블링카Treblinka다"[17]라는 바셰비스 싱어Bashevis Singer의 말에 기반해, 홀로코스트 학자 리처드 페터슨Richard Petterson의 책은 산업화된 동물 학살과 유대인 학살을 동일시한다. 이는 '홀로코스트와 지구화'라는 모순어법을 묶어 주는 개념적 융합, 즉 수용 가능한 초문화적 부인 형식의 최후 형태를 나타내는 조짐일 수도 있는 대립물들의 통일[18]—어떤 사과도, 어떤 고증도, 심지어는 어떤 악의도 호출하지 않는 통일—에 대한 인류학

---

16 전체 개체군 또는 하위 집단에서 특수한 형질의 우세에 접근하는 과정. 유전자 검사나 다른 수단을 통해 생체 제작자biomaker나 유전적 특질을 측정한다.

17 [원주] 페터슨의 책에 있는 제사題詞에서 인용.

18 [원주] 이는 역사적 관점(Lipstadt 1993) 또는 철학적 관점(Finkielkraut 1998; Yakira 2009)에서 비판 받는 부인 형태들과 다르다.

적으로 무비판적인 접근법이 내린 의무적 결론처럼 보인다.

홀로코스트 번역하기: '저항자' 대 '끌려가는 어린 양'

문화 외적인 것의 무의미함을 신봉하게 되면 문화 외적인 것은 소통 불가능한 것이 되고, 그 때문에 침묵은 홀로코스트를 직시하려 하지 않는 이들 사이에서 선호하는 선택지가 된다. 하지만 비재현적인 것이라는 추정에서 벗어나게 되면 홀로코스트 '이야기talk'가 가능해진다. 이는 홀로코스트 관련 담론들을 일상적 상징교환의 논리에 내줌으로써 성취된다. '홀로코스트'가 이스라엘 사회의 일상적인 사회정치적 담론에 들어왔을 때, 그것은 또한 문화자본 형식이 됨으로써 거기에 머무르게 되었다. 게다가 홀로코스트는 아슈케나지 유대인Ashkenazi Jews[19]이라는 낙인, 즉 노련한 지배계급의 유산으로 구성되기도 했다. 반대로, 미즈라침Mizrachim(북아프리카와 아시아에서 이주해 온 유대인) 가운데 몇몇은 '홀로코스트 선망Holocaust envy' 형식을 발전시켰다. 피해자 우월성이라는, 엘리트주의적인 정통 도덕 이데올로기와 관련이 있는 욕망을 재현함으로써 말이다. 명료한 번역이라는 구성주의적 원리에 서명하는 것은 야만적 공간의 경험을 피하는 하나의 방식이다. 홀로코스트의 불가해한 경험은 많은 경우 진

---

19 유럽에 거주하는 유대인.

부한 문화적 스테레오타입 또는 비유를 이용해서 그런 식으로 번역된다.

지구화의 논리는 불용적不溶的 총체성들을 수용하고 인내하도록 되어 있지 않다. 그런 한에서, 목도하는 유례없는 격통激痛이 감쇄해서 퍼뜨려지는 것은 지구화의 논리에 유래하는 것으로 볼 수 있다. 하지만 비혼종이 드러나게 되면, 고도로 분화된 사회 한가운데 있는 그 견딜 수 없는 현존재는 으레 그 현상을 별개의 요소로 분할하려는 시도를 낳는다. 다시 말해, 내가 '단계화'라고 명명했던 그 과정에 직면하는 것이다. 이 단계는 쉽게 진부해질 수 있고, 원거리에 있는 비슷한 사건들과 비교되면서 그 사건들에 동화될 수 있다. 그렇게 해서 악의 성분은 시시해지고, 아우슈비츠 수용소는 식민화되며, 말살정책은 산업화되고, 벌거벗은 생명은 비희생적이게non-sacrificial 된다. 분할 불가능한 총체적 전체의 여러 측면들은 지구화를 통해 세 가지 규정적 차원, 즉 절대적 유계성categorical boundedness, 자의성, 협상 불가능한 비가역성을 박탈당한다. 가정된 집단성을 약간의 귀속된 절대적 속성들로 환원한다는 추상적이지만 강력한 생각, 결국 그 집단성의 말소 가능성을 초래하는 그 생각은 보편적 · 포괄적 코스모폴리타니즘의 영속 팽창하는 우주론을 추구하는 입장에서 보면 혐오감을 자아내는 것이다. 이렇게 해서 모방 불가능성은 무제약적이고 무조건적인 인간성 관념, 말하자면 인권 보호에 대한 사회적 · 정치적 · 법적 우려를 제기하는 데서 지구적으로 표현되는 그 개념으로 대체된다.

홀로코스트의 시온주의적 번역에서는 홀로코스트에서 특수한 교훈을 얻어 넘으로써 그를 혼종화하려는 강력한 충동의 표명을 엿볼 수 있다. 홀로코스트에 대한 단독적이고 '민족적인' 이스라엘의 관점이란 존재하지 않음에도 불구하고, 이스라엘 사람들은 유대인의 피해와 영웅주의라는 이중적 측면에 더 초점을 맞추는 듯하고 (Firer 1989; Raz 1994; Segev 1991), 그래서 이스라엘 대중은 많은 경우 나치즘의 반-유대적이지 않은 면모들은 중요하게 여기지 않는다. 독일과 이스라엘 유전학자들의 홀로코스트관을 연구한 하실로니 돌레브 Hashiloni-Dolev와 라즈Raz(2010: 97)는 다음과 같은 점을 발견했다. "다수의 이스라엘 응답자들은 나치의 역사를 상대적으로 특수주의적인 세계관을 통해서 과학적으로 도덕적으로 해석했다. 과학, 의학, 유전학 등의 잠재적 위험과 관련한 더 보편주의적인 교훈을 경시하는 한편, 민족의 힘과 생존이 갖는 중요성을 강조한 것이다."

홀로코스트 경험은 많은 경우 디아스포라 유대인의 유약함에 따른 최종적 귀결을 표현하는 가운데 '끌려가는 어린 양lamb to slaughter'이라는 부정적 관점으로 정리되거나, 게토 봉기라는 과잉 강조된 영웅주의로 정리되었다(Hazan 2001). 그러나 대부분의 유대인 홀로코스트 피해자들은 역사적 해석과 기념행사에 만성적인 문제가 있음을 입증해 보였다. 제2차 세계대전 직후 국가 수립 이전 홀로코스트에 대한 반응은 유대인 피해자들의 행동에 대한 원한 감정을 상당한 정도로 반영했다. 널리 퍼져 있는 믿음에 따르면 이들은 운명을 수동적으로 받아들였고, 전통적인 수동적 디아스포라 유대인의 역할을 받아들였다(Liebman and Don-Yehyia 1983; Porat 1986).

　1945년 헝가리에서 귀환한 이스라엘 낙하산 부대원이 보고한 바에 의하면, 그는 텔 아비브Tel Aviv에서 다음과 같은 질문을 반복적으로 받았다고 한다. "유대인들은 왜 반항하지 않았습니까? 왜 유대인들은 '끌려가는 어린 양'이 되었습니까?"(Palgi 1978: 243) 사브러들Sabras(토박이 이스라엘인들)이 홀로코스트 생존자들과 관련하여 '비누'라는 별명을 만들어 광범위하게 사용한 것은 바로 이 무렵이었다(Firer 1989: 53; Segev 1991: 167). 이런 입장에는 홀로코스트 피해자들과 분리되고자 하는 이스라엘인들의 욕망이 드러나 있었는데, 그 원천은 바로 유대인 디아스포라에 대한 사회주의적 시온주의의 이데올로기적 거부, 그리고 이스라엘의 생활 방식이 되어 버린 군국주의와 국가주권 이념이었다(Ben-Eliezer 1998; Zerubavel 1995). 홀로코스트 직후 저술된 키부츠 하가다Kibbutz Haggadah[20]에는 다음과 같은 글귀가 있다. "히틀러만이 6백만 명의 죽음에 책임이 있는 것은 아니다. 우리 모두, 그리고 무엇보다도 6백만 명 모두 책임이 있다. 유대인 역시 힘을 갖고 있음을 그들이 알고 있었다면, 그들 모두가 '끌려가는 어린 양'이 되지는 않았을 것이다"(Reich 1972: 393).

　그런 번역의 맥락에서 사용된 중심 은유 '끌려가는 어린 양'은 사실적 사태보다 부정적인 이데올로기적 애호를 보여 준다. 본래 성경의 은유였던 '끌려가는 어린 양'은, 이스라엘의 경우 중세 시대 십

20　유월절(유대인의 명절) 축제의 순서, 성가, 기도문, 찬가 등을 적어 놓은 유대인 텍스트.

자군전쟁부터 키시네프 포그롬Kishinev pogrom[21]에 이르기까지 유대인이 희생을 수동적으로 받아들인 것으로 여겨지고 있음을 나타내는 누적적 관념이 되었다. 특히 홀로코스트 피해자들을 기리며 작성된 (유대인들이 고인의 무덤 앞에서 전통적으로 읊는) 몇몇 카디시kaddish[22] 기도문에는 과거 '끌려가는 어린 양'이라는 구절이 포함되어 있었다. 이 기도문 가운데 몇몇 구절은 이스라엘 교육부 소속 학교 대표자들에게 전해져 기념식에서 낭송되었다(Segev 1991: 453).

'끌려가는 어린 양'의 수동성과 함께 홀로코스트 유대인의 반대 이미지—저항자로서의 유대인—도 그 무렵 부상했다. 홀로코스트 기념일Holocaust Memorial Day은 바르샤바 게토the Warsaw Ghetto 봉기일에 매년 열린다. 이날의 공식 명칭은 '홀로코스트와 영웅적 행위의 날Holocaust and Heroism Day'인데, 이때 영웅적 행위란 전투적 봉기 행위를 가리킨다. 1950년대와 1960년대에 걸쳐 능동적 저항에 대한 과잉 강조가 이루어졌고, 저항에 참여한 사람들은 일반적으로 시온주의 청년운동에 속한 것으로 제시되었다. 홀로코스트는 1970년대까지 표준 교육과정에서 빠져 있었다. 이후, 홀로코스트를 다룬 초기 이스라엘 교과서는 반군the rebels을 지칭할 때 '유대인'이라는 단어를 '히브리인Hebraic'(Ivrim)과 '이스라엘의 자식'으로 바꾸어 사용했다(Firer 1989).

---

21 유대인에 대한 조직적 약탈과 학살을 뜻하는 러시아어. 1903년 4월 6일 키시네프 시민들은 6세 아동의 살해 사건 범인으로 유대인을 지목한 뒤 집단적인 약탈과 학살을 자행했다. 이때 유대인 50여 명이 살해되었고, 5백여 명이 부상했으며, 가옥 700여 채가 불에 탔다.

22 유대교에서 죽은 이들을 위해 드리는 기도.

따라서 1945년 시작된 이 첫 번째 시기에 홀로코스트 유대인들은 '이스라엘의 집단 정체성에 주입되어 온 자기 이미지에 대한 반명제'로 간주되었다(Carmon 1988: 76). 홀로코스트는 제각기 유대인 역사의 (디아스포라 유대주의의 경우) 정점이자 (시온주의 이스라엘의 경우) 출발점, 즉 이스라엘이 그로부터 벗어나 관계를 끊었던 디아스포라의 정점으로 인식되었다. 홀로코스트에서 정점에 이른 디아스포라가 하나의 역사 계보를 대표했다면, 시온주의는 또 다른 역사 계보를 대표했다. 이 입장의 주요 지지자는 이스라엘의 첫 번째 수상 다비드 벤구리온David Ben-Gurion이었다. 벤구리온의 국가주권론은 홀로코스트를 이스라엘 현실에 적절하지 않은 것으로 인식하고 그를 거부했다. 벤구리온에게(Zertal 2005) 홀로코스트는 "그들이 디아스포라 유대인들이기 때문에 디아스포라 유대인들에게 벌어진" 일이었고, "우리가 볼 때 반유대주의, 드레퓌스 재판the Dreyfus trial, 루마니아의 유대인 기소 등은 다른 나라의 역사에 속하는 사건이자 디아스포라 유대인들의 슬픈 기억이지만, 교훈적 가치가 있는 정신적 사건도 아니고 일생의 사실도 아니다." 아이히만 재판 전 벤구리온은《뉴욕타임즈New York Times》(1960.12.8.)와의 인터뷰에서, 이 재판이 "이스라엘의 젊은 세대들에게 이스라엘인이 끌려가는 어린 양과 같지 않음을, 반대로 맞서 싸울 수 있는 민족임을 증명한다"고 강변했다.

'끌려가는 어린 양'이자 '저항자'라는 상호보완적 이스라엘–시온주의 담론은 보편적이라기보다는 특수주의적인 홀로코스트 교훈에 의존한다. 홀로코스트의 특수주의적 교훈, 즉 피해자들이 강조하는 교훈은 홀로코스트가 다시는 유대인들에게 일어나서는 안 된다는 것, 따라서 강력한 군국주의적 이스라엘 형태로 된 유대인의 조국을 정당화하고 분명히 요구해야 한다는 것이다. 이런 '교훈'은 홀로코스트를 정치사의 무대에 올려놓고 그 기억을 재구성한다. '탈홀로코스트' 유대인, 즉 복수하는 유대인이라는 이 구상은 이스라엘 좌익들 및 관련 디아스포라 유대인들 사이에 비판과 논란을 초래했다. '탈홀로코스트' 유대교에 대한 이런 비판적 독법에 기대어 로쉬츠키Loshitzky는 다음과 같이 주장했다.

주목해야 할 것은, 지연되거나 미완에 그칠지라도, 복수가 탈홀로코스트 유대인들의 생활에서 지배적인 (그러나 늘 개방적이고/거나 의식적이어서 공인되는 것은 아닌) 주제가 되었다는 점이다. 이스라엘 국가가 많은 디아스포라 유대인들, 말하자면 국가를 비유대인the Goy(관습적으로는 아랍인을 대신하고, 특히 팔레스타인인을 대신하는 말)에 대한 복수 수단으로 파악하는 그런 유대인들을 대신해서 점유한 상상의 욕망 공간에서는 특히 그렇다.(2011: 79)

1950년대부터 1980년대까지 홀로코스트의 이스라엘식 번역을 규정했던 스테레오타입, 즉 저항자와 끌려가는 어린 양은 그 불가해한 사건이 현지에서 연출되는 방식을 보여 주었다. 이 스테레오타입들은 근대국가 건설 기획을 통한 홀로코스트 해석을 가능하게 했다. 민족 이데올로기가 약화되면서 지구적 소비주의 세력들을 추종하는 기발한 번역 형식들이 눈에 띄게 되었다. 1990년 홀로코스트 기념일에는 '모두에게는 이름이 있다'라는 추모 기획이 처음으로 등장했다. '끌려가는 어린 양'과 '저항자'라는 스테레오타입화되고 일반화된 이미지 대신, 이 기획은 오가는 사람들이 이스라엘 곳곳에 설치된 수많은 푯말들에 새겨져 있는 홀로코스트 피해자들의 이름을 확성기를 통해 읽을 수 있게 했다. 바로 이 단계부터, 그리고 제3세대와 더불어 이스라엘 사회는 특히 지구적 견지에서 홀로코스트를, 말하자면 개인의 고통을 사유하게 되었다. 이 번역 단계의 특징은 거부/통합이라는 획일적 이데올로기보다 홀로코스트에 대한 다원주의적 접근법에 있다. 예를 들어, 세 번째 단계의 다성성을 나타내는 다른 기호들로는 홀로코스트에 관한 문학적 시학의 다원성(Raz 1994), 그리고 이스라엘과 홀로코스트 유대인의 관계에 대한 비판적인 역사적/사회학적 독법의 급증이 있다(예를 들면, Porat 1986; Segev 1991; Sivan 1991).

우리는 홀로코스트의 진부화를 피하기 위해서 야생과 문명, 불변자와 혼종의 변증법에 민감할 필요가 있다. 탈근대 지구화의 논리는 불용적 총체성들을 수용하거나 관용하지 못한다. 이 총체성들은 불가피하게 눈에 띌 경우 헤테로토피아 수용소 같은 근대 불가촉민들의 거주지에 감금되고 격리된다. 이 거주지에서 악은 희석되어 진부해지고, 공백은 식민화되며, 벌거벗은 생명은 미디어의 제물이 된다. 가정된 집단성을 몇몇 귀속된 절대적 속성들로 환원한다는 추상적이지만 강력한 생각은 끊임없이 팽창하는 보편적 코스모폴리타니즘의 우주론에 대한 추구와 양립하지 못한다. 그래서 모방 불가능성은 무제약적인 인간성 관념으로 대체된다. 현재에 묶인 자의성은 행동, 상호작용, 계획 등을 미연에 방지하는 한편 기억을 불필요하게 만드는 것으로서, 어떤 지적 대가를 지불하든 자신의 비합리적 마비 상태를 합리화해서 유통시킴으로써 그로부터 벗어나게 된다. 그렇지만 이는 의미가 결여된 인생 같은 다른 실존주의적 선택지를 전혀 고려하지 않는 것이다. 수많은 인류학자들은 인간성의 열린 한계open limits를 탐구했지만, 그러면서도 야만적 공간에 거주하는 존재들의 인간성 문제는 거의 언급하지 않았다.

자폐증의 경우, 혹은 스펙트럼을 앓는 사람들

비혼종의 생명정치적 파문을 보여 주는 또 다른 사례는 오늘날 자폐증 질환의 규정 변화다. 나는 이미 전반적 장애 스펙스럼에 기반한 자폐증의 단계화와 차등화에 대해 언급한 바 있다. 이 과정은 그 현상에 대한 깊은 통찰을 제공해 주는 데 더해, 다른 경우 그 불가해성과 불변성을 희석시키는 수단으로도 인식될 수 있다. 불가해성과 불변성은 물론 상호보완적인 것이다. 그러나 자폐증은 그 이상이다. 자폐증은 특수한 경우, 즉 다른 사람들 또는 공유된 이미지들과의 연결이 시험에 부쳐지는 특수한 경우다(Melucci 1996).

철학자 이안 해킹Ian Hacking(2009)이 파악한 것처럼, 자폐증 증후군의 문화적 치료법은 인간성과 인간됨의 문제를 후다닥 처리하기보다 오히려 그 범주를 다른 실존 형식들과 구분한다. 신경학자 올리버 색스Oliver Sacks(1995)는 자폐증의 예측 불가능성을 환자와 구경꾼 모두의 관점에서 해명 불가능한 경험으로 설명한 바 있다. 해킹은 이 설명에 의거해 자폐적 여성이 사용한 이미지, 즉 그 질환의 느낌을 '화성의 인류학자'가 되는 것으로 묘사한 그 이미지에 호소한다. 말하자면, 인류의 대지에 있는 외계인 말이다. 해킹은 상반되는 것들이 서로를 조명해 준다고 주장함으로써 그런 자기 이미지를 한층 더 다듬는다. 통상적으로 외부 공간에서 온 외계인은 그 규정상 거의 인간이 아니다. 오늘날 외계인의 초상은 은하계 외부에 있는, 우리와 상반되는 것들을 드러내 주기보다 우리, 즉 인간이란 누구인지를 더 잘 드러내 줄 것이다. 대립자들의 초상에는 많은 경우 공포, 예를 들면 우리 모두는 우리가 상상하는 외계인들과 너무나도 비슷할지도 모른다는 그런 공포가 상당량 존재한다. 이는 자폐증과 외계인에 관한 역설로 나아간다. 몇몇 자폐증 집단들에서 사라지지 않는 비유는 자폐적 사람들이 외계인이라는 것, 아니면 대칭적으로 비자폐적 사람들이 자폐적 사람들에게는 외계인처럼 보인다는 것이다. 몇몇 자폐적 사람들은 자신들의 상태를 묘사하기 위해서, 또는 다른 사람들이 외계인임을 깨달았다고 말하기 위해서 외계인이라는 은유에 매료되어 있다. 반대로, 자폐적이지 않은 사람들은 자포자기 상태에서 심각한 자폐적 가족 구성원을 외계인으로 묘사할 수도 있다.

인간성과 동물성의 이런 문제적 병치에 관한 인류학자 팀 잉골드 Tim Ingold의 설명은 다음과 같다.

지금 우리는 서구 사유의 핵심에 있는 역설을 풀어야 할 입장에 있다. 인간은 동물이라는 것과 동물성은 인간성의 정반대라는 것을 모두 동일하게 확신하면서 주장하는 그 역설 말이다. 인간 존재는 종 species의 개별이다. 즉, 인간됨이란 개인으로 존재한다는 것이다. 인간성humanity의 첫 번째 의미는 생물학적 분류군群(호모사피엔스)을 가리키고, 두 번째 의미는 도덕적 조건(인격체personhood)을 가리킨다. 우리가 그 둘에 대해 '인간'이라는 동일한 단어를 사용한다는 사실은 인간종에 속하는 그런 개별자란 모두 개인일 수 있다는, 다른 말로 하면 인격체란 그 분류군의 일원임을 조건으로 한다는 뿌리 깊은 확신을 보여 준다. 세계인권선언 제1조에 서술되어 있는 것처럼, "모든 인간 존재는 이성과 양심을 갖고 있다." 그 함의상 모든 비인간적 동물들은 그렇지 않다.(Ingold 2002: 23)[23]

브뤼노 라투르Bruno Latour(1993)와 도나 해러웨이Donna Haraway(1991)가 말한 것처럼 동물, 기계, 가상 이미지 등은 분명히 비인간적 범주들로 여겨질 수 있다. 그와 동시에 이것들은 펫의 세계, 로봇의 세계,

---

23 [원주] 잉골드의 2000년, 2001년 책에는 이 논의가 자세하게 서술되어 있다. 여기서 그는 서구의 가정들을 드러내기 위해 애니미즘적 원리들을 활용하고, 그럼으로써 자신의 사유 방식을 매우 효과적으로 설명한다.

실험동물의 세계, 영화 피규어의 세계—감성적, 도구적, 교육적 문화 행위자들로서 도덕적 책임감의 기미가 있는 모든 것들의 세계—같은 표면상 인간다운 영역에 포함될 수도 있다. 도덕성의 논리를 지탱하는 원리는 이런 식으로 명백히 비인간적인 것에 약간의 인간적 특질을 부여함으로써 범주의 경계를 흐려 놓는다. 그 결과로서의 혼종은 주장컨대 상호작용을 만들어 내고, 참여를 벼려 내며, 그래서 잉골드(2002)의 종-의존적 도덕성 관념을 부정하는, 독자적 생존이 가능한 강력한 세력이 된다. 그와 동시에 그 혼종은 동물성과 인간성을 포용하는 미즐리Midgley(1978)와 싱어Singer(1994)의 윤리 연속체에 정확히 부합한다. 그러므로 우리는 종과 무관한 해킹의 관점, 즉 인간과 비인간 사이의 메울 수 없는 듯한 형이상학적 차이에 의존해서 사회를 상상하는 관점으로 다시 돌아갈 필요가 있다. 자폐증을 행성 사이의 공간에 두는 것은 그 범주에 속하는 일원들과의 지적 의사소통 가능성을 축소시킨다. 그들이 의심의 여지 없는 인류의 구성원임에도 불구하고, 그들을 또 다른 종으로 상상할 정도로 말이다. 이는 도덕적 책임이 있는 지구 행성의 데니즌들을 도덕적 책임이 없는 화성의 거주자들, 즉 별개의 생활 경험 지대 및 독특한 실존 양식을 점유하고 있는 듯한 이들에게서 떼어 놓는다.

최근에는《누군가, 어디선가Somebody, Somewhere》(Williams 1995),《그림으로 생각하기Thinking in Pictures》(Grandin 2005)처럼 자폐증의 세계를 그 내부로부터 보여 주는 작품군이 적은 양이지만 점차 증가하고 있다. 이 책들은 자폐증에 대한 대중매체의 관심을 새롭게 이끌어 냈다. 그 주제를 다룬 다큐멘터리 영화로는 2007년 제작된 상드린 보네르Sandrine Bonnaire 감독의 〈그녀의 이름은 사빈Her Name is Sabine〉, 엘레인 홀Elaine Hall이 만든 〈자폐증: 뮤지컬Autism: The Musical〉, 템플 그랜딘Temple Grandin의 인생을 다룬 믹 잭슨Mick Jackson 감독의 허구적 드라마 〈템플 그랜딘Temple Grandin〉(2010) 등이 있다. 마지막 작품의 경우 템플 그랜딘의 인생사와 갑작스런 성공을 잘 보여 준다. 그러나 자폐증이 이렇게 대중매체로 약호화된다는 것은 다른 무엇보다도 비혼종이라는 자폐증의 파급력 있는 지위를 증언해 준다.

자폐증은 의학상 우리의 "의사소통 이해" 방법을 교란하고 "우리의 일상적인 인간 이해 방식"을 거부하는 것으로 인식된다(Baron-Cohen 1995: 25-6). 과거 자폐증은 사회성을 결여한 별개의 정신병으로 간주되었고, 그 환자들은 흔히 '야성적' 또는 '요정 아이들' 같은 비인간적 은유로 묘사되었다. 하지만 오늘날 자폐증은 "자폐 스펙트럼"이라는 딱지가 붙은 행동연속체, 즉 인지적 · 감성적으로 일탈한 아주 보통의 용의자들이 앞뒤로 이동할 수 있는 그 행동연속체 위에 놓여 있고, 그래서 사회적으로 인가된 모든 자폐적 행위자들을 분명하게 인간화한다.[24]

의료화를 통해서 자폐증을 이해하려고 할 때 방해가 되는 주요 요인들 가운데 하나는, 자폐증의 원인에 관한 수많은 학설들이 있지만

---

24 [원주] 이런 인식론적 스펙트럼의 양극단으로는 "외계인aliens"을 다룬 해킹의 글 〈인간, 외계인, 그리고 자폐증Humans, aliens and autism〉(2009)과 자폐증의 점증하는 포괄적 분류법을 다룬 책 《자폐증 매트릭스The Autism Matrix》(Eyal et al., 2010)가 있다.

그 가운데 어떤 것도 명백하게 증명되지 않았다는 점이다. 자폐증이라는 수수께끼의 주원인은 여기에 있다. 자폐증의 기원은 사실상 초기부터 논란거리였다. 아스퍼거Asperger가 자폐증이란 생물학적 결함이라고 믿었던 반면, 베텔하임Bettelheim은 그것이 열악한 육아에 따른 결과라고 주장했다. 한편 캐너Kanner(1943)는 이 맥락에서 냉정하고 감정 없는 엄마의 역할("냉장고 엄마" 가설), 즉 대개 1960년대까지 받아들여졌던 비난형 진단을 강조했다. 오늘날 유전자화가 도래함에 따라, 쌍둥이의 자폐증 발병율이 더 높다고 보는 시각의 지지자들과 함께, 자폐증은 점차 생물학적인 것으로 여겨지고 있다(Anderson 2012). 하지만 류, 제르바벨, 비어만Liu, Zerubavel, and Bearman(2010)은 자폐증이 이전에 생각했던 것과 달리 거의 유전되지 않는 것임을, 즉 몇몇 학자들의 주장과 같은 90퍼센트가 아니라 소년에게는 오직 19퍼센트만, 그리고 소녀에게는 63퍼센트만 유전되는 것임을 보여 준다. 즉, 자폐증은 부모에게서 유전되는 게 아니라 수많은 새로운 유전적 변이들de novo mutations과 함께한다는 것이다.

자폐증은 전반적 발달장애라는 딱지가 붙은 행동연속체 위에 놓여 있다. 여기서 가장 일반적인 것은 자폐장애, 아스퍼거 증후군, 그리고 "달리 분류되지 않은 전반적 발달장애pervasive developmental disorders not otherwise specified"(American Psychiatric Association 2000)인데, 앞의 둘이 완전히 "명시되어 있는" 것처럼 마지막 것은 자연 그대로의 본질의 사례를 제공해 준다. 새로운 정신장애진단 및 통계편람(DSM-V)은 이런 두 가지 다른 진단을 폐기하고, 단순히 자폐증을 스펙트럼으로 본다. PDD 단계화는 질병으로서의 자폐증이라는 문화적으로 지배적인 은유와 신경다양성neurodiversity[25] 내부에서 새롭게 등장한 자폐증 대항–서사 사이의 오늘날 싸움에 합류한다. 자폐증 대항–서사가 비혼종을 정치적으로 온당한 신자유주의적 다양성 패러다임에 통합하려는 시도로 보인다면, 비혼종을 하나의 이야기로 간주하는 데서 출발해 가야 할 길은 훨씬 많이 남아 있다. 자폐 공동체 내부에서 소속과 정체성 문제는 부모들과 활동가들 사이에서 계속되는 논쟁거리다. (신경전형적) 질병 모델 대 신경다양성 모델 내부에서 자폐증을 구성하는 대립적 시각들 때문에 말이다(Eyal and Hart 2010).

〈나의 언어로In My Language〉(http://www.youtube.com/watch?v=JnylM1hl2jc)라는 제목의 짧은 (8분 30초 분량의) 바이럴 동영상이 있다. 자폐증 환자의 의사소통을 다룬 이 동영상에서 우리는 창문 앞에서 몸을 왔다갔다 하며 손을 흔드는 한 여성을 본다. 우리는 거의 멜로디 없이 "이"라는 소리로 노래하는 한 여성의 목소리를 듣는다. 약호화된 것은 완전한 비의사소통적 외로움이다. 그 사람은 소리를 만들지만 의미를 만들지는 못한다. 이 동영상의 전반부는 이 여성의 행위들을 좇는다. 숏은 문 표면에 둥근 철사를 리듬감 있게 긁는 손, 키보드를 반복해서 때리는 손, 책 페이지들을 넘기면서 페이지 소리를 듣는 손

---

25 인간 정신의 다양한 변종이 정상 범주에 포함됨을 가리키는 용어. 신경다양성은 우울증, 조울증, 아스퍼거 증후군 같은 신경질환들을 모두 정상 범주에 포함시킨다. 다시 말해, 본래 정상인으로 불리던 신경전형인뿐만 아니라 신경적 특질을 지닌 사람들도 모두 정상으로 간주되는 것이다.

등으로 구성되어 있다.

　이 짧은 동영상 중간에 몇몇 텍스트가 등장한다: "번역". 그리고 는 보이스오버와 자막이 막 관찰된 자폐 여성의 행동을 번역해서 보여 준다. 이는 자폐증을 앓는 사람들에 대한 흔한 가정과, 그런 가정이 자폐증을 앓는 사람들을 보호시설에 수감하고 인간의 범주에서 배제하는 방식을 드러내면서 그에 이의를 제기하는 어떤 선언이다. 단조로운 무언의 목소리를 수반하는, 설명이 없어서 불가해해 보이는 반복적 움직임들은 바로 인지적 결함의 증거로 해석되는 듯하다.[26] 하지만 감독/주인공 아만다 배그스Amanda Baggs의 보이스오버가 설명하는 바에 의하면, 그녀의 반복적 움직임들과 소리-만들기는 그녀와 환경의 복잡한 상호작용, 즉 구어에 비해 다차원적인 의사소통 양식의 일부다. 배그스는 "그녀 자신의 세계" 속에 머무르는 대신, 시각과 언어 외에 촉각, 미각, 후각 등을 통해서 우리 세계를 고도로 집중적인 방식으로 경험하고 있음을 주장한다.[27]

　사실 최근의 과학적 연구(Baron-Cohen et al. 2009)에 따르면, 자폐증과 재능의 연합은 감각의 층위에서 발생하고, 디테일에 대한 뛰어난 집중력을 포함하며, 하이퍼-체계화hyper-systemizing로 종결된다(공감각으

26　[원주] 그러나 급진적 번역, 공동 체현joint embodiment, 그리고 자폐아의 번역에서 부모의 역할에 관해서는 Eyal and Hart(2010)을 보라.

27　[원주] 그랜딘의 《그림으로 생각하기》(2005)를 보자. 여기서 그랜딘은 그녀 자신을 컴퓨터(그녀에게는 소프트웨어와 하드웨어, 중앙연산장치 등이 있다), 비디오 카메라, 동물 등에 동시에 비유한다. 이것이 그녀가 그림으로 생각한다고 주장하는 바이고, 그녀가 그것들을 이해할 수 있는 이유다.

로 불리기도 한다). 배그스는 자신의 언어적 상호작용—그녀가 자신의 모든 감각과 다른 능력의 상호작용에 비해 그 범위가 상대적으로 한정되어 있다고 보는 것—이 다른 이들에게는 "세계와의 참된 상호작용에 개방되어 있는" 자폐증 환자로 파악되는 아이러니를 언급한다. 그녀는 신경학상 전형적인 사람들의 한계와 이 한계가 자폐증을 앓는 사람들에 대한 그들의 시각을 한정짓는 방식에 이의를 제기한다. 그래서 "우리가 당신의 언어를 배울 경우에만 나 같은 사람들의 생각도 진지하게 받아들여진다. … 당신이 의사소통하면서 나를 지칭하는 것은 오직 내가 당신의 언어로 무언가를 타이핑할 때뿐이다."

노년을 그만의 방식대로 삼가해서 말할 때와 유사하게, 자폐증에 대한 접근 역시 자폐증의 순수한 목소리에 귀를 빌려 주는 식으로 이루어져야 한다. 그 하나의 방식은 자폐증 연구자들을 조기치료 연구에 참여시키는 일일 것이다(Twachtman-Cullen 1997). 도나 윌리엄스Donna Williams는 자폐증을 앓는 삶에 관한 자서전을 저술한 바 있는데, 여기서 벌써—수용 가능한 규범을 준수하게끔 강요하는 치료를 받는—말이 서툰 어린아이였던 그녀에게 자폐증이란 어떤 것이었는지에 관한 몇몇 유의미한 통찰을 제공할 수 있었다. "비록 감정이 없긴 하지만 더 내놓을 만하고, 예의 바르고, 사교적인 껍데기 대신에 '나 자신의 세계'를 부인하게끔 만든 것은 바로 '나 자신의 세계'가 나에게서 사라진다는 그런 두려움이었다"(Williams 1995: 70).

이전 시대와 비교하자면, 오늘날 자폐증은 이전보다 더 자유롭게 말할 수 있다. 과거에는 자폐증의 자기-대변자나 신경다양성 담론 비슷한 것도 없었다. 어떤 종류의 번역이 일어나고 있다. 말하자면, 자폐증의 내면 상태를 재현하고, 그래서 어떤 대화를 시작/유지하게 해 주는 비계飛階의 제작 과정이 존재한다. 그런 '촉진된 의사소통facilitated communication'에 비판적인 사람들은 그것이 정말로 자폐증 환자의 머릿속에 있는 무언가에 관한 것인지, 아니면 자폐증의 언어란 비혼종이기에 의사소통의 촉진된 형식들은 오히려 자폐증의 자유로운 발화를 막는 것은 아닌지 의심할지도 모른다. 혼종화를 통해서 번역을 회피하고, 그로 인해 정상적이고 중년기적인 우리 정신 이론의 한계를 폭로한다고 협박하면서 말이다. 불멸을 약속해 주지 않는 세속적 사회에서 노년의 문화 외적 상태와 마주치는 일은 일종의 딜레마를 내포한다. 그와 아주 비슷하게, 자폐증은 신경전형적 의사소통과 사회적 상호작용에 대한 우리 자신의 덧없는 의존성을 상기시켜 준다.

조이스 데이비슨Joyce Davidson(2007, 2008b)은 자폐 자서전, 블로그, 포스트 등에 대한 연구에 의존하여 독특한 자폐적 스타일의 의사소통을 탐구하면서, 그 의사소통을 "언어게임"이라는 비트겐슈타인의 용어로 개념화했다. 그와 같은 의사소통을 이해하는 일은 맥락과 사용 의미meaning-in-use에 기초해 있다는 게 그 이유였다. 자폐증은 언어적 발화가 아니라 오히려 전기 언어electric words와 그림을 통해서 말하는 것 같다. 1990년대 이래 자폐증을 앓는 사람들은 인터넷 대화방, 이메일 리스트, 온라인 포럼 등을 매개로 의사소통을 해 왔다(Gajilan 2007). 이는 과거 자폐아 부모들과의, 그리고 그 부모들을 통한 의사소통을 촉진하는 데 사용되었던 (지금도 여전히 사용되고 있는) 그림-교환 의사소통 체계picture-exchange communication system보다 분명히 더 정교하고, 바라건대 더 해방적인 형태의 비언어적 의사소통이다. 자폐증을 위한 자기-대변 작업 대부분은 가상의 무대에서 벌어진다.

　어떤 저술가는 다음과 같은 주장을 펴기도 했다. "인터넷이 자폐증 환자들에게 끼친 영향은 과거 수화가 귀머거리들 사이에서 퍼져나간 일에 비견될지도 모른다"(Singer 1999: 67: Singer 2003). 이는 지각 가능한 비혼종이 수행한 선별적 동화—즉 혼종화—의 흥미로운 사례인데, 이 경우 테크놀로지(인터넷)는 친숙하지만 그 사용자들은 친숙하지 않다. 고기능 자폐증 환자들은 그들 자신의 독립된 커뮤니티 활동을 위해서 특정한 인터넷 사용법을 만들어 내고 있다. 자폐증 하위문화는 인터넷에서 매우 원기왕성하다. 인터넷의 "아주 긴 꼬리" 아래 전자식 전등 속에 숨은 채 말이다(Anderson 2006: Dekker 2006: Prince-Hughes 2005).[28] "자폐증 디바Autism Diva" 블로그의 크리에이터 카밀 클락 Camille Clark은 이렇게 설명한다. "물론 인터넷에서 인터넷 사용법을 토론하는 자폐증 환자들과 관련해서, 인터넷이 놀라운 도구라는 데

28　[원주] 기본적으로 '긴 꼬리'는 틈새 마케팅과 생산을 묘사하는 방식이자 그 마케팅과 생산이 인터넷에서 작동하는 방식이다. 전통적으로 대량생산된 자본주의 상품은 "히트"를 치라는 요구에 맞춰져 있다. 인터넷은 이를 바꿔 놓았다. 생산자와 소비자의 경계를 흐려 놓음으로써, 그리고 이런 '프로슈머들'이 인터넷의 '긴 꼬리' 아래 틈새에서 번성함으로써 말이다.

우리 모두는 동의한다. … 인터넷은 실생활에서는 거의 전혀 허용되지 않는 응답의 지연을 허용하기 때문이다"(Davidson 2008b: 796에서 인용).

인터넷에 정통한 자폐증 환자들이 표현하는 견해는 많은 경우 전복적이고 반헤게모니적이다. (우리는 이들이 전반적 발달장애를 앓는 사람들 가운데 단 하나의 집단임을 기억해야 한다.) 예를 들면, 매우 많은 환자들이 자폐증 '치료' 관념을 비판한다. 여기에는 자폐아 부모들이 설립한 유명한 "이제 자폐증을 치료하자 재단Cure Autism Now Foundation"도 포함된다. 그 자폐증 환자들은 이런 '신경전형적' 캠페인과 장소의 존재 자체를 지극히 모욕적인 것으로 인식한다. (데프Deaf의 대문자 D가 붙어 있는) 귀머거리 문화를 옹호하는 청각장애자들과 똑같이, 자폐증 환자들은 차이의 인정을 요구하기 위해서 인터넷 의사소통을 활용한다(Padden and Humphries 1988). 웹에서 특출난 자태를 뽐내는 한 자폐 블로거는 이렇게 주장한다. "귀가 먼 사람들과 자폐증 환자들 사이에는 평행선이 존재하는데, 이는 특히 양자에 속하는 인구들이 정상과는 다른 의사소통 스타일을 갖고 있다는 점에서 그렇다"(Davidson 2008b: 798에서 인용).

많은 자폐증 환자들이 자기 지시에 사용하는 통상적 용어가 '스펙트럼을 앓는 우리들'이라는 사실은 흥미롭고도 주목할 만하다. 이런 자기 묘사는 미완의 역동적인 자폐증 비규정non-definition 감각을 체현하고 있다. 그것은 비혼종을 위한 비규정, 즉 자기 묘사를 위해서 가능성들의 광범위함과 다양성에 따른 가소성可塑性('스펙트럼')을 선택하는 그 비규정이다. 그것은 외연外延 없는 기호다. 어떤 의미에서 스펙트럼을 앓는 이들은 단계화라는 신경전형적 전략('PDD')을 재전유한다. 이 전략을 인위적 단계들과 미리 정해진 동화—스펙트럼—너머에 있는 불확실한 기회들로 전환시킴으로써 말이다. 자폐증 환자들의 온라인 의사소통에서 치료 가능성은 스펙트럼을 앓는 사람들이 직면한 위험으로서 기술된다.

> 나는 AS〔자폐 스펙스럼autism spectrum〕를 묘사하는 데 "장애"라는 용어를 사용하지는 않으려고 한다. … 나는 장애나 손상을 느끼지 않는다. 나는 고장 나 있지 않고, 그래서 수리나 치료를 받을 필요가 없다. 내가 NT〔신경전형적neurotypical〕이게 된다면, 나는 더 이상 '나'가 아닐 것이고, 나의 수많은 좋은 자질들은 사라져 버릴 것이다.(자폐증 있
> 는 사람 5, Brownlow and O'Dell 2006: 319)

자폐증이 카너 증후군과 아스퍼거 증후군, 고기능 자폐증과 저기능 자폐증, 추가 장애가 있는 이들과 그렇지 않은 이들을 모두 포함하는 광범위한 스펙트럼이라는 것 역시 진실이다. 자폐 문화의 존재나 중요성과 관련해서 가장 요지부동의 사람들은 스펙트럼을 앓는 사람들의 현저한 다양성을 매우 날카롭게 의식하고 있는 이들이다(Baker 2006).

결국 가장 중요한 것은 지구화의 논리가 자폐 스펙트럼을 앓는 사람들이 새롭게 수립한 인터넷 커뮤니티의 맥락에서도 작동한다는 것, 그로 인해 선별적 혼종화가 그들의 전략이 된다는 것이다. 자폐

블로거에게서 가져온 다음 인용구는 이 점을 잘 보여 준다.

> 어떤 의미에서 자폐증 환자들은 스스로를 새로운 온라인 이민자 집단으로 구성하고, 인터넷상의 낯선 신경학적 해안으로 항해하며, 도착 시 행동 방식에 관한 정보를 교환한다. 그들은 네이티브의 방식들에 어울려서 잘 지낼 수 있기를 바라고, 그렇게 하기 위해서 그 방식들을 열심히 공부하고 있다. ⋯ 그러나 자폐증 환자들은 신경 전형이 지배하는 세계를 받아들이려고 애쓸 때도 그들 자신의 습관을 포기하려고 하지 않고 그럴 수도 없다. 그 대신 그들은 새로운 사회적 합의, 즉 신경학적 다원주의를 강조하는 사회적 합의를 제안한다. (Blume 1997, Davidson 2008b: 802에서 인용)

통증을 다루는 다음 절은 여기서 분석한 비혼종의 수수께끼에 전혀 다른 조각을 더한다. 통증의 우선성, 즉 그 공유 불가능성은 홀로코스트나 자폐증의 사례와 유사한 방식으로 전개되는 그 음폐 행위에 대한 통찰을 제공해 줄 수 있다. 이 절에서 나는 또한 노년과 통증을 직접 연결한다. 나는 정신이 또렷한 노인들이, 말하자면 그런 배제의 감각에 의해서 그리고 통증이란 더 이상 거래 자산이 아니라는 깨달음에 의해서 추동된 노인들이 세계-내-존재의 형식으로서의 통증 내 존재being in pain라는 타고난 자질에 대한 성찰에 의지하는 방식을 논의할 것이다.

통증, 늙은 야만인

공개적으로 통증을 표현하는 것은 왜 수치스럽고 품위 없게 여겨지는가? 우리 문화에서 따끔따끔한 통증의 발발 표시가 통증 경감 체제의 즉각적 운영을 요구하는 이유는 무엇인가? 통증 없는 사형법의 도입, 진통제 의약품 산업의 급증, 노동시 마취제에 대한 광범위한 의존, 그리고 비슷하지만 전혀 다른 것으로서 호스피스 운동의 발흥 사이에는 어떤 공통분모가 있는가? 디그니타스Dignitas라고 불리는, 말기 환자들을 위한 통증 없는 죽음을 주선하는 스위스 기관은 왜 있는가? 이 모든 상이한 문제들에 대한 답변은 근대 시기 존엄과 통증 사이의 전도된 관계에 놓여 있다.

나는 사회학자 노르베르트 엘리아스Nortbert Elias의 작업, 특히 독창적 저서《죽어 가는 자의 고독》을 좇아 통증이란 문화 외적 힘임을, 즉 자연의 훈육과 변형이라는 근대적 기획에 반항하는 비혼종임을 주장하려고 한다. 그래서 통증은 문명화된 질서의 세속적 영역에 재앙을 일으키는 동시에 생명정치 체제라는 근대의 환상을 산산조각 내는 고삐 풀린 야만인으로 제시된다. 이에 의하면 다음과 같은 명제가 가능하다. 집단적 고통의 제의 활동이 개인의 통증을 초월하는 신성화된 순교 문화에서와 달리, 통증의 방탕함은 소위 '일탈자들'에 의한 반사회적 행위라는 비난을 당한다. 물론 그 일탈자들은 파문당한 지위로 인해서 존엄성의 공공연한 표현을 요구 받지 않는다. 다른 말로 하면, 통증은 존엄한 문명의 땅에서 제거되거나 사라져야 할 기이한 침략자, 즉 궁극적 '타자'로 파악된다.

다음으로, 은유적으로 장식된 마음의 통증과 아픔 또한 자존심과 자제력을 동일시하는, 성행하고 있는 복잡한 근대 치유 문화 장치의 개선 효과에 종속된 것으로 간주된다(Illouz 2008). 근대의 세속적 사회에는 모든 고통을 막으려는 열망이 있다. 신학자들은 기독교 윤리라는 별개의 관점에서 근대적 통증 혐오를 비판했다. 예수를 사례로 볼 때, 인간 존재란 상호의존적이고, 고통이란 그 상호의존과 상호필요의 논리적 측면임을 주장한 것이다. 그러므로 고통은 인생에서 원치 않는 사건이 아니라 인생의 본질적 부분으로 간주되어야 한다(Hauerwas 1986). 하지만 이런 요구는 통증과 고통을 혐오하는 근대의 지배적 시각을 강조하는 데 불과한 듯하다. 실존적으로 무의미한 괴로움에 조리 있는 설명을 제공해 주는 정신분석학이나 여타 언어들처럼, 이 시대의 대의는 통증 완화를 근대의 신조이자 실천으로 번역해 놓는다. 이 사회적 장치들은 상상 가능한 것이든 그렇지 않은 것이든 무슨 수를 써서라도 달갑지 않은 통증의 억제를 보장한다. 본능적인 '자연스런' 반응을 문화적으로 설정된 합리적 표현으로 바꾸어 놓는, 소통 가능한 언어의 틀 안에서 말이다. 이 언어는 찰스 퍼스Charles Peirce가 '근본적 타자radical otherness'라고 부른 범주와 씨름할 수 있는 문화의 능력을 부인하는 우주론적 지각에 내장되어 있다. 이때 통증은 야만적 소통불가능성의 공포스런 사례일 수 있다. 인류학자 발렌타인 다니엘E. Valentine Daniel은 정치적 폭력 연구자로서 다음과 같이 말했다.

통증에는 또한 현재하는, 무매개적인, 범주화되지 않는, 전-반성적인 면모가 있다. 그러나 이런 고통의 '일차성'은 퍼스가 '이차성'—자아와 비자아가 유일무이하고 절대적인 대립 속에서 서로에 맞서 응결되는 근본적 타자성의 경험—이라고 부른 것에 의해서 압도당한다. … "삼차성"은 매개, 특히 언어와 문화를 통한 매개를 나타내는 퍼스의 현상학적 범주다. 삼차성 속에서 기호학은 그 연속성, 즉 그 운동을 재개한다. 삼차성은 의미의 영역이다.(Daniel 1996: 152)

그 '삼차성'은 분명히 문화의 원천이다. 그리고 이원론적 주체 또는 전체론적 주체를 자기밖에 모르는 모나드적 신체로 전환시키는 다루기 힘든 통증 같은 문화 외적 경험에 대한 불관용의 반영이다. 이때 모나드적 신체의 전체 존재는 통증의 매끄러운 신호를 소비하는 총체성에 의해서 점유되고 소유된다. 그런 신호를 기호, 즉 공유된 의미화 단위로 만들려면, 문화적 지식의 개입과 매개를 통해서 '공유 불가능한 보편자an unshareable universal'—만성통증에 시달렸던 사회학자 아더 프랭크Arthur Frank가 만든 개념—로 간주되는 그런 모순어법적 감각을 풀어헤쳐 놓을 필요가 있다.

고통은 전적으로 보편적인 동시에 완전히 개인적이다. 뒤르켐이 아주 오래전에 주장했던 것처럼, 고통은 인간Man 그 자체처럼 이중적Double이다. 말하자면, 생물학적 신체 안에 있지만 한낱 생물학적 신체 안에만 있는 것은 아니고, 절대적으로 개인 안에 위치하지만 개인과 동일시되지 않으며 모든 개인에게 공통된 무언가에 연결되어 있는 것이다. 그리고 실체적임과 동시에 추상적인 것이다. 아니면, 반 후프트van Hooft가 최근에 말한 것처럼,

> 통증 경감은 환자들의 요구가 아닌 객관적 처방 계획을 토대로 전문가들이 운영하는 과학적이고 객관적인 훈육으로 여겨진다. 이런 접근법을 택한 이유 가운데 하나는 아마도 통증이란 직접적으로 소통 가능한 게 아니라는 생각일 것이다. 그 결과 임상의들은 통증과 관련해서 진단에 기반한 객관적 판정 형식을 사용함이 틀림없고, 그래서 그들이 미리 내린 처방은 환자가 전달한 통증보다 그런 객관적 판정 형식에 기초하게 된다.(von Hooft 2003: 255)

우리는 통증이란 본래 소통 불가능한 것이라는 결론을 내릴 수 있다. 신체적 통증은 언어에 의한 객관화에 저항하기 때문에, 고통은 공유 불가능성이라는 강력한 요소에 의해서 표시된다. 다른 말로 하면, 통증은 침묵하면서 능동적으로 언어를 파괴하는 무언가로서 형이상학적으로 구성되어야 할 것으로 제시된다. 다른 한편, 통증은 또한 간단한 이모티콘들, 말하자면 웃는 얼굴과 찌푸린 얼굴을 겸비한 그런 리커트 척도Likert scale[29]로 소통되고 측정되는 것으로 여겨지기도 한다. 이때 통증은 조잡하지만 실천적인 의사소통 촉진 방식을 허용한다.

---

29 개인, 대상, 관념, 현상 등에 대한 개인의 태도나 성향의 강도를 측정하는 기법.

통증은 자기밖에 모르는 유아론의 진통에서 풀려나면 가끔씩 공동 고통의 담론으로 흡수되곤 한다. 이는 알베르트 슈바이처Albert Schweitzer가 고통의 표식을 지닌 이들의 형제애 또는 동료애라고 말했던 담론이다. 이 동료애의 일원은 물리적 통증과 신체적 격통이 무엇을 의미하는지 경험으로 배운 이들이다. 슈바이처 자신의 말로 하면, 다음과 같다.

은밀한 결속으로 뭉쳐 있다. 그들 모두는 인간이 접할 수 있는 고통의 공포를 이해한다. 그리고 그들 모두는 통증에서 자유로워지고 싶은 열망을 이해한다. 통증에서 구조된 인간은 자신이 지금 다시 자유롭다고, 그리고 그 과거를 완전히 잊어버린 채 이전과 똑같이 인생을 계속할 수 있다고 생각해서는 안 된다. 그는 지금 "통증과 격통에 관해 눈이 뜬 인간"이다. 그래서 (인간의 힘이 통증과 격통을 통제할 수 있는 한) 그는 그런 두 가지 적을 극복하도록, 또한 자신이 누렸던 그 구원이 다른 이들에게도 전달되도록 거들어야 한다. 의사의 도움으로 심각한 질병에서 회복한 인간은 자신에게 배정되었던 것 같은 도우미가 다른 이들에게도, 즉 다른 식으로는 도우미를 배정받을 수 없는 이들에게도 공급되도록 지원해야 한다. 수술을 통해 죽음이나 괴로운 통증에서 구원된 인간은, 죽음과 괴로운 통증이 여전히 아무런 제약 없이 지배하는 곳에서 친절한 마취제와 유익한 칼이 작업을 시작할 수 있도록 제 역할을 해야 한다. 의료 지원 덕분에 아이를 차가운 땅이 아닌 자신이 계속 품게 된 어머니는 그렇게 도와야 한다.

의사를 본 적도 없는 가난한 어머니가 자신이 공유했던 것을 공유할 수 있도록 말이다. … 그것이 통증의 표식Mark of Pain을 지닌 이들의 동료애다.(Schwitzer 1948: 173f.)

아마도 통증과 야만을 동일시하는 더 강력한 주장은 없을 것이다. 안도의 추구라는 공통된 대의에 기반한, 그런 가정된 동료애 또는 형제애는 모나드적 신체를 혼종화 능력이 있는 이원론적 행위자, 즉 구원을 추구하면서 타자들과 연합할 수 있는 이원론적 행위자로 바꾸어 놓는다. 이런 형태의 협업과 의사소통은 욕망의 충족보다 육체적 필요의 만족 쪽으로 조정된다. 앞으로 살펴보겠지만, 이런 현재에 매인 무시간적 안도의 순간, 즉 수단에 의해 정당화된 절정의 순간은 초월론적 탐구로 전환될지도 모른다. 하지만 지금 주목해야 할 것은 다음과 같은 점이다. 환원 불가능한 통증의 주체성과 통증의 집단적 축출을 위해 구축된 사회적 관계성 사이에 있는 전환점은 통증 있음과 통증 인식의 분리 불가능성이라는, 소통 불가능하지만 의문의 여지는 없는 뻔한 말의 진정성을 포기하는 길로 나아가는 첫 걸음이다.

사실 통증이 체현된 문화적 지식으로 선언되면 인식된 것과 인식하는 자 사이에는 쐐기가 박히게 된다. 통증의 표현 행위 그 자체가 통증을 개인적이게보다 사회적이게 만들고, 그로 인해 구성 가능하고 해석 가능하며, 협상 가능하고 번역 가능하게 만드는 한에서 말이다. 사회학자 조지 허버트 메드George Herbert Mead가 '나'라고 명명했던 자아의 구성요소—즉, 우연적, 내적, 창조적, 주관적, 진정한—에서 '나Me'—사회적인 것을 구성하는 타자들의 조직된 태도—로 이동하는 것은 전자를 후자의 불확실한 조건부 담론에 양도하는 것이다. 그래서 통증의 진실성은 세계의 의미 제작자, 즉 사회적 언어의 화용론에 대한 통증의 적용 가능성이라는 견지에서 전유되고 입증된다. 다른 말로 하면, 통증은 문화적 기호로서 인정받거나 인식될 뿐이다. 그렇지 않으면 통증은 아무것도 아니다. 그래서 조나단 밀러Jonathan Miller—영국 신경학자, 오페라 감독, 작가, TV 진행자, 익살꾼, 조각가—는 이렇게 말하기도 했다. "누군가 자신에게는 자신이 느낄 수 없는 통증이 있다고 단언했다면, 우리는 그가 적절한 영어 화법을 배우지 못했다고 말할 것이다."

이 말은 그 비트겐슈타인적 원리에도 불구하고 통증에 대한 어떤 주장을 의제화한다. 통증이란 '나'와 '나Me', 즉 자발적인 경험과 사회적으로 부과된 존엄성 사이에서 벌어진다고 하는 불가분의 상호작용을 통해서 입증되지도 자격을 부여받지도 못한다는 주장 말이다. 사회적으로 알려지지 않는 울부짖음, 외침, 신음, 탄식 등은, 돌연 터져 나와서 들을 수 있게 되면 말 없는 야만적 '나'를 불러일으킨다. 듣는 사람의 언어화된 '나Me'라는 보호받는 영역을 침식할 조짐이 있는 '나'를 말이다. 따라서 이 '나Me'는 사회적으로 보증된 통증 해석을 협상하는 데 적합한 관행을 규제할 것으로 예상되는 능력을 빼앗긴다. 그런 야만성은 계획된 구역에 밀봉되어 격리되지 않을 경우 견디기 어려운 것으로 여겨지는 어떤 인간적 조건과의 대결을 감행한다. 위독한 환자의 경우 통증은 끝이 없고, 증가하기 쉽고, 명백히 무의미하고, 전혀 꼼짝 못하게 하는 것으로 파악된다(Hockey 1990). 이런 상태는 문화 외적 견지에서 묘사된 통증의 한 표명이다. 그 점에서 이런 유의 통증은 신학자이자 사회비평가 이반 일리치Ivan Illicah가 옹호했던 통증의 문화적 동화를 승인하지 않는다. 일리치는 문화란 통증을 유의미한 체계에 통합함로써 그것을 참을 수 있게 만든다고, 그리고 코스모폴리탄 문명이란 통증을 모든 주관적 또는 상호주관적 맥락에서 떼어 냄으로써 그것을 제거한다고 주장하기 때문이다.

의도되지도 의도하지도 않은, 무매개적 주체성의 달갑잖은 쇄도는 인간성과 비인간성, 즉 존엄한 것과 존엄하지 않은 것 사이의 흐려진 경계, 말하자면 '인류학 기계'의 작업을 다시금 부각하는 중간지대를 노출시킨다. 특정한 정치적 환경 아래에서 인류학 기계의 작업은 어떤 모나드 양식을 위해 이원론적 또는 전체론적 자아 비유를 폐기함으로써 탈주체화를 실천할 때 완수된다. 이때 단호한 진정성의 신호로서의 통증은 그 모나드 양식에서 삭제된다. 강제수용소와 그 공포, 특히 수감자들의 신체를 대상으로 마취 없이 감행된 의료 실험은 피해자의 고통스러운 주체성이 그 또는 그녀의 존엄성과 더불어 가해자의 우주론에서 삭제되는 무대다. '벌거벗은 생명'의 이런 실존 형태로 인해 문화 외적 범주에 속하는 이들은 존엄한 희생 제물로 봉헌된다는 위안도 없이 자의적 살해를 선고 받는다. 어떤 문화적–윤리적 보호도 받지 못하는 이런 부류의 사람들은, 소리 나지 않지만 틀림없이 생산되는 통증의 소리에 대한 사회적 비가청성에 의해서 확인할 수 있다.

그런 범주 가운데 하나는 문화적으로 구성된 노인, 특히 데이케어센터, 양로원, 노인 병동 같은 노년 전용 시설에 수용된 이들이다. 노인 차별주의적 제명 직전에 있는 다른 연로자들은, 자신들을 그런 부인된 자의 나라의 거주민으로 낙인찍는 가시적 표식들을 덮어 버릴 수 있는 안티에이징 가면이나 기타 가면무도회에 의존함으로써 순간적으로 그런 사회적 운명에서 벗어날 수 있다. 하지만 나머지 노인은 눈에 보이지 않는 거주지로의 은폐, 격리, 추방 행위를 통해서 상징적으로 비가시적이게 된다. 이때 그 거주지에서 미개한 것으로 가정되는 노인의 자아는 자유로운 표현의 순수한 유발이라는 흔적을 포기할 때까지 굴욕당하고, 다듬어지고, 통제된다. 버림받은 노인이라는 하위 범주는 언제나 정신과 신체의 균열이 일어나는 경험을 하는 이들로 이루어져 있다. 이때 그들은 통증 같은 신체 정보를 참되고 정직하게 목격하지 못한다.

근대적 야만인의 본성을 규정하려고 할 때, 치매 노인은 이성의 시대 원형의 자리를 차지한다. 요실금, 방향감 장애, 지적 장애, 제어 불능, 무책임 등의 낙인이 찍혀 있는, 정신적으로 노쇠한 노인은 목적론적·계획적 의식 너머에 있는 탈-선형적 시점時點뿐만 아닌 문화 외적 공간에도 몰두한다. 게다가 억압과 훈육을 필요로 하는 이런 유형의 가정된 야만인은 경계를 벗어나 있는 다른 이행적 존재 형식들과 구별된다. 노년의 통제 불가능한 단계는 비가역적이고, 번역 불가능하고, 치유 불가능하고, 그 때문에 통증처럼 본질적인 것이자 소통 불가능한 것이기 때문이다.

몇몇 정신이 또렷한 노령자들, 즉 그런 배제의 감각에 의해서 그리고 통증이란 더 이상 거래 자산이 아니라는 깨달음에 의해서 추동된 노령자들은 통증 내 존재라는 타고난 자질에 대한 성찰에 의지한다. 공감과 집중이라는 이차적 이득secondary gain[30]의 형식을 취하는 그 미심쩍은 외재적 가치와 무관하게 말이다. 그래서 캘리포니아 남부에 있는 유대인 데이케어센터의 한 직원은 현재 자신의 삶에서 통증 의식pain consciousness이 행하는 내재적 역할과 관련한 숙고의 결과를 상세히 설명한다.

그래서 내가 어떻게 살아가는지 이야기하겠지만, 당신은 별로 좋아하지 않을 겁니다. 내가 그에 관해 무엇이든 말하면 사람들은 몸서리를 칩니다. 하지만 당신은 거기서, 내가 말하는 것에서 헤어날 수 없을 겁니다. 그 단어는 '통증'입니다. 통증은 영혼에 이르는 길, 당신 자신의 특질에 이르는 길입니다. 당신이 진정 본질에 인접한 삶에 이르는 방식은 여기 있습니다. 당신은 적절히 통증을 느끼기 시작합니다. 당신은 헤어날 수 없고, 그래서 거기에 몰두합니다. 이후 통증이 누그러집니다. 당신은 이로부터 모든 것, 생명의 이념 그 자체에 도달합니다. 그 결과 당신은 너무나도 살아 있음으로 가득 차 있기 때

---

30 어떤 신체적 · 정신적 장애로 인해 얻을 수 있는 이득이나 장점.

문에 통증을 흡수해서 무시해 버릴 수 있습니다. 이렇게 하는 법을 배우면—나를 믿으세요, 오랜 시간이 소요됩니다—당신은 정화됩니다. 이것이 내가 말하려는 바입니다.

지금 당신이 조금 더 듣고 싶다면 사례 하나를 더 들 수 있습니다. 내가 통증에 관해 말하기 시작하면 통증은 나에게서 떠납니다. 이것이 내가 너무 많이 말하는 걸 좋아하지 않는 이유입니다. 내가 말한 모든 일은 고통스러운 것이고, 그래서 내가 누군가에게 그에 관해 말할 때 좀 나아지는 걸 느낍니다. 그러나 아무 소용이 없습니다. 당신이 쳐다보지 않을 때 통증은 돌아오고, 휴우, 스토브 뒤에서 튀어나와 당신을 사로잡습니다. 그렇게 통증이 올 때 나는 환자입니다. 나는 입을 닫습니다. 능동적 침묵. 나는 통증을 견디고, 기다립니다. 밤새도록. 하지만 나는 통증을 견딘다bear고 말합니다. 나는 안정제나 수면제를 먹지도 않고, 독한 술을 마시지도 않으며, 텔레비전을 보지도 않습니다. 나는 통증 앞에 서서, 통증을 불러냅니다. 이 과정을 거친 후 당신 자신이 선택을 했음을 발견합니다. 당신은 전체가 됩니다. 이것이 우리 인생의 과제이고, 그래서 나는 매 순간 살아 있을 수 있습니다. 나는 내가 깨어 있을 때를, 내가 완전히 깨어 있을 때를 알고 싶습니다. 내가 잘 때 나는 잠을 잡니다. 이는 피학적인 것이 아닙니다. 금욕적인 것도 아닙니다. 알고 싶다면, 사실 그것은 유대적인 것입니다. 우리 예언자들 가운데 한 분은 이렇게 말했습니다. "너 자신의 힘은 조용한 자신감 속에 있어야 한다." 이런 식으로 당신은 고통을 긍정적인 무언가로 만들 수 있습니다. 고통이란 인생의 일부이기 때문입니다. 노년에 이르러 우리는 인간 존재의 본질과 품위 있는 인간이 되는 법을 발견할 기회를 얻습니다.

당신은 당신 자신 안에서 용기를 발견할 수 있고, 그래서 당신이 활기 있음을 깨달을 수 있습니다. 그러고 나서 당신은 다른 수준의 생활을 하게 됩니다. 이를 위해서 당신은 두뇌를 사용했지만, 그것만으로는 부족합니다. 두뇌는 영혼과 결합해 있습니다. 내가 무엇에 관해 말하는지 알겠습니까? 나는 당신이 이런 이해에 도달하기에는 너무 젊다고 생각합니다. 그러나 거기에 도달하면, 당신은 그때 이전으로 돌아갈 수 없습니다. 당신은 준비가 되어 있기 때문입니다. (Myerhoff 1978b: 197)

이 독백은 세계-내-존재로서의 통증 내 존재에 대한 자기반영적 진술이다. 그래서 "능동적 침묵"은 그 두 존재 상태를 하나의 포괄적 경험으로 융합하는 수단이다. 능동적 침묵은 오래되어 익숙해진 통증의 양가성을 어떤 해방된 상태로, 즉 그 통증을 다른 이들에게 전달할 수 없게 하는 제한과 그 통증을 전달해야 한다는 의무 모두로부터 해방된 상태로 포착한다. 이는 물론 정신적인 것이 신체적인 것의 조임쇠 속으로 완전히 흡수된 상태이기도 하다. 하지만 이런 이중구속으로 인해 그 발언자가 사회적으로 파문당한 자신의 주체성을 통째로 재상속받고 그럼으로써 오랫동안 잃어버렸던 "나"를 움켜쥐게 되는 한에서, 그는 이중구속을 골칫거리라기보다 어떤 혜택으로 파악한다. 이런 의사소통 책무로부터의 자유는 공유 불가능한 보편자로서의 통증의 인식론에 내재하는 태생적 긴장을 해결해 준다. 설명 불가능한 것을 설명해야 할 책임이 없다면 문화적인 것의 요구와 기대에 응답할 필요도 없기 때문이다.

이런 자의식적인 문화 외적 입장은 자아 통합의 완수라는 주관적 급선무 때문에 존엄성에 대한 사회적 요청을 포기한다. 그래서 사회적으로 노출된 통증의 치욕은 전도된 방식으로 자기충족적 주체의 통합성을 제공해 준다. 이런 균열은 두 개념을 상호 배타적인 것은 아니라고 해도 완전히 상호대립하는 것으로 배치한다. 전자—존엄성—가 엘리아스가 명명한바 사회발생론의 출현 속성이라면, 후자—통합성—는 엘리아스가 명명한바 심리발생론에서 유래하는 것이다. 그러므로 존엄성, 또는 인류학 어법으로 명예honor는 전자의 우위를 유지하기 위한 후자의 능동적 억압을 의미한다. 통증을 관리하는 여러 경로들은 존엄성을 본질적 도덕성을 설명하기 위해 내정된 개념으로서 비판적으로 재고할 필요가 있음을 증언해 준다. 사실상, 통증의 이중언어—생략 또는 배출, 침묵 또는 발화—는 존엄성을 가장하여 사회적인 것에 복종하는 일, 아니면 아무런 가장 없이 자유로운 영혼의 통합성에 진입하는 일 사이에서 하는 실존적 선택이다. 노년이라는 문화 외적 미개간지로 추방된 존재에게 부과된 자유는 그런 선택의 기회를 싹틔울 수 있을지도 모른다. 그러므로 존엄한 통증 없음은 절대적으로 완전하고 순전하게 문화적 요구에 종속된 이들을 위해 예약되어 있는 선택지가 된다.

통증 견디기

통증의 야만성은 격렬한 통증을 통제 불능의 미개함, 음산한 야생성, 무자비한 잔인성, 미개한 행동, 강경한 지배, 외과적 주입, 예속적 식민화 등의 형식으로 광범위하게 묘사한 데 의존해 있다. 어떤 문화도 이를테면 매혹적이고도 위협적인 요령부득의 미결 상태에 잠복해 있는 그런 다루기 힘든 카오스를 참을 수도 없고 또 참지도 않을 것이다. 콘스탄티노스 카바피스Constantine P. Cavafy의 시 "야만인을 기다리며Waiting for the Barbarians"에 등장하는 구절처럼 말이다. "야만인들이 오늘 여기에 온다고 한다 … 야만인들이 오면 법을 공표할 것이다 … 그리고 그들은 미사여구에는 별 관심이 없다." 결코 도래하지 않을지도 모르는, 발화 불가능하고 접근 불가능한 그런 예상하기 힘든 외계인들을 만나려면 불길한 침입을 억제할 수 있는 훈육적 조치와 전략을 취하지 않으면 안 된다. 그로 인해 극심한 침습형 통증에 대해서는 완화제가 아낌없이 사용되었고, 그렇게 많이 사용되어서 의료적 통증 억제는 전용 병원과 공인된 전문지식 종사자들 내부에서 특수한 자율적 지위를 인정받게 되었다. 이런 행선지는 통증을 위한 통증의 완화를 위해 시작된 호스피스 운동의 에토스와 실천에서 인생의 종말 무렵 그 최고조에 이른다.

신체적 통증뿐만 아닌 정서적 통증—"마음의 아픔"—도 성행하는 치료 문화 기구들, 특히 정신분석학과 여타 처방 언어들에 의한 개선 효과의 대상이다. 이 사회적 장치들은, 상상 가능한 것이든 그렇지 않은 것이든 무슨 수를 써서라도 소통 가능한 언어의 틀 안에서 달갑지 않은 통증의 억제를 보장해 준다.

주체성의 에토스는 행위자의 기원으로서 근대 우주론에서 최고로 군림한다. 그렇다고 하더라도 그 에토스는 상응하는 사회적 정당화 체제를 결여하고 있어서 그 자체의 진정성을 증명할 수 있는 권한이 없다. 그래서 통증의 명백한 표현을 목격한다고 해도 그 현실을 지적 언어 게임으로서 확증하는 데는 충분하지 않다. 이 언어게임은 소용돌이, 즉 그것을 넘어서면 통증 내 참된 존재에 대한 요구가 주목해 달라는 정당한 요청처럼 무효화될 수도 있는 그런 소용돌이다. 그래서 이 소용돌이에서는 훈육되지 않은 감수성의 놀라운 야만성이 제거, 억제, 묵살, 무시, 정화, 혐오 같은 모든 부인 형식들을 사용해서 회피될 수밖에 없다. 통증의 주관적 타당성에 대한 거부를 나타내는 주목할 만한 사례는 문명의 척도로서의 19세기 빅토리아식 통증 등급이다. 여기서 흑인과 인디안 같은 '미개인들'은 통증을 느끼지 못하는 것으로, 그 때문에 계층 구조의 맨 아래 동물과 아주 가까운 자리를 차지하는 것으로 여겨졌다.

무매개적 · 무계획적 주체성의 원치 않는 분출은 인류학 기계의 결점과 불통을 다시금 강조하면서 인간성과 비인간성 간 흐려진 경계를 노출한다. 특정한 정치적 환경 아래에서 인류학 기계의 작업은 어떤 모나드 양식을 위해 이원론적 또는 전체론적 자아 비유를 폐기함으로써 객체화를 실천할 때 완수된다. 이때 통증은 단호한 진정성의 신호로서 그 모나드 양식에서 삭제된다. 강제수용소와 그 공포, 특히 마취제 없이 수감자들의 신체를 대상으로 행해진 의료 실험은 피해자들을 "비인간"으로 만듦으로써 피해자의 주체성이 가해자들의 우주론에서 삭제되는 지역이다.

노년과 통증의 표시

사회적 음폐와 낙인찍기라는 비슷한 과정이 고령자라는 문맥에서 작동한다. 고령자는 시야에서 벗어난 거주지로의 은폐, 격리, 추방 같은 행위들을 통해서 사회적으로 비가시적이게 된다. 이때 그 거주지에서 미개한 자아는 어빙 고프만Erving Goffman 식으로 말하면 순수한 자유 표현의 모든 흔적이 사라질 때까지 굴욕당하고, 다듬어지고, 통제된다. 이성의 시대 야만적 짐승의 본성을 특징지으려고 할 때 치매 노인은 이런 원형의 자리에 있다.

통증과 관련한 노인의 비혼종 상태를 파악하려면, 통증의 표시를 두고 슈바이처가 한 말을 떠올릴 필요가 있다. 만성통증은 사실 많은 경우 노년 질환이지만, 노화에 "은밀한 결속"을 반드시 제공해 주는 것은 아니다. "그들 모두가 인간이 접할 수 있는 고통의 공포를 알고 있고, 또 그들 모두가 통증에서 자유로워지고 싶은 열망을 알고 있다"(Schwitzer 1998)고 하더라도, 많은 고령자들에게 만성통증은 벗어날 수 있는 무언가라기보다 세계-내-존재의 상태가 된다. 노년 들어 통증과 격통에 "눈을 뜨게" 되지만, 그와 같은 존재 상태를 뒤

집어 놓는다고 해서 어떤 치료상 목표물이 제시되지는 않을 것이다. 결국 그 제약 없는 육체성에 체현된 모든 속성들은 불가해한 근본적 타자성의 기호학 속으로 비틀거리며 들어간다. 노년의 통증은 길들일 수 있는 야만인이라기보다 잔인한 미개인이다. 그 통증은 낙인찍을 수는 있지만 길들일 수는 없다. 이런 범주 배치는 규정 불가능한 통증, 통찰 불가능한 격통, 파악 불가능한 언어 같은 일련의 애매한 약호들을 포괄한다. 치매 질환은 절대적 이해 불가능성으로 지시되거나 구성될 수 있는데, 한 사람의 정신 능력을 평가할 때는 오로지 관찰 가능한 징후적 증거만 신뢰할 수 있기 때문이다. 성찰적 담론이 부재하는 치매 환자의 모나드적 신체는 자기됨selfhood을 잴 수 있는 유일한 척도로 변모한다. 따라서 그 모나드적 신체는 통증을 비롯한 다른 헤아릴 수 없는 행동 인상들을 사색하는 누적적 자아의 권위와 저술이 알지 못하는 신체적 해석에 맡겨 버린다. 이성, 결과, 의미 등이 없는 통증은 돌연 실존의 순간적 흑점, 즉 어떤 대화적 이해도, 개입도, 공감도 청하지 않는 흑점이 된다.

다음 인용구는 양로원 현장연구를 통해서 얻은 민족지 기술이다. 여기에는 통증 신호와 치매 딱지를 묶어 놓는 결절점이 묘사되어 있다.

간병인이 거주민의 도움 요청을 '거짓 경보'라면서 무시했을 때, 이는 의심의 여지 없이 치매 환자라는 거주민의 딱지에 이바지한 것이다. 우리가 나눈 사담에서 다수의 간병인은 '치매' 거주민들과 의사소통을 할 수 없다는 데 대한 불평을 늘어놓았다. 그들은 많은 경우 '이

것을 말하면서 다른 것을 의미했다'는 것이다. 한 간병인은 자신이 '치매' 거주민(남성, 84세)과 나눈 다음과 같은 대화로 이를 보여 주었다. 이 거주민은 큰 소리로 반복해서 신음 소리를 내곤 했다. 다른 거주민들을 화나게 만들면서 말이다. 한번은, 신음 소리가 특히나 커서 간병인이 그 거주민에게 다가가 이렇게 말했다.

간병인: 당신의 울음은 모든 이들의 머리에 구멍을 냈어요. 하루 종일 당신은 울고 있어요. 당신을 그렇게나 아프게 하는 게 무엇인가요?

거주민: 없어요!

간병인: (깜짝 놀라서) 당신에게 아무런 문제도 없다면, 왜 늘 신음 소리를 내고 있지요?

거주민: 내가 할 수 있는 더 나은 일이 있나요? 아아, 아아, 아아

하지만 발전적 치매의 경우 이 요령부득의 통증 표현은 거의 탐지 불가능한 괴로움의 신호가 되어 사라져 버릴 수도 있다. 간병 문헌을 다룬 최근 보고서(McAuliffe et. al. 2009)의 주장에 의하면, 인지장애가 있는 노년층의 경우 통증은 흔히 탐지할 수도, 이해할 수도, 정확하게 가늠할 수도 없다. 치매에 걸린 연로자들의 통증은 많은 경우 탐지되지 않는다. 그들의 경우 통증을 표현할 수 있는 언어 기술을 상실했기 때문이고, 또 그 장애의 특성상 그들이 통증을 식별하기란 불가능하기 때문이다. 돌보미들이 중증 치매에 걸린 사람들의 통증을 식별하는 일은 상호작용하는 몇몇 요인들로 인해 매우 복잡하다. 여기에는 통증이 보통 만성적일 가능성, 통증을 겪는 사람이 통

증을 인식하지 못할 가능성, 사람들이 때때로 몇 가지 질환에 따른 불편을 동시에 겪을 가능성 등이 포함된다.

통증 경감이 전문 업무이자 천직인 간병인들이 그런 불쾌한 환경에서 숨겨진 단서를 찾으려면 통증 기호를 인식할 수 있는 숙고된 평가 장치들에 의존할 필요가 있다. 우리의 경우 위의 연구에서 제안한 것은 거주민의 통증–관련 행동 수행과 다른 이들의 통증 관련 행동 평가를 모니터링하는 데서, 그리고 요구와 무관하게 통증 유발 신체 암호로 인식될 수도 있는 것에 대한 전후 효과를 측정하기 위해 진통제 약물을 투여하는 데서 추정된 통증 지표를 얻을 수 있다는 점이다. 사실 시니피앙을 재생산하고 어쩌면 발명한 것은 바로 시니피에의 수완이었다.

의사소통 책무로부터의 자유는 공유 불가능한 보편자로서의 통증의 인식론에 내재하는 태생적 긴장을 해결해 준다. 설명 불가능한 것을 설명해야 할 책임이 없다면 문화적인 것의 요구와 기대에 응답할 필요도 없기 때문이다. 그래서 문화 외적인 것이 문화적인 것과 병치되지 못하면 야만인은 모든 효력을 잃게 된다. 야만인이 자족적이고 자기목적적인 내핵內核의 망각 상태로 신중하면서도 지루하게 소멸하는 것처럼 말이다. 캘리포니아의 유대계 요양원 출신으로서 내가 앞에서 인용한 바 있는 우리 응답자 겸 인류학자는, 통증의 보편적 현존과 문화적으로 특정한 그 의미 인식 사이에 존재하는 간극을 잇는 방법을 찾아냈다. 그렇지만 노년이 어떻게 해서 인간 존재의 본질과 품위 있는 인간이 되는 방법을 발견할 기회를 제공해 주는지, 그 중대한 교훈은 그리 큰 인기를 얻지 못했다. 또한 그것은 노인학자나 인류학자에게 중심적인 연구 방향이 되지도 못했다. 그 대신 인류학자들이 어떻게 해서 통증 연구보다 '사회적 고통' 연구를 더 선호하는지 검토하는 게 더 교훈적이다. 문화에 맞춰진 인류학자들에게는 문명화된 고통의 대지에 정착하는 것이 명백히 공유 불가능한 비재귀적 신체감각의 쇠우리에 갇혀 있는 것보다 더 안전한 토대다. 그러므로 통증 현상에 대한 대부분의 인류학 참고문헌들이 고통 경험의 문화 횡단적 해석 문제를 고심하는 것은 자연스러운 일이다. 고통에 대한 집착은 식민지적 죄책감에 닻을 내리고 있는 도덕주의적 가르침에 결부되어 있는 것으로서, '타자'의 목소리를 인정하겠다는 유명한 맹세를 준수하는 한편, 그와 동시에 인류학의 자기 징벌을 누그러뜨리기 위해서 촉진된 코스모폴리탄적 의제들을 이행한다. 이 점에서 통증은 고통과 정면으로 대립한다. 통증과 고문을 감내하는 신체에 대해 연구한 인류학자 일레인 스캐리Elaine Scarry(1985)의 언어로 말하면, 통증은 전前상징적이고, 언어에 저항하며, 누군가의 세계를 산산조각 낸다. 그에 반해 고통은 도덕적 질서와 대응 윤리corresponding ethics의 견지에서 사회적으로 구성되고 소통된다.

하지만 고통 개념은 통증의 대단히 난해한 은유적 정교화로 해석될 수 있다. 그것은 통증의 경계를 가로질러 아주 위험한 실존과 윤리의 지역으로 들어가는 한편, 통증을 환원 불가능한 축자성에서 해방시켜 주기 때문이다. 이는 위독한 환자들을 대상으로 한 의료적 통증 완화에서 생명정치―사회적 사망자로 여겨지는 이들이라는 다른 범주에 적용되는 생명정치―로 이동하는, 문화적으로 거침없는 외삽이다. 사회학자 샤이 라비Shai Lavi는 안락사의 역사를 다룬 연구서의 결론에서 죽어 가는 자들을 안락사 시키기와 별달리 가망 없는 자들을 제거하기 사이의 확장된 비유를 사용한다. 라비의 주장은 다음과 같다.

지금까지 살펴본 것처럼, 통증은 신체적 통증뿐만 아닌 사회적 고통까지 포함하도록 재해석되었다. 비슷한 방식으로, 가망 없음도 약간 새로운 의미를 얻었다. 그것은 이제 죽어 가는 환자의 가망 없는 상태가 아니라 오히려 부적격자, 즉 그 자신뿐만 아닌 사회에도 부담이 되는 부적격자라는 사회적 상태를 가리키게 되었다. 가망 없음은 부적격자의 전체 실존을 감쌀 정도로 확장되었고, 그래서 더 이상 인생의 마지막 단계로 제한되지 않았다. 안락사, 즉 죽어 가는 환자 문제에 대한 해결책(글자 그대로, 좋은/쉬운 죽음)으로 등장한 안락사는 통증과 가망 없음이라는 새로운 사회적 문제를 푸는 데까지 확장되었다.(Lavi 2004: 113)

이 인용문에서 볼 수 있는, 통증과 사회적 낙인 사이의 암묵적 결합은 난처한 결과를 초래하는 무제한적 은유화의 위험에 노출되어 있다. 이 위험을 외면하기 위해서 문화적 의미화의 환유 체계, 즉 신체적 고통이라는 관념과 공유된 고통에 힘입은 공동체적 유대라는 초월적 비전을 융합하는 환유 체제가 문화적으로 형성된다. 그렇게 해서 가톨릭 신앙의 사례처럼 낙인은 성흔聖痕으로 변형되고 통증은 원거리 피해자들의 고통으로 변형된다. 오늘날 지구적 세계에서 미디어가 상연하는 원거리 고통은 공적으로 추모되는 야만성의 희생자들에 대한 어중간한 공감에 탐닉하는 이들에게 어느 정도의 심리적 동일시와 도덕적 사면을 제공해 준다. 다시금, 우리는 미개인에 대한 전지구적인 탈근대적 혐오에 직면해 있지만 야만적 성향에도 직면해 있다. 그러나 고통 감각이 더 이상 원거리에 있지 않고, 그래서 공동의 속죄를 결여한 채 한낱 고뇌의 내밀한 현존이 되면, 문화적으로 인가 받지 못한 통증이 횡행하게 된다. 이런 식으로 고통은 그 상징적 포장이 벗겨진 채 딱 단지 관심끌기용 평범한 통증으로 경험된다.

고통에서 통증으로의 이런 전도된 이동으로 인해 개인은 야만인 겸 미개인, 즉 방어하기 힘든 주체성을 찬탈하도록 예정되어 있는 그 야만인 겸 미개인에 대항할 수 있는 문화적 갑옷을 빼앗긴다. 통증을 겪는 사람은 기독교로 훈육된 문명화된 야만인과 개인적으로 억눌린 야만인 사이의 선택지에 직면해서, 문화적 진통제로 향할 것인지 아니면 벌거벗은 실존의 원심력, 말하자면 모든 인류학적 이해 시도를 포기하도록 통증과 자아를 결합하는 그 원심력에 굴복할 것인지 결정하지 않으면 안 된다. 하지만 어떤 경우든 통증, 즉 불길한 야만인은 사회적으로 무장해제된 겁에 질린 피해자의 어둑어둑한 지평 위로 들이닥치게 된다.

통증의 도래가 인생을 재고하고 사회적인 것을 재조립할 기회로 전환된다면 아마도 그런 막다른 골목을 피할 수 있을 것이다. 노년의 통증의 그런 이중성을 잘 묘사한 영화가 두 편 있다. 알랭 레네Alain Resnais의 〈프로비던스Providence〉(1977), 그리고 〈야만적 침략Les Invasions Barbares〉(2003)이라는 딱 맞는 제목의 데니 아르캉Denys Arcand 작품이다. 〈프로비던스〉는 악몽 같은 기억과 신체적 통증의 끊임없는 주기적 귀환을 강조함으로써, 또한 자기 과거를 받아들이는 법을 배우는 데 실패한 채 제의받은 가족관계를 끊어 버리는 연로한 주인공의 외로움을 강조함으로써 구원 가능성을 약화시킨다. 〈프로비던스〉의 말미에 등장하는 '작별' 장면은 노인의 벌거벗은 미개한 통증을 포착한 점에서 아마도 유일무이할 것이다. 여기서 노인은 자기 친척과의 밀접한 접촉이 필요함을 충분하고도 신중하게 인정하지만, 그와 동시에 거짓된 친밀함보다 외로운 상태를 선호함으로써 자신이 세계 속에서 혼자 있음을 이해한다(Cohen-Shalev 2012: 27-39).

〈야만적 침략〉에는 이와 반대되는 실존적 선택지가 영화로 서술된다. 여기서 위독한 상태의 남자 주인공은 멈출 수 없는 통증이 난입할 때면 최후의 수난을 경험한다. 암의 "야만적 침략" 앞에서 나이 든 여자 주인공은 창의적인 전략으로 가족과 친구의 도움을 요청한다(Cohen-Shalev and Marcus 2009). 통증이 남자 주인공을 엄습할 때, 그리고 모르핀이 더 이상 도움이 되지 못할 때, 그의 정부情婦들 가운데 한 명의 딸(마약중독자)이 그를 도와줄 여주인공을 구하는 데 동의한다. 그는 메멘토 모리memento mori라는 사회적으로 격려된 순간을 조성하

기 위해 과거와 현재의 일가친척들을 소집함으로써 자신의 사라져
가는 일생을 지속적 순환으로 바꾸어 놓는다. 이렇게 통증에 맞선
패배한 전투에서 최후의 방어막을 제시하는 식으로 말이다. 이때 통
증이란 누군가의 삶의 환희joie de vivre를 지원하면서도 중단시키는 사
회적 결속에 의해 (간혹) 길들여질 수 있는 그런 야만적인 것이다.

문화 외적인 것 다시 불러들이기

노년의 언어, 통증의 언어, 홀로코스트의 언어, 자폐증의 언어는 모두 경험의 표현 수단이라는 서구의 중년기적 언어 관념에 저항한다. 그 언어들은 문화 외적인 것, 격리된 것, 따라서 형언 불가능하고 사회적으로 침묵하는 것으로 간주되기 때문이다. 그러면 우리들, 즉 그런 비혼종화된 섬들에 민감한 인류학자들은 우리 글로벌 사회의 그런 문화 외적 요소들을 어떻게 다루어야 하는가? "말할 수 없는 것에 대해서는 침묵해야 한다"는 초기 비트겐슈타인식 명제처럼, 우리도 침묵한 채 있어야 하는가? 아니면 언어, 사유, 세계가 모두 동형同形이라는 유력한 생각을 궁극적으로 포기해야 하는가?

해석학적 해석에서 늘 문제가 되는 것처럼, 언어는 그 자체의 한계를 넘어서게 되면 무의미함의 위험에 처한다. 그로 인해 비트겐슈타인(1988)이 후기 철학 논고에서 탐구한 두 번째 선택지는 언어의 다원성 또는 언어게임을 인정하는 것이었다. 말하자면, 말할 수 없는 것, 말로 바꿀 수 없는 것을 인정하고 무의미한 것을 받아들이는 법을 배우는 것이다. 주장컨대, 침묵으로 무시하기라는 첫 번째 선택지는 탈근대사회와 탈근대 인류학에서 이미 너무나도 많이 사(남)용되었다. 비혼종에 대한 묵살은 정치적으로 옳은 것을 위한 주요 정치적 교정책이 되었다. 그러므로 우리가 탐구해야 하는 것은 바로 두 번째 선택지다. 하지만 어떻게?

재현으로서의 언어라는 이미지는 전통 철학 전체의 기저에 있다. 그러나 비혼종의 인류학을 생각하는 새로운 방식을 위해서는 그 이미지를 피해야만 한다. 우리는 우리의 해석학적 해석을 재현으로서의 언어 패러다임에서 사용use으로서의 의미 표상 패러다임으로 옮겨 놓을 필요가 있다. 예를 들어, 고령자들의 '언어게임'은 그들의 인생 경험, 즉 신체적 기능 장애, 심리적 노쇠, 계획성 결여 등으로 (중년기 학술 언어로) 기술되는 인생 경험에 여전히 응답할 수 있다. 그래서 다른 형태의 인식과 구별되는, 그런 인생 경험에 관한 지식 내용은 제4의 인생의 일부, 즉 '다른-현명한other-wise' 인격체의 표현이 된다(Mitchell, Dupuis, and Kontos 2013). 이 논의의 효과는 어디서나 발견되는데, 반反언어를 정립하려는 시도로 계획된 주변부 학술 영역이 그 증거다. 즉, 치매란 문화적으로 구성되고 그래서 생애과정에 완전히 동화될 수 있다고 보는 견해다(Cohen 1998; Lock 2013).

재현으로서의 언어 패러다임의 지배를 전복할 하나의 중요한 방식으로는 모든 재현 형태들을 뒷받침하는 권력관계를 인식하는 것이 있다. 고령자들이 발화의 한계와 신체의 경험 사이에 사로잡혀 있는 의식 상태로 구성되어 있을 때, 그들은 '문명화 과정' 너머에 있는 존재로 추정된다. 한편으로 안락사, 배제, 기피 등의 후보자, 즉 비가시적 불가촉민인 고령자는 동시에 생명정치적인 것의 획일화하는 힘에 예속되어 있다. 고령자의 생명정치적 재현은 '침대와 바

디 워크', 일상생활동작학activities of daily living,[1] 검사, 그리고 기타 극단적 물질성의 휘장으로 이루어져 있다. 어떤 대화 교환의 여지도 남겨 두지 않으면서 말이다. 그 대신 의사소통은 희미한 목소리, 대응 시선, 형식적 승낙으로 간주되는 단순한 침묵, 미약한 반발, 가면무도회 등으로 축소된다. 그로 인해 고령자는 체현 없는 신체, 말하자면 은유를 결여하고 상징 가치를 강탈당한 축자적 신체, 규범 삭제와 경험 부정의 장소, 생존 양식보다 실존 조건을 암암리에 협상하기 위한 지반이 된다. 이때 실존 양식이 순간을 포획해서 보존한다면, 생존 양식은 미래의 비오스—즉 사회적인 것에의 재참여—를 위해서 벌거벗은 생명을 잠시 유예한다. 이 점에서 늙은 노인은 포로, 사형수, 환자 등 그 운명이 아직 뒤바뀔 수도 있는 사람들과 극적으로 구별된다.

기억해야 할 것은, 벌거벗은 생명의 언어란 우리 지배적 재현 언어의 전도—비은유적이고, 비장식적이고, 직설적이고, 퉁명스럽고, 빈약한 언어—라는 사실이다. 이 언어의 시간은 "너무나도 짧고 너무나도 순간적이어서 경험하거나 관찰할 수 없다"(Lash and Urry 1994: 242). 이 언어는 복잡함과 화려함을 피하고, 모국어의 상징적 편성과 달리 발광 기호emitting signs, 즉 명료한 대상 정보를 지닌 별개의 단위들로 이루어진 그 기호에 몰두한다. 개인적 해석과 주관적 의미는

---

1 식사하기, 옷 입기, 단장하기, 화장실 가기, 목욕하기 같은 일상생활에서 신체적·인지적·심리적 기능 손상으로 인해 발생하는 문제들의 치료법을 연구하는 학문.

그런 신호 행위들의 효과적 전송에 부적절할 뿐만 아니라 잠음이 섞이지 않은 명료한 수신을 방해할 수도 있다. 개별 주체성의 근대적 에토스는 벌거벗은 생명의 기호들을 경제적으로 보편화하고 전형화해야 한다는 요구, 다른 식으로는 전혀 파악할 수 없는 순간을 소집하기 위한 소음 없는 단선적 시스템을 제작하려면 그렇게 해야 한다는 요구를 방해할 뿐이다.

벌거벗은 생명의 직접적 복지에 실용적 가치가 없는 것은 그것이 무엇이든 묵살된다. 지적 의사소통을 위해서 남아 있는 것은, 최소한의 위험 감수와 흥정만으로도 손쉽게 합리적으로 이해하고 응답할 수 있는 신호들의 목록이다. 이 신호들의 목록이 없다면, 오해로 인해 돌이킬 수 없는 손실이 발생할 수 있다. 다음 순간이란 결코 오지 않을 수도 있기 때문이다. 그러므로 장기적 균형, 또는 위험 대 가능 이득은 직접 수익immediate returns이라는 가성비 방정식으로 미리 계산할 수 있는 게 아니다. 그저 순간 속 실존이라는 단기적 목적을 위해서 그리고 다른 문제들을 단념하기 위해서 벌거벗은 생명의 경험을 명료하게 표현할 때, 사회적인 것은 전혀 중요하지 않게 된다. 바우만의 책 제목(2004)을 활용하자면, "쓰레기가 되는 삶들"은 자신들의 실존을 지키기 위해서 과도한 에너지를 쏟아붓거나 잔여 자원을 저장할 수 없다.

서론에서 나는 의료화와 혼종화라는 차등화·단계화 과정을 비혼종들에 적용할 때 발생하는 문제란 번역의 문제라고 주장했다. 이 차등화·단계화는 서구 중년기 문화의 강한 언어로 수행되기 때문에 번역 대상들을 한층 더 음폐하고, 멀어지게 하고, 묵살한다. 우리는 다음과 같은 비판적 질문을 다시 제기해야 한다. 우리가 그런 치명적 '타자들'의 묵살된 목소리를 들을 수 있는지, 어떻게 들을 수 있는지, 그리고 우리가 그런 본질적 야만인들의 진짜 색깔을 볼 수 있는지, 어떻게 볼 수 있는지 말이다. 이를 위해서 우리는 우리 자신의 조사 범위를 변경할 수 있어야 한다. 참된 혼종화는 상호변형에 관한 것이다. 하지만 실제로 혼종성은 보통 시스템, 법인, 제도 등을 겸비한 자본주의 사회의 (정치적·의료적·자유주의적) 권위와 헤게모니 시선을 동반한다. 생명정치의 지배는 많은 경우 생명사회성의 전망을 가려 버린다.

　우리는 대인지각對人知覺[2]에 관한 우리 사회의 스테레오타입, 게슈탈트, 스키마 등에 사로잡혀 있다. 이 해석학적 단언에는 어떤 새로운 것도 없다. 하지만 우리가 비혼종과의 유산된 의사소통이라는 사회적 난국 속에 손을 넣으려고 한다면, 또한 그 너머에 도달하려고 한다면, 그 근시안적 해석학은 피할 수 없는 문제가 된다. 이는 우리의 제1원리에 관한 사유, 그리고 우리의 전제에 대한 검토를 요구한다. 우리는 우리 세계관을 뒤흔들어 놓을 필요가 있다. 간결한 역설적 진술이나 물음을 초심자용 명상훈련법으로 사용하는 선불교나 선종禪宗의 (일본어로) 코안koan 또는 (중국어로) 공안gongan처럼 말이다. 코안을 '푸는' 노력은 분석적 지성과 이기적 의지가 소진되

2　외모나 언행 같은 정보들을 통해 상대방의 심리 상태나 사회적 상태를 판단할 수 있는 능력.

도록 의도되어 있다. 정신이 규범적 이원론을 넘어서는 적당한 대답을 즐길 준비를 하게 하면서 말이다. 이 양식의 특징적 사례는 다음과 같은 잘 알려진 코안이다. "소리는 양손이 부딪힐 때 난다. 한 손으로 박수를 치면 어떤 소리가 나는가?"

혼종과 본질이라는 규범적 이원론/이분법 너머 비혼종의 세계에 도달하려고 한다면 이런 역설을 통해서 작업을 해야만 한다. 예를 들어, 우리는 노인이 사회적 답보 상태로 인식되고 있음을, 그러나 노인의 삶에서 발생하는 변화란 비정상적일 정도로 급속하고 극단적임을 이해해야만 한다. 그렇다면 우리는 노년기에 어떤 변화가 일어나는지 자문해 볼 필요가 있다. 그런 변화가 그러나 우리 자신의 중년기 세계와는 전혀 다른 시공간 현상학에서 일어남을 이해하는 일은, 어떤 세계를 일별하는 데 늘 충분하지는 않겠지만 반드시 필요한 발걸음이다. 이 세계에서는 공간이 에워싸면서도 축소되는 것과 똑같이 시간도 가속하면서 느려지고, 압축되면서 연장되기 때문이다.

우리는 더 나아가 비혼종들이 만들어 내는 파편화된 발언들에 서사가 있음을 기억해야 한다. 마찬가지로, "한 손으로 박수를 치면 어떤 소리가 나는가?"라는 잘 알려진 구절은 별개의 수수께끼가 아니라 오히려 문제의 일환이다. 샤프Sharf(2007)의 주장에 의하면 이런 서사 내장형 질문, 즉 서구 학자들과 열성 신자들이 갑작스런 깨달음을 줄 수 있는 일견 무의미한 도발로서 오랫동안 이해해 온 그 질문은 사실,

지식의 우발성, 해석의 변덕스러움, 재현의 본성 같은 신학적 또는 철학적 문제들을 파악하고 해결하는 방법을 가르치기 위한 매우 체계적인 접근법의 일부다. 우리 접근법과 마찬가지로, 그 접근법은 언어 상대주의에 관한 보다 광범위한 서사였다. 말하자면, 시니피앙과 시니피에, 우발적인 것과 절대적인 것, 또는 불교의 모티프를 사용하자면 손가락과〔손가락이 가리키는〕달 사이의 간극에 대한 파악이다.(Sharf 2007: 214)

영국에서 수행된 조사에 따르면, 몇몇 노인들은 요양원에 들어가면 더 이상 자신을 위한 차 한 잔도 준비할 수 없게 될 것이라며 요양원 입원을 거부했다(Hazan 1987). 분명한 것은, 노인들이 요양기관에서도 확실히 할 수 있을 차 마시기를 언급했던 게 아니라는 점이다. 노인들은 기관에 들어가면 문화적 안식처라는 최후의 사적 영역을 빼앗기게 되리라는 점을 내비쳤던 것이다. 이는 습관과 버릇이 개인을 과거와 미래에 연결하는 데 소용됨을 시사한다. 연로한 사람은 끊임없는 반복을 통해서 과거를 재상연하고, 그래서 정체성을 유지·강화함과 동시에—변화 또는 쇠퇴에 다가가기를 거부하면서—상징적으로 "시간을 포획한다". 차 끓이기 같은 행위의 반복적 수행은 불변하는 현실에 기반한 안전의 감각을 만들어 낸다. 차 마시기라는 단순한 행위는 동일했던 것, 동일한 것, 동일하게 남을 것을 암시함으로써 시간의 행진을 멈추게 하는 데 소용된다. 간혹 그 행위는 또한 빈 컵으로 차 마시기가 되기도 한다. 이와 유사한 단편적 서사들이 자폐아, 통증을 느끼는 사람, 홀로코스트 생존자 등과의 단절된 의사소통에서 분명해질지도 모른다.

맥과이어와 미칼코McGuire and Michalko(2011)가 최근 주장한 것처럼, 자폐증을 있는 그대로 이해하려면 우리는 당연시되는 중년기적·신경전형적 '정신 이론'을 포기할 필요가 있다. 자폐증을 치유/예방이 필요한 문제로뿐만 아니라 세계-내-존재의 방식—상호주체성, 그리고 우리와 타자의 관계에 대한 가르침을 줄 수 있는 방식—으로도 이해하기 위해서 말이다. 그렇게 하기 위해서,

'타인의 마음을 읽지 못하는 병mindblindness으로서의 자폐증' 이야기 쪽으로 방향을 틀 필요가 있다. 이해하기 어려운 유전적 장애의 해법과 관련한 개인적 이야기로서가 아니라 그 자체 이해하기 어려운 의문의 공간으로 실존하는 사회적 이야기로서, 즉 어떤 해법도 없는 수수께끼로서 말이다. 이런 해석 행위는 자폐증에 공간을 개방한다. 이는 식별 가능하고, 인식 가능하고, 치료 가능한 어떤-신체some-body로서가 아니라 오히려 파국적이고 이해하기 어려운 의문의 공간이고, 그래서 이론화해야 할 공간, 가르침의 공간, 계속해서 다시금 돌아오게 될 공간이다. (McGuire and Michalko 2011: 175)

이 책은 또한 내가 '제4의 공간'이라고 불렀던 어떤 공간, 즉 계속해서 다시금 돌아오게 될 공간을 개방하려고 했다. 비혼종과 그 사회문화적 환경 사이의 경계는 지형적인 것도 개인적인 것도 아닌 개

넘적인 것이다. 비혼종의 '제4의 공간'에서는 시간이 멈출 수 있고, 신체가 정신과 분리될 수 있으며, 삶이 죽음과 만날 수 있다. 이 공간은 어떤 방향이나 지향이 아니라 세계의 본성과 그 질서에 관한 끊임없는 당혹스러움만 안겨 줄 뿐이다. 이는 미래 없는 우주, 즉 자원들이 어떤 목표를 향해서 결집하지 않는 우주다. 비혼종이라는 현실에서는 자원들의 조직이 그 자체의 규칙에 지배되기 때문에, 자원들의 대인관계 구조도 '정상적' 관계와 질적으로 다를 것임을 예상할 수 있다. 다른 말로 하면, 비혼종이 유일무이한 문화적–상징적 공간을 점유한다는 논의는 그런 비혼종들이 자기 세계를 구성하는 방식에 의해서 확증되어야 한다.

그러면 당황스러운 침묵의 순간, 그리고 문화 외적 비혼종들과의 의사소통 오류의 순간이 언젠가는 공감의 순간으로 전환되는가? 아감벤의 무젤만 논의는 우리의 표준적 도덕 범주가 불충분함을, 그리고 고통 그 자체를 목격하고 또 거기에 참여하기에 더 나은 새로운 윤리적 자세가 있음을 보여 준다. 레비나스Levinas(1998)는 그와 같은 순간에 우리가 상대방 주체성의 수수께끼와 접촉하게 됨을 강조함으로써 그 논리를 발전시켰다. 하지만 타자 주체성을 '가정할 수 없'다면, 다시 말해 타자 주체성을 다른 공간, 시간, 의미 변수들—제4의 공간 변수들—로 규정한다면, 그런 접촉이 이루어질 수 있는가? 레비나스는 다른 사람이란 언제나 '타자'라고 주장했다. 나의 이해나 지각에서 그 또는 그녀는 나에 의해 전유될 수 없다는 근본적 의미에서 말이다. 버틀러Butler 식으로 말하면, 타자는 나the I에게 초과

an excess, 즉 달갑지 않은 초유동성으로서 다가온다. 뜻밖의 놀라움, 늘 우리 너머에 있는, 늘 "여전히 알지 못하는 그 무엇으로서"[3] (Butler 2004: 49). 이는 '제4의 공간'에 접근하기에 적절한 출발점으로 보인다. 내가 타자들을 선先규정된 범주들 속에 넣어서 분류한다면, 그리고 타자들을 오로지 그 분류법에 의해 구조화된 것으로 이해한다면, 이 때 나는 비윤리적으로 행동하는 것이 된다. 내가 '타자들'을 향해서 선택하지 않으면 안 되는 윤리적으로 적절한 처신이란 그들의 수수께끼를 그대로 두는 것인가? 아니면, 더 나쁘지만 도저히 이해할 수 없는 그런 자세는 도덕적 탈참여와 그에 따른 무관심으로 이어지지 않겠는가?

　알츠하이머 환자의 좀비 비유로 돌아가보면 '제4의 공간'을 혼종화할 수 있는 흥미로운 선택지를 얻을 수 있다. 베후니악Behuniak(2011: 87)이 주장한 것처럼, 좀비 은유를 약화시키는 하나의 방식은 인기 있는 좀비들에 대한 전문가가 되는 것이다. 좀비에 관한 대중적 묘사는 좀비가 누구에게도 감정을 느끼지 않는다는 것이다. 좀비는 어떤 종류의 인간적 관계나 인간적 감정도 전적으로 결여할 만큼 독립해 있다. 반면, 고령자, 알츠하이머 환자, 자폐증 환자, 만성통증 환자 등은 다른 사람들에게 의존하고, 그래서 감정적 반응을 이끌어 내고 또 그것을 경험한다. 어려운 문제는 듣자 하니 그들의 의존성을 동정과 존중에 기반하는 방식으로 구성하는 데 있다. 이는 아

3　주디스 버틀러, 《위태로운 삶》, 윤조원 옮김, 필로소픽, 2018, 86쪽.

주 평범하면서도 지극히 철학적인 물음들로 압축되는 과제다. 우리는 다른 언어, 즉 다른 현상학에서 유래한 언어로 발화하는 타자들에 귀 기울일 수 있는가? 우리는 인내심과 공감을 갖고 타자들에 귀 기울일 수 있는가? 이 과제는 '의존성'을, 즉 견디기 어려움, 행위자의 결여, 열등한 힘 등을 함의하는 '의존성'을 사람들 사이의 유대감을 지지하는 '의존성'으로 전환할 것을 요구한다(Fine and Glendinning 2005).

베후니악(2011: 88)은 '소수자화' 관점을 '일반자화 관점'으로 대체하면 좀비 은유를 축출하는 데 도움이 될 수 있음을 주장한다. 노년, 자폐증, 통증, 홀로코스트 등의 인류학은 인류학의 형성기적 질문, 즉 우리와 그들을 인간으로 만드는 것은 무엇인가라는 질문으로 돌아가야만 한다. 그 대답은 언젠가 예상했던 것처럼 단 하나도 아니고 그리 빈약하지도 않을 것이다. 오히려 그것은 '제4의 공간'의 목소리들을 포함할 수 있도록 우리의 인류학적 시각을 확장시켜 줄 것이다. '제4의 공간'을 혼종화하는 여정은 그 본질적 일반성을 깨닫고 받아들이는 데서 시작된다. 예를 들어, 그런 깨달음은 노년의 알츠하이머와 치매를 불운한 몇몇 사람들의 질병이 아닌 우리 모두에게 발생하는 질병으로 이해해야 함을, 때로는 '사회의 알츠하이머화'(Gilleard and Higgs 2000)로 부르기도 해야 함을 인정한다. 이는 좀비 학문에서 정말로 울려 퍼지고 있다. 이는 "글자 그대로의 의미에서 우리 모두는 살아 있는 존재로서 '언데드Undead'다"(Greene and Mohammed 2006: xiii)라는 간결한 논의에서 포착할 수 있다. 그렇다면 '제4의 공간'에 있는 이들에 대한 사회의 동정적 대응은 유사한 발병자들에 한정되어서는 안 되고, 전 사회를 포괄할 정도로 확장되어야 한다. 이런 식으로 '혐오의 정치학'(Nussbaum 2010)이 '인간성의 정치학'으로 대체되리라는 희망은 너무 낙관적인가?

모든 역경에 맞서는 인간성은 분명히 문화 외적 공간들의 문화를 인식하는 데 핵심이다. 주체성을 결여한 탈인간화된 범주들에 내장되어 있는 견고한 타자성이라는 난공불락 요새의 현존은 기운 넘치는 지구 한가운데 서 있다. 이 현존은 생성으로서의 삶이라는 근대적 구상, 그 때문에 활기 없어 보이는 것을 비인간으로 만드는 근대적 구상에 도전한다. 노화를 인간적 특질의 상실 과정으로 절대적으로 파악하게 되면, 노화는 인간적 연약함human fragility이라는 이미지를 부여받게 된다. 이런 의미에서 종말을 눈앞에 둔 노년은 다른 모든 부서지지 않는 '타자들'의 원형 역할을 한다. 이 '타자들'의 타고난 매개변수는 시간적인 것에서 공간적인 것으로의 변형, 순차적으로 플롯화된 삶에서 여기-지금의 실존으로의 변형, 그리고 상호 책임 체제 형식의 도덕적 의무에서 그런 책무를 벗어난 자유로의 변형을 의미하기 때문이다.

이런 인식 불가능성의 영토들은 경험 공유를 거부당하고 상응하는 윤리적 약호를 결여함으로써 감각과 감수성, 이해와 설명, 자기 정당화와 타고난 의미 등의 죽음이 된다. 그 영토들은 무시당하거나 파괴당한 채, 기피당하거나 예속당한 채, 우리 의식의 변형 메커니즘을 망가뜨리고 역동적 시간성의 끊임없는 생산과 재생산을 중단시키는 저지력으로서 우리 의식을 괴롭힌다. 이는 깨끗하고 순수한 죽음 개념이다. 또 다른 물리적 또는 형이상학적 생명의 보존, 기억, 전환, 약속 등의 감각을 체현하고 있는, 문화적 부담을 진 죽음 재현과 달리, 치명적 타자의 영역은 생명의 비타협적 소멸이다. 그렇지만, 역설적이게도 신체는 치명적 타자성의 절대적 철창에서 풀려나면 인격체, 주체성, 승인된 행위자 등을 다시 물려받는다. 통증 탈출, 무젤만의 부활, 생명을 위협하는 질병으로부터의 회복, 전반적 발달장애 스펙트럼 위에 자리잡기, 초고령에 뒤이은 사후 기념행사 등이 이에 해당한다. 이 모든 사례에서 재인간화가 일어난다. 말하자면, 말소된 공간 범주로의 귀속에서 주관화된 시간 현상으로 전도된 변형이 일어나는 것이다.

"지금 나를 보고 있죠, 이제 안 보일 것입니다"라는 이 변덕스러운 마법은 모든 비혼종들의 예측 불가능한 일시적 성격, 그리고 다음에는 인간으로 여겨지는 존재의 위태로움을 암시한다. 문화 외적인 것에 의한 잠식의 위험은 사실 지구화 시대 일상생활의 '자연스러움 naturalness'이라는 지평에 쉴새없이 등장한다. 상승일로에 있는 보편적 문화계라는 거짓된 확실성을 가정하는 바로 그 지평에 말이다. 생물학적 죽음과의 마주침은 근대 의료 테크놀로지가 종말을 정복할 정도까지 제공해 준, 인간성의 혼종적 안드로이드화라는 점증하는 약속을 통해서 다룰 수 있다(Kurzwiel 2006). 그렇지 않으면, 상징적 불멸성이라는 아주 오래된 문화적 기법에 의거해서 다룰 수도 있다(Lofton 1983). 한편, 치명적 '타자들'의 행성에 소속됨이라는 상태는 그 내부에 있을 때 상호작용, 협상, 구원 등을 넘어서게 된다. 이 공통분모는 그런 모든 별개의 비혼종 상태들을 함께 모을 수 있게 해 주는 필연적 근거다. 하지만 문화 외적인 것의 문화라는 개념을 유효한 분석 도구로서 활용할 때, 이를 정당화하는 충분한 해석 모델을 제공해 주는 것은 일반적 규칙의 해명이 아니라 다양성 논리의 해명이다.

이 책은 비혼종으로 설계된 것들의 실질적 포기와 상징적 포기, 그리고 비혼종의 번역 불가능한 경험에서 의미를 발견하려는 시도의 포기에 대해 매우 비판적인 것으로 보일 수 있다. 사실 '촉진된 의사소통' 시도는 때때로 진부하거나 유치한 일이 될 수도 있고, 그렇지 않으면 전혀 다른 경험에 중년기 범주들을 부과하는 일이 될 수도 있다. 이 맥락에서 보면, 아무리 어렵고 불완전하다고 해도 이 책이 대화를 옹호하는 것은 헛되고 불만스럽게 보일지도 모른다. 거칠게 말해서, 초고령 또는 자폐증 환자를 비혼종, 즉 근본적 '타자'로 구성하는 논의는 자멸적인 것일지도 모른다. 그런 논의는 자신이 반론을 제기하는 바로 그 포기에 도움이 될 수 있다. '탈참여 이론', 즉 사회에 대한 연로자의 탈참여를 옹호하는 학술적 시각이 이를 잘 입증해 준 바 있다.

다른 한편, 정반대 자세, 즉 테렌스Terence의 말 "나에게는 어떤 인간적인 것도 낯설지 않다"의 이런저런 판본에 기초해서 대화를 모색하는 정반대 자세는 손쉽게 과잉단순화될 수 있다. 어떻게 이런 줄타기를 할 수 있는가? 이 책의 목적은 안내가 아닌 논쟁 역할을 하는 데 있다. 하지만 '사용 의미meaning in use'를 기술하는 비트겐슈타인식 처방으로 끝맺는 것 역시 너무나도 쉬운 일이다. 그러므로 내 비판이 의미하는 구성적 변화에 대해 간단히 말하겠다. 지침이 되는 물음은 다음과 같다. 우리는 노년, 홀로코스트, 자폐증 등을 어떻게 별도지만 공동으로, 상대주의적이지만 지구적으로 연구할 수 있는가?

인류학자들은 구성된 것이 본질적인 것과 만나는 경계 지대로 들어가야 하지만, 서구적·중년기적·신경전형적 사회의 시선 담지자로서 들어가서는 안 된다. 청취하는 데서 시작한다면 우리가 배울 것도 말할 것도 항상 더 많이 있다. 혼종화된 비혼종성이라는 간극에서 작업하는 인류학적 번역은 응답자를 중개인으로 전환시켜야만 한다. 초기 치매 환자, 고기능 자폐 스펙트럼 장애 환자 등 세계들 사이에 현상학적으로 존재하는 사람들 한가운데서 더 경험적인 연구를 수행함으로써 말이다.

예를 들어, 많은 환자 단체들은 활동가, 친척 겸 보호자, 환자/장애인, 임상의 등으로 편성되어 있고, 그래서 그 자체로 이질적 요소들이 모인 '아상블라주들assemblages'이다. 이 환자 단체들은 보통 자신들의 자율성과 더불어 환자들의 최고 관심사를 대변하는 것으로 간주된다. 어떤 경우에는 내적 갈등이 있어서 (환자 친척들-보호자들이 설립한) 환자를 위한 단체와 (환자들이 직접 구성한) 환자들의 단체가 갈라서기도 (재결합하고 연결되기도) 했지만 말이다.[4] 자폐증, 알츠하이머병, 난청, 정신병 등의 맥락에는 잘 알려진 사례들이 존재한다. 내가

---

4 [원주] 환자 단체와 자기 변론에 대한 이 언급은 아비아드 라즈Aviad Raz와의 대화에 기반한 것이다. 아비아드 라즈는 실케 쉬크탄츠Silke Schicktanz와 함께 조직된 환자들의 헬스케어 참여에 관한 연구 프로젝트를 수행하고 있다.

이미 논의한 것처럼, 자폐증의 자기 변론 작업은 많은 부분 가상의 무대에서 벌어진다. 그리고 자폐증 스펙트럼 커뮤니티의 많은 구성원들은 자폐증 '치료' 관념, 즉 자폐아 부모들이 설립한 유명한 "이제 자폐증을 치료하자 재단"으로 체현된 바 있는 그 관념을 비판한다. 자폐증 환자들은 이런 '신경전형적' 캠페인과 장소의 존재 자체를 지극히 모욕적인 것으로 인식한다. (대문자 D가 붙어 있는) 귀머거리Deaf—수화라는 대안적 의사소통 형식 위에 건립된 문화—를 옹호하는 청각장애자들과 똑같이, 자폐증 환자들은 차이의 인정을 요구하기 위해서 인터넷 의사소통을 활용한다(Padden and Humphries 1988). 이 자기 변론을 청취하는 것이 비혼종 인류학을 위한 출발점이 될 수 있다.

이미 논의한 바 있는 알츠하이머병(AD)은 재현과 변론의 문제를 다루기에 아주 적절한 또 다른 영역이다. AD를 위한 변론은 AD의 생체의학적-질병 모델의 명성을 반영하면서 친척들-보호자들에 의해 주도된다. AD 협회들, 즉 그 회원 다수가 친척들인 그 협회들 역시 환자들의 자력구제 집단들로 이루어져 있음에도 말이다. "국제 치매 변호 및 지원 네트워크International Dementia Advocacy and Support Network" 회원의 약 3분의 1은 치매 자체를 앓고 있다(www.dasninternational. org). 이 AD 운동은 환자들보다 보호자들이 시작한 것이었고, 원래 보호자들을 위해서 계획된 것이었다(Beard 2004). 하지만 오늘날 AD 협회들은 보호자들과 환자들의 조직임을 공개적으로 인정한다. 이는 그 협회들의 대의라는 견지에서 혼종화 과정을 잘 보여 준다(O'Donovan, Moreira, and Howlett 2013).

진행 단계의 AD 환자들, 즉 자기 변론과 자기보호가 불가능한 것으로 간주되어 온 환자들과 나란히, 이 질병의 초기 단계 환자들과 심지어 임상전 단계 환자들도 건강권 행동주의health activism에 참여한다. 그들은 흔히 치매 진단을 수반하는 사회적 시민권 박탈에 맞서 싸우기도 한다. 독일에는 알츠하이머병을 위한 협회와 나란히, 초기 단계 치매 환자들의 협회도 있다. 초기 단계 치매 진단이 더 이해하기 쉽고 정교해지면서, 그리고 임상전 알츠하이머 환자 수가 증가함에 따라(이는 알츠하이머 환자를 가리는 아포에apoe 유전자 검사의 결과이기도 하다), 자기 변론에 대한 논의는 급증할 것으로 예상된다. 몇몇 AD 협회들은 형식적 의사결정 구조 속에서 치매 환자들을 포함하는 쪽으로 움직이고 있지만, 다른 협회들은 그렇지 못하다(O'Donovn et al. 2013).

환자–역량 강화 운동patient-empowerment movement이 점차 생체의학 모델에 대한 대안적 세계관을 제공하면서, 또한 '질병'이 연대와 정체성의 원천으로 재구성되면서, 과거 비혼종적이었던 이 의미 지대는 민족지 연구에 개방된다. 우리가 환자 단체라고 부르는 몇몇 단체들은 '환자'라는 바로 그 명칭을 두고 논쟁을 벌일 수도 있다. 미래의 연구는 자폐 스펙트럼을 재전유하고 있는 전반적 발달장애 스펙트럼 장애 환자들과 역시 자폐 스펙트럼을 재전유하고 있는 치매 스펙트럼 장애 환자들 사이의 유사성을 드러내 줄 수도 있다. 이런 의문들은 노쇠함, 취약성, 사회적 참여 등의 맥락에서 피할 수 없는 문제이고, 그래서 통합 사회를 위한 윤리적·사회적·정치적 난제들을 끊임없이 제시한다.

그리하여 공통언어를 건립하기 위한 비계는 초고령의 문맥(Hazan 1980, 1996, 1998)에서, 자폐증의 문맥에서(Eyal et al. 2010), 이 책에서 논의한 다른 경우들의 문맥에서 탐구되어야 할 것이다. 그 비계는 자기 변론에 의한 1인칭 서사의 형식을 취할 수도 있다. 또는 급진적 번역 radical translation[5]의 실천과 공동 체현joint embodiment의 실천이라는 형식, 또는 어떤 치료와 보철 장치의 형식을 취할 수도 있다. 그렇다면 이런 형식들이 언제 비혼종의 근본적 타자성과 관계를 맺게 되는지, 아니면 그 형식들이 언제 한낱 사육의 형식에 불과하게 되는지 어떻게 알 수 있는가? 이는 분명 자기 변론가들과 타자들 사이에서 벌어지는 큰 논쟁거리다. 이는 번역, 환경세계umwelt, '참여 관찰' 등이 지닌 오래된 해석학적 딜레마다. 철학적으로 말하면, 나의 변론은 능동적 청취에 초점이 맞춰져 있다. 구체적 수준에서는 비계, 말하자면 좋든 나쁘든 보호자, 전문적 학자, '촉진된 의사소통' 등을 포함하는 어떤 종류의 번역 장치들이 존재할 것이다. 이 책은 실천적 세부 사항까지 다루지는 않는다. 이 책은 연구 보고서가 아니라 비교민족지적 설명cross-ethnographic account이기 때문이다. 그렇지만 이 책이 그런 연구를 고무하고 조장하기를 희망한다.

타자들의 혼종 지대에 존재함과 익숙한 것의 생애과정에 거주함 사이의 차이를 건드릴 수 있는 유일하고도 공공연한 척도는 전자의

---

5 미국 철학자 콰인Willard Van Orman Quine의 용어. 언어학자가 그 자신의 언어와는 무관한, 전혀 모르는 언어를 번역하려고 시도하는 상황. 그로 인해 주변 환경과 관련해서 오로지 발화자의 관찰된 행동에만 의존할 수밖에 없는 상황을 가리킴

(비)가청성과 (비)가시성이다. 그 때문에 우리가 면밀하게 검토해야 할 것은 바로 비-의사소통non-communication이라는 가는 선이다. 그런 의미에서 낭랑한 침묵들의 다양성은 혼종과 비혼종을 구분하는 경계의 다양한 형식들을 구별하기 위한 색인 역할을 할 수 있다. 언급한 침묵의 종류는 무언의 웅변을 하는 유형의 것, 즉 말없는 표현 형식이 아니다. 그것은 서발턴의 목소리에 대한 식민적적 억압도 아니다. 오히려 그 침묵은 이을 수 없는 간극에 따른 의도치 않은 귀결, 즉 혼종 의식의 문화 지체로 인해 일방적으로 생산된 의도치 않은 귀결이다. 이를테면, 교환과 대화의 가능성이 고갈된 어떤 공백인 것이다. 문화 외적 적막함을 생산해 내는 상이한 수단들은 다양한 비혼종 표시들에 맞춰서 사용될 수 있다.

그래서 전-문화적 통증 소리는 문화적으로 이해 가능한 표현으로 바뀌게 되거나, 아니면 침묵하게 되거나 무시당하게 된다. 탈문화적 강편치를 맞은 홀로코스트 생존자들의 목소리는, 치료로 관리되는 외상의 증거나 정체성 정치학의 보강증거補强證據로 가공되지 않는 한 형언 불가능한 것으로 간주된다. 유일무이한 자폐적 세계관은 '정상적' 또는 신경전형적 의식관들로 이루어진 세계로의 규제적 변형을 겪는다. 그리고 고령자들의 자기지시적인 환유적 언어는 자명한 횡설수설로 오해된다. 지구적 번역 가능성이 여전히 임시값the nonce의 무의미에 비해 우세함에도 불구하고, 파괴 불가능한 것들의 암류暗流는 편재하는 가변성이라는 명민하고 자신만만한 외관의 토대를 계속해서 훼손한다.

참고문헌

Agamben, G. (1998) *Homo Sacer: Sovereign Power and Bare Life*. Stanford: Stanford University Press.

Agamben, G. (2004) *The Open: Man and Animal*. Stanford: Stanford University Press.

Agamben, G. (2005a) *Remnants of Auschwitz: The Witness and the Archive*, trans. D. Heller-Roazen. New York: Zone Books.

Agamben, G. (2005b) *State of Exception*, trans. K. Attell. Chicago, IL: University of Chicago Press.

Agar, M. H. (1986) *Speaking of Ethnography*. London: Sage. Agar, N. (2004) Liberal Eugenics: In Defense of Human Enhancement. Oxford: Blackwell.

Agich, G. (2003) *Dependence and Autonomy in Old Age*. Cambridge: Cambridge University Press.

Ahmed, S. (2000) *Strange Encounters: Embodied Others in Post-Coloniality*. London: Routledge.

Alexander, J. C. (2009) *Remembering the Holocaust: A Debate*. Yale: Yale University Press.

Alverson, H. (1991) "Metaphor and experience: Looking over the notion of image schema," in James W. Fernandez (ed.), *Beyond Metaphor: The Theory of Tropes in Anthropology*. Stanford: Stanford University Press, pp. 94–120.

American Psychiatric Association (2000) *Diagnostic and Statistical Manual for Mental Disorders*, 4th edn. Text Revision (DSM- IVTR). Washington: American Psychiatric Press.

Anderson, B. (1972) "The process of deculturation – its dynamics among United States aged." *Anthropological Quarterly* 45: 209–16.

Anderson, B. (1991) *Imagined Communities: Reflections on the Origin and Spread of Nationalism*. London: Verso.

Anderson, C. (2006) *The Long Tail*. New York: Hyperion.

Anderson, G. (2012) "Twin studies in autism: What might they say about genetic and environmental influences." *Journal of Autism and Developmental Disorders* 42(7): 1526–7.

Appadurai, A. (ed.) (1986) *The Social Life of Things: Commodities in Cultural Perspective*. Cambridge: Cambridge University Press.

Appadurai, A. (1988) "Putting hierarchy in its place." *Cultural Anthropology* 3(1): 36–49.

Appadurai, A. (2006) *Fear of Small Numbers*. Durham: Duke University Press.

Archer, M. S. (2000) *Being Human: The Problem of Agency*. Cambridge: Cambridge University Press.

Arendt, H. (1992 [1963]) *Eichmann in Jerusalem*. New York: Penguin Books.

Aries, P. (1981) *The Hour of Our Death*. New York: Vintage Books.

Ariew, R. and Watkins, E. (eds) (1998) *Modern Philosophy: An Anthology of Primary Sources*. Boston: Hackett.

Asad, T. (1986) "The concept of cultural translation in British social anthropology," in James Clifford and George E. Marcus (eds), *Writing Culture: The Poetics and Politics of Ethnography*. Berkeley: University of California Press, pp. 141–64.

Atkinson, P. (1990) *The Ethnographic Imagination*. London: Routledge.

Baker, D. L. (2006) "Neurodiversity, neurological disability and the public sector: notes on the Autism Spectrum." *Disability and Society* 21: 15–29.

Bakhtin, Mikhail (1986) "The problem of the text in linguistics, philology, and the human sciences: An experiment in philosophi- cal analysis," in Caryl Emerson and Michael Holquist (eds), *Speech Genres and Other Late Essays*, trans. Vern W. McGee. Austin: University of Texas Press, pp. 103–31.

Balsamo, A. (1995) *Technologies of the Gendered Body: Cyborg Women*. Durham, NC: Duke University Press.

Baltes, P. B. and Smith, J. (2003) "New frontiers in the future of aging: From successful aging of the young old to the dilemmas of the Fourth Age." *Gerontology* 20: 123–35.

Barker, J. (1990) "Between humans and ghosts: The decrepit elderly in a Polynesian society," in J. Sakolovsky (ed.), *The Cultural Context of Aging: A Worldwide Perspective*. New York: Bergin and Garvey, pp. 295–314.

Bar-On, D. (1998) *The Indescribable and the Undiscussable: Reconstructing Human Discourse After Trauma*. Budapest and New York: Central European University Press.

Baron-Cohen, S. (1995) *Mindblindness: An Essay on Autism and Theory of Mind*. Cambridge, MA: MIT Press.

Baron-Cohen, S. et al. (2009) "Talent in autism: Hyper-systemizing, hyper-attention to detail and sensory hypersensitivity." *Philosophical Transactions of the Royal Society* 364(1522): 1377–83.

Bateson, M. C. (2010) *Composing a Further Life: The Age of Active Wisdom*. New York: Knopf.

Baudrillard, J. (1983 [1975]) *Simulations*. New York: Semiotext(e).

Baudrillard, J. (1993 [1976]) *Symbolic Exchange and Death*. London: Sage.

Bauman, Z. (1989) *Modernity and the Holocaust*. Cambridge: Polity Press.

Bauman, Z. (1991) *Modernity and Ambivalence*. Cambridge: Polity Press.

Bauman, Z. (1992) *Mortality, Immortality and Other Life Strategies*. Cambridge: Polity Press.

Bauman, Z. (2000) *Liquid Modernity*. Cambridge: Polity Press.

Bauman, Z. (2004) *Wasted Lives*. Cambridge: Polity Press.

Bayley, J. (1999) *Elegy for Iris*. New York: St Martin's Press.

Beard, R. L. (2004) "In their voices: Identity presentation and experiences of Alzheimer's disease." *Journal of Aging Studies* 18: 415–28.

Beck, U. (2002) "The cosmopolitan society and its enemies." *Theory, Culture and Society* 19: 17–44.

Becker, E. (1973) *The Denial of Death*. New York: Free Press.

Behuniak, S. (2011) "The living dead? The construction of people with Alzheimer's disease as zombies." *Ageing & Society* 31: 70–92.

Ben-Eliezer, U. (1998) *The Making of Israeli Militarism*. Bloomington: Indiana University Press.

Ben-Gurion, D. (1960) *The Eichmann Case as Seen by Ben-Gurion*. The *New York Times Magazine* 18.12.

Bhabha, H. (1990) "The Third Space: Interview with Homi Bhabha," in J. Ruthfeld (ed.), *Identity; Community, Culture, Difference*. London: Lawrence and Wishart.

Bhabha, H. (1992) "The world and the home." *Social Text* 31/32: 141–53.

Bhabha, H. (1993) *The Location of Culture*. London: Sage.

Bhabha, H. (1994) "Of mimicry and man: The ambivalence of colonial discourse," in H. Bhabha, *The Location of Culture*. London: Routledge, pp. 85–92.

Biggs, S. (1999) "The blurring of the life course: Narrative, memory and authenticity." *Journal of Aging and Identity* 4: 209–22.

Biggs, S. (2004) "Age, gender, narratives and masquerades." *Journal of Aging Studies* 18: 45–58.

Biggs, S. and Powell, J. L. (2001) "A Foucauldian analysis of old age and the power of social welfare." *Journal of Aging and Social Policy* 12: 93–212.

Birth, K. (1990) "Reading and the righting of writing ethnographies: Review of *Writing Culture: The Poetics and Politics of Ethnography* by James Clifford and George E. Marcus, and *Anthropology as Cultural Critique: An Experimental Moment in the Human Sciences* by George E. Marcus and Michael M. J. Fischer." *American Ethnologist* 17(3): 549–57.

Blaikie, A. (1999) *Aging and Popular Culture*. Cambridge: Cambridge University Press.

Blume, H. (1997) "Autistics, freed from face-to-face encounters, are communicating in cyberspace." *The New York Times*, 30 June.

Boltanski, L. and Tevenot, L. (1999) "The sociology of critical capacity." *European Journal of Social Theory* 2: 359–77.

Brown, D. E. (1991) *Human Universals*. New York: McGraw-Hill.

Brown, M. F. (2008) "Cultural relativism 2.0." *Current Anthropology* 49(2): 363–83

Brownlow, C. and O'Dell, L. (2006) "Constructing an autistic identity: AS voices online." *Mental Retardation* 44: 315–21.

Burke, P. (2009) *Cultural Hybridity*. Cambridge: Polity Press.

Butler, J. (1990) *Gender Trouble: Feminism and the Subversion of Identity*. New York: Routledge.

Butler, J. (2004) "Violence, mourning, politics," in *Precarious Life: The Powers of Mourning and Violence*. New York: Verso, pp. 19–49.

Butler, R. (1975) *Why Survive: Being Old in America*. New York: Harper and Row.

Canclini, N. C. (1995) *Hybrid Cultures: Strategies for Entering and Leaving Modernity*. Minneapolis: University of Minnesota Press.

Carmon, A. (1988) "Teaching the Holocaust in Israel," ch. 4, in Z. Garber (ed.), *Methodology in the Teaching of the Holocaust*. Berlin: Praeger.

Carrithers, M., Collins, S., and Lukes, S. (eds) (1985) *The Category of the Person*. Cambridge: Cambridge University Press.

Cicourel, A. (1964) *Method and Measurement in Sociology*. Glencoe, IL: Free Press.

Clifford, J. (1997) *Routes, Travel and Transformations in Late Twentieth Century*. Cambridge, MA: Harvard University Press.

Clifford, J. and Marcus, G. (eds) (1986) *Writing Culture: The Poetics and Politics of Ethnography*. Berkeley: University of California Press.

Clough, P. (1992) T*he End(s) of Ethnography: From Realism to Social Criticism*. Newbury Park, CA: Sage.

Cohen, L. (1998) *No Aging in India: Alzheimer's, The Bad Family and Other Modern Things*. Berkeley: University of California Press.

Cohen-Shalev, A. (2012) *Visions of Aging: Images of the Elderly in Film*. Sussex: Academic Press.

Cohen-Shalev, A. and Marcus, E. (2009) "Screened medicine: Hospital environment, familial support-system and patient well-being in Denys Arcand's Les Invasions Barbares," in A. Bartoszko and M. Vaccarella (eds), *The Patient: Probing Inter-disciplinary Boundaries*. Oxford: The Inter-Disciplinary Press, pp. 125–33.

Colson, E. (1977) "The least common denominator," in S. F. Moore and B. Myerhoff (eds), *Secular Ritual*. Assen: Van Gorcum & Co., pp. 189–98.

Comaroff, J. and Comaroff, J. (1999) "Alien-nation: Zombies, immigrants, and millennial capitalism." *Codesria Bulletin* 3/4: 17–28.

Conrad, P.(1975) "The discovery of hyperkinesis: Notes on the medicalization of deviant behavior." *Social Problems* 23: 12–21.

Conrad, P. (2007) *The Medicalization of Society*. Baltimore: Johns Hopkins Press.

Cooper, M. (2008) *Life as Surplus: Biotechnology and Capitalism in the Neoliberal Era*. Seattle: University of Washington Press.

Cowgill, D. and Holmes, L. (eds) (1971) *Aging and Modernization*. New York: Appleton.

Crapanzano, V. (2004) *Imaginative Horizons: An Essay in Literary-Philosophical Anthropology*. Chicago: The University of Chicago Press.

Cumming, E. and Henry, W. E. (1961) *Growing Old: The Process of Disengagement*. New York: Basic Books.

Cumming, E. and Henry, W. (1976) "Engagement with an old theory." *International Journal of Aging and Human Development* 6(3): 187–91.

Daniel, E. V. (1994) "The individual in terror," in T. J. Csordas (ed.), *Embodiment and Experience: The Existential Ground of Culture and Self*. Cambridge: Cambridge University Press, pp. 229–47.

Daniel, E. V. (1996) *Charred Lullabies: Chapters in an Anthropography of Violence*. Princeton: Princeton University Press.

Davidson, J. (2007) "'In a world of her own . . .': re-presentations of alienation in the lives and writings of women with autism." *Gender, Place and Culture* 14: 659–77.

Davidson, J. (2008a) "'More labels than a jam jar . . .': The gendered dynamics of diagnosis for girls and women with autism," in P. Moss and K. Teghtsoonian (eds), *Contesting Illness*. Toronto: University of Toronto Press, pp. 239–58.

Davidson, J. (2008b) "Autistic culture online: Virtual communication and cultural expression on the spectrum." *Social & Cultural Geography* 9(7): 792–210.

Degnen, C. (2012) *Ageing Selves and Everyday Life in the North of England: Years in the Making*. Manchester: Manchester University Press.

DeGrazia, D. (2012) *Creation Ethics: Reproduction, Genetics, and Quality of Life*. New York: Oxford University Press.

Dekker, M. (2006) "On our own terms: Emerging autistic cul- ture, autistic culture," http://autisticculture.com/index.php?page articles.

de Medeiros, K. (2005) "The complementary self: Multiple perspectives on the aging person." *Journal of Aging Studies* 19: 1–14.

Diamond, T. (1995) *Making Gray Gold: Narratives of Nursing Home Care*. Chicago: The University of Chicago Press.

Diner, D. (2008) "Epistemics of the Holocaust: Considering the question of 'why' and 'how.'" *Naharayim* 2(1): 195–206.

Douglas, M. (1966) *Purity and Danger: An Analysis of Concepts of Pollution and Taboo*. London: Routledge & Kegan Paul.

Douglas, M. (1992) *Risk and Blame: Essays in Cultural Theory*. London: Routledge.

Dowd, J. J. (1986) "The old person as stranger," in V. W. Marshall (ed.), *Later Life: The Social Psychology of Aging*. Beverly Hills: Sage, pp. 147–90.

Du Bois, W. E. B (1961 [1903]) *The Souls of Black Folk*. Greenwich, CN: Fawcett.

Duster, T. (2003) *Backdoor to Eugenics*. London: Routledge.

Edensor, T. (2001) "Performing tourism, staging tourism: (Re)-producing tourist space and practice." *Tourist Studies* 1(1): 59–81.

Eisler, R. (1978) *Man into Wolf: An Anthropological Interpretation of Sadism, Masochism and Lycanthropy*. Santa Barbara: Ross-Erikson.

Elias, N. (1985) *The Loneliness of the Dying*. Oxford: Basil Blackwell.

Elias, N. (1994 [1939]) *The Civilizing Process: Sociogenetic and Psychogenetics Investigations*, trans. E. Jephcott. Oxford: Blackwell.

Ettore, E. (2002) *Reproductive Genetics, Gender and the Body*. London: Routledge.

Etzioni, A. (2011) "Behavioural economics: Next steps." *Journal of Consumer Policy* 34: 277–87.

Evans, J. (2010) *Contested Reproduction: Genetic Technologies, Religion and Public Debate*. Chicago: University of Chicago Press.

Evans, J. and Hudson, K. (2007) "Religion and reproductive genet- ics: Beyond views of embryonic life?" *Journal for the Scientific Study of Religion* 46(4): 565–81.

Eyal, G. et al. (2010) *The Autism Matrix*. Cambridge: Polity Press.

Eyal, G. and Hart, B. (2010) "How parents of autistic children became 'experts on their own children': Notes towards a sociology of expertise." Paper written for the Annual Conference of the Berkeley Journal of Sociology. Available at: http://works.bepress.com/gil_eyal/1.

Fabian, J. (1983) *Time and the Other: How Anthropology Makes Its Objects*. New York: Columbia University Press.

Fanon, F. (1967 [1952]) *Black Skin, White Masks*. New York: Grove Press.

Featherstone, M. (1991) *Consumer Culture and Postmodernism*. London: Sage.

Featherstone, M. (2001) "Postnational flows, identity formation and cultural space," in E. Ben-Rafael with Y. Sternberg (eds), *Identity, Culture and Globalization*. London: Brill, pp. 483–526.

Featherstone, M. and Hepworth, M. (1991) "The mask of ageing and the post-modern life course," in M. Featherstone, M. Hepworth, and B. Turner (eds), *The Body: Social Process and Cultural Theory*. London: Sage, pp. 370–89.

Feldman, J. (2008) *Above the Death Pits, Beneath the Flag*. New York: Berghahn.

Felman, S. and Laub, D. (1992) *Testimony*. London: Routledge.

Fiedler, L. (1996) *Tyranny of the Normal: Essays on Bioethics, Theology and Myth*. Lincoln: David R. Godine.

Fine, M. and Glendinning, C. (2005) "Dependence, independence or inter-dependence? Revisiting the concepts of 'care' and 'dependency.'" *Ageing & Society* 25(4): 601– 21.

Finkielkraut, A. (1998) *The Future of a Negation: Reflections on the Question of Genocide*, trans. Mary Byrd Kelly. Lincoln: University of Nebraska Press.

Firer, R. (1989) *Agents of Morality. (Sochnim Shel Halekach)*. Hakibbutz Hame'uchad (in Hebrew).

Foer, J. F. (2009) *Eating Animals*. New York: Little, Brown and Co.

Foner, N. (1994) *The Caregiving Dilemma: Work in an American Nursing Home*. Berkeley: University of California Press.

Fontana, A. (1976) *The Last Frontier*. Beverly Hills, CA: Sage.

Foucault, M. (1977 [1975]) *Discipline and Punish: The Birth of the Prison*. Harmondsworth: Penguin.

Foucault, M. (1980) *Power/Knowledge: Selected Interviews and Other Writings*. Brighton: The Harvester Press.

Foucault, M. (1984) "Des espaces autres." *Architecture, Mouvement, Continuité* 5: 46–9.

Foucault, M. (1986) "Of other spaces." *Diacritics* 16(1): 22–7.

Foucault, M. (1990) *The History of Sexuality. Vol. I: An Introduction*, trans. R. Hurley. New York: Vintage Books.

Foucault, M. (2003) "Society Must Be Defended": *Lectures at the Collège de France 1975–1976*, trans. David Macey. London: Allen Lane.

Foucault, M. (2004) *Naissance de la biopolitique*. Paris: Gallimard Seuil.

Franklin, S. (1997) *Embodied Progress*. London: Routledge.

Franklin, S. (2003) "Rethinking nature–culture: Anthropology and the new genetics." *Anthropological Theory* 3(1): 65–85.

Fries, J. F. (1980) "Aging, natural death and the compression of morbidity." *New England Journal of Medicine* 303: 130–5.

Gajilan, A. C. (2007) "Living with autism in a world made for others." http://www.cnn. com/2007/HEALTH/02/21/autism.amanda/index.html.

Gamliel, T. (2001) "A social version of gerotranscendence: Case study." *Journal of Aging and Identity* 2: 105–14.

Garfinkel, H. (1967) *Studies in Ethnomethodology*. Englewood Cliffs, NJ: PrenticeHall.

Geertz, C. (1983) *Local Knowledge: Further Essays in Interpretive Anthropology*. New York: Basic Books.

Geertz, C. (1984a) "From the native's point of view: On the nature of anthropological understanding," in R. A. Shweder and R. A. LeVine (eds), *Culture Theory: Essays on Mind. Self and Emotions*. Cambridge: Cambridge University Press, pp. 123–36.

Geertz, C. (1984b) "Distinguished lecture: Anti anti-relativism." *American Anthropologist* 86(2): 263–78.

George, D., Qualls, S. H., Camp, C. J., and Whitehouse, P. J. (2013) "Renovating Alzheimer's: "Constructive" reflections on the new clinical and research diagnostic guidelines." *The Gerontologist* 53(3): 378–87.

Gergen, K. J. (1994) *Realities and Relationships*. Cambridge, MA: Harvard University Press.

Gevers, I. (2000) "Subversive tactics of neurologically diverse cultures." *The Journal of Cognitive Liberties* 2(1): 43–60.

Gilleard, C. and Higgs, P. (2000) *Cultures of Ageing: Self, Citizen and the Body*. Essex: Prentice Hall.

Glascock, A. P. and Feinman, S. L. (1981) "Social asset or social burden: Treatment of the aged in non-industrial societies", in L. Fry (ed.), *Dimensions: Aging, Culture and Health*. New York: J. F Bergin Publishers, pp. 13–32.

Glassner, B. (1988) *Bodies/Why We Look (And How We Feel About It)*. London: Penguin.

Glassner, B. (1989) *Drugs in the Adolescent World*. New York: Palgrave Macmillan.

Goffman, E. (1961) *Asylums*. New York: Doubleday.

Golander, H. (1995) "Rituals of temporality: The social construction of time in a nursing ward." *Journal of Aging Studies* 9: 119–36.

Gottdiener, M. (1997) *The Theming of America*. Oxford: Westview Press.

Grandin, T. (2005) *Thinking in Pictures: My Life with Autism*. London: Bloomsbury Publishing.

Greene, R. and Mohammad, K. S. (2006) "(Un)dead (un)certainties," in R. Greene and K. S. Mohammad (eds), *The Undead and Philosophy: Chicken Soup for the Soulless*. Chicago: Illinois Open Court, pp. xiii–xvi.

Gubrium, J. F. (1986) *Oldtimers and Alzheimers: The Descriptive Organization of Senility*. Greenwich, CT: JAI Press.

Gubrium, J. F. (1993) *Speaking of Life–Horizons of Meaning for Nursing Home Residents*. New York: Aldine De Gruyter.

Gubrium, J. F. (1997) *Living and Dying at Murray Manor* (expanded edn). Richmond: University Press of Virginia.

Gubrium, J. F. and Holstein, J. A. (2002) "Going concerns and their bodies," in L. Anderson (ed.), *Cultural Gerontology*. Westport, CT: Auburn House, pp. 191–206.

Gubrium, J. F., Holstein, H., and Buckholdt, D. R. (1994) *Constructing the Life Course*.

New York: General Hall.

Gurevitch, A. (1988) "The other side of dialogue: On making the other strange and the experience of otherness." *American Journal of Sociology* 93: 1179–99.

Hacking, I. (1998) *Rewriting the Soul: Multiple Personality and the Science of Memory.* Princeton: Princeton University Press.

Hacking, I. (2006) "Genetics, biosocial groups and the future of identity." *Daedalus* 135(4): 81–96.

Hacking, I. (2009) "Humans, aliens and autism." *Daedalus* 138(3): 44–59.

Hall, S. (1977) *The Spectacle of the Other in his Representation: Cultural Representations and Signifying Practices.* London: Sage and the Open University.

Handelman, D. (1977) *Work and Play Among the Aged.* Amsterdam: Van-Gorcum.

Hannerz, U. (1992) *Cultural Complexity.* New York: Columbia University Press.

Hannerz, U. (1996) *Transnational Connections.* London: Routledge.

Haraway, D. (1991) *Simians, Cyborgs and Women.* London: Free Association Books.

Hashiloni-Dolev, Y. and Raz, A. (2010) "Between social hypocrisy and social responsibility: Professional views of eugenics, disability and reprogenetics in Germany and Israel." *New Genetics and Society* 29(1): 87–102.

Hauerwas, S. (1986) *Suffering Presence: Theological Reflections on Medicine, the Mentally Handicapped, and the Church.* New York: Notre Dame Press.

Hazan, H. (1980) *The Limbo People: A Study of the Constitution of the Time Universe Among the Aged.* London: Routledge & Kegan Paul.

Hazan, H. (1987) "Holding time still with cups of tea," in M. Douglas (ed.), *Constructive Drinking.* Cambridge, Cambridge University Press, pp. 205–19.

Hazan, H. (1992) *Managing Change in Old Age: The Control of Meaning in an Institutional Setting.* New York: State University of New York Press.

Hazan, H. (1994) *Old Age: Construction and Deconstruction.* Cambridge: Cambridge University Press.

Hazan, H. (1996) *From First Principles: An Experiment in Aging.* Westport, CT: Bergin & Garvey.

Hazan, H. (1998) "The double voice of the Third Age: Splitting the speaking self as an adaptive strategy in later life," in J. Lomranz (ed.), *Handbook of Aging and Mental Health: An Integrative Approach.* New York: Plenum Press, pp. 183–96.

Hazan, H. (2001) *Simulated Dreams: Israeli Youth and Virtual Zionism.* New York and Oxford: Berghahn Books.

Hazan, H. (2003) "Disposable children: On the role of offspring in the construction of conjugal support in later life," in Vern L. Bengston and Ariela Lowenstein (eds), *Global Aging and Challenges to Families.* New York: Aldyne de Gruyter, pp. 159–74.

Hazan, H. (2006) "Beyond discourse: Recognizing bare life among the very old," in Jason L. Powell and Azrini Wahidin (eds), *Foucault and Aging*. New York: Nova Science Publishers, pp. 157–70.

Hazan, H. (2009) "Beyond dialogue: Entering the fourth space in old age," in R. Edmonson and H. Von Kondratovitz (eds), *Valuing Older People: A Humanistic Approach to Ageing*. Bristol: The Policy Press, pp. 91–104.

Hazan, H. and Raz, A. E. (1997) "The authorized self: How middle age defines old age in the postmodern." *Semiotica* 113(3/4): 257–76.

Heikkinen, R.-L. (2004) "The experience of ageing and advanced old age: A ten-year follow-up." *Ageing & Society* 24: 567–82.

Henderson, N. and Vesperi, M. (eds) (1995) *The Culture of Long-Term Care*. Westport, CT: Greenwood Press.

Henry, J. (1963) *Culture Against Man*. New York: Random House.

Hepworth, M. and Featherstone, M. (1982) *Surviving Middle Age*. Oxford: Blackwell.

Hockey, J. (1990) *Experiences of Death*. Edinburgh: Edinburgh University Press.

Hockey, J. and James, A. (1993) *Growing Up and Growing Old: Ageing and Dependency in the Life Course*. London: Sage.

Holquist, M. (1991) *Dialogism: Bakhtin and his World*. London: Routledge.

Holstein, J. and Gubrium, J. (1995) *The Active Interview*. Thousand Oaks, CA: Sage.

Horkheimer, M. and Adorno, T. (2002 [1947]) *Dialectic of Enlightenment: Philosophical Fragments*, trans. G. Schmid Noerr and E. Jephcott. Stanford, CA: Stanford University Press.

Horton, R. (1982) "Tradition and modernity revisited," in M. Hollis and S. Lukes (eds), *Rationality and Relativism*. Oxford: Oxford University Press, pp. 201–60.

Illouz, E. (2008) *Saving the American Soul*. Berkeley: University of California Press.

Ingold, T. (ed.) (1996) *Key Debates in Anthropology*. London: Routledge.

Ingold, T. (2000) *The Perception of Environment: Essays on Livelihood, Dwelling and Skill*. London: Routledge.

Ingold, T. (2002) *Companion Encyclopedia of Anthropology*. London: Routledge.

Ingold, T. (2011) *Being Alive: Essays on Movement, Knowledge and Description*. London: Routledge.

Irigaray, L. (1992) *Culture of Differences*. New York: Routledge.

Jaggar, Alison and Bordo, Susan (eds) (1989) *Gender/Body/Knowledge: Feminist Reconstructions of Being and Knowing*. New Brunswick, NJ: Rutgers University Press.

Johnson, L. C. and Barer, B. M. (1997) *Life Beyond 85 Years*. New York: Springer.

Jones, D. (1989) "Brain birth and personal identity." *Journal of Medical Ethics and*

History of Medicine 15(4): 173–8.

Joseph, M. (1995) "Introduction: Diaspora, new hybrid identities, and the performance of citizenship." *Women and Performance Quarterly* 14/15: 3–13.

Kanner, L. (1943) "Autistic disturbances of affective contact." *Nervous Child* 2: 217–50.

Kapchan, D. and Strong, P. T. (1999) "Theorizing the hybrid." *The Journal of American Folklore* 112(445): 239–53.

Katz, S. (1996) *Disciplining Old Age: The Formation of Geronto- logical Knowledge.* Charlottesville and London: University Press of Virginia.

Katz, S. (2003) "Critical gerontological theory: Intellectual field- work and the nomadic life of ideas," in S. Biggs, A. Lowenstein and J. Hendricks (eds), *The Need for Theory: Critical Approaches to Social Gerontology.* Amityville Town: Baywood, pp. 15–32.

Kaufman, S. (1986) *The Ageless Self: Sources of Meaning in Later Life.* Madison: The University of Wisconsin Press.

Kaufman, S. (2006) *And a Time to Die: How American Hospitals Shape the End of Life.* Chicago: University of Chicago Press.

Kaufman, S. and Morgan, L. (2005) "The anthropology of the beginnings and ends of life." *Annual Review of Anthropology* 34: 317–41.

Keith, J. (1982) *Old People – New Lives.* Chicago: The University of Chicago Press.

Kellner, D. (2007) "Review of hybridity, or the cultural logic of globalization." *International Journal of Communication* 1: 47–50.

Kitwood, T. (1990) "The dialectics of dementia with particular reference to Alzheimer's disease." *Ageing and Society* 10: 177–96.

Klein, N. (2002) *No Logo.* New York: Picador.

Knorr Cetina, K. (1997) "Sociality with objects: Social relations in postsocial knowledge societies." *Theory, Culture and Society* 14: 1–30.

Kraidy, M. (2005) *Hybridity: Or the Cultural Logic of Globalization.* Philadelphia: Temple University Press.

Kristeva, J. (1982) *Powers of Horror.* New York: Columbia University Press.

Kristeva, J. (1991) *Strangers to Ourselves*, trans. L. S. Roudiez. New York: Columbia University Press.

Kuper, A. (1988) *The Invention of Primitive Society.* London: Routledge & Kegan Paul.

Kurzwiel, R. (2006) *The Singularity is Near: When Humans Transcend Biology.* London: Penguin.

Lakoff, M. and Johnson, G. (1980) *Metaphors We Live By.* Chicago: The University of Chicago Press.

Lash, S. (1990) *Sociology of Postmodernism*. London: Sage.

Lash, S. and Urry, J. (1994) *Economies of Sign and Space*. London: Sage.

Latour, B. (1993) *We Have Never Been Modern*, trans. Catherine Porter. Cambridge, MA: Harvard University Press.

Latour, B. (1995) "Mixing humans and nonhumans together: The sociology of a door-closer," in S. L. Star (ed.), *Ecologies of Knowledge: Work and Politics in Science and Technology*. Albany: Statue University of New York Press.

Latour, B. (2005) *Reassembling the Social: An Introduction to Actor–Network Theory*. Oxford: Oxford University Press.

Lavi, S. J. (2004) *The Modern Art of Dying: A History of Euthanasia in the United States*. Princeton: Princeton University Press.

Lavie, S. (1996) "Between and among the boundaries of culture: Bridging texts and experience in the third timespace." *Culture Studies* 10: 154–79.

Leibing, A. and Cohen, L. (eds) (2006) *Thinking about Dementia: Culture, Loss, and the Anthropology of Senility*. New Brunswick, NJ, and London: Rutgers University Press.

Leichtentritt, R. D., Rettig, K. D., and Miles, A. (1999) "Meanings and attitudes toward end-of-life preferences in Israel." *Death Studies* 23(4): 323–58.

Lemke, T. (2011) *Biopolitics: An Advanced Introduction*. New York: New York University Press.

Lev-Aladgem, S. (1999/2000) "Dramatic play among the aged." *Dramatheraphy* 21: 3–10.

Levi, P. (2000) *If This is a Man*. Boston: Everyman's Library.

Levinas, E. (1998) *Entre-nous: On Thinking-of-the-Other*, trans. B. Harshav and M. B. Smith. New York: Columbia University Press.

Levy, D. and Sznaider, N. (2006) *The Holocaust and Memory in a Global Age*. Philadelphia: Temple University Press.

Lévy-Bruhl, L. (1926) *How Natives Think*, trans. L. A. Clare. London: G. Allen & Unwin.

Liebman, C. and Don-Yehyia, E. (1983) *Civil Religion in Israel: Traditional Judaism and Political Culture in the Jewish State*. Berkeley: UCLA Press.

Lifton, R. (1976) *The Life of the Self*. New York: Simon and Schuster.

Lifton, R. (1983) *The Broken Connection*. New York: Basic Books.

Lipstadt, D. E. (1993) *Denying the Holocaust: The Growing Assault on Truth and Memory*. New York: Plume.

Liu, K., Zerubavel, N., and Bearman, P. (2010) "Social demographic change and autism." *Demography* 47(2): 327–43.

Lloyd, G. E. R. (1990) *Demystifying Mentalities*. Cambridge: Cambridge University Press.

Lock, M. (1993) "Cultivating the body: Anthropology and epistemologies of body practice and knowledge." *Annual Review of Anthropology* 22: 133–55.

Lock, M. (1996) "Death in technological time: Locating the end of meaningful life." *Medical Anthropology Quarterly* 10(4): 575–600.

Lock, M. (1998) "Anomalous ageing: Managing the postmenopausal body." *Body and Society* 4: 35–61.

Lock, M. (2013) *The Alzheimer Conundrum: Entanglements of Dementia and Aging*. Princeton: Princeton University Press.

Loshitzky, Y. (2011) "The post-Holocaust Jew in the age of 'the War on Terror': Steven Spielberg's Munich." *Journal of Palestine Studies* 40(2): 77–87.

Lutz, C. (1988) *Unnatural Emotions*. Chicago: University of Chicago Press.

Macnaghten, P. and Urry, J. (1995) "Towards a sociology of nature." *Sociology* 29(2): 203–20.

Martin, E. (1987) *The Woman in the Body: A Cultural Analysis of Reproduction*. Boston: Beacon Press.

Martin, E. (1991) "The egg and the sperm: How science has constructed a romance based on stereotypical male/female roles." *Signs* 16: 485–501.

Martin, E. (1994) *Flexible Bodies: The Role of Immunity in American Culture from the Days of Polio to the Age of AIDS*. Boston: Beacon Press.

Martin, E. (2004) "Talking back to neuroreductionism," in Helen Thomas and Jamilah Ahmed (eds), *Cultural Bodies: Ethnography and Theory*. Oxford: Blackwell, pp. 190–212.

McAuliffe, L., Nay, R., O'Donnell, M., and Fetherstonhaugh, D. (2009) "Pain assessment in older people with dementia: Literature review." *Journal of Advanced Nursing* 65(1): 2–10.

McCue, J. (1995) "The naturalness of dying." *Journal of the American Medical Association* 273: 1040–3.

McGuire, A. and Michalko, R. (2011) "Minds between us: Autism, mindblindness and the uncertainty of communication." *Educational Philosophy and Theory* 43(2): 163–80.

Mead, G. H. (1934) *Mind, Self and Society*. Chicago: University of Chicago Press.

Melucci, A. (1996) *The Playing Self: Person and Meaning in the Planetary Society*. Cambridge: Cambridge University Press.

Michalis, L. (2013) *Dangerous Others, Insecure Societies: Fear and Social Division*. Farnham: Ashgate.

Michalko, R. (1998) *The Mystery of the Eye and the Shadow of Blindness*. Toronto: University of Toronto Press.

Midgley, M. (1973) "The concept of beastliness." *Philosophy* 48: 111–35.

Midgley, M. (1978) *Beast and Man*. New York: The Harvester Press.

Mitchell, G. J., Dupuis, S. L., and Kontos, P. (2013) "Dementia discourse: From imposed suffering to knowing other-wise." *Journal of Applied Hermeneutics* 5: 1–19.

Moore, S. F. (1978) "Old age in a life-term social arena: Some chagga of Kilimanjaro in 1974," in B. Myerhoff and A. Simic (eds), *Life's Career – Aging: Cultural Variations on Growing Old*. Beverly Hills, CA: Sage Publications, pp. 23–76.

Morris, B. (1991) *Western Conceptions of the Individual*. Oxford: Berg.

Moses, D. (2008) *Empire, Colony, Genocide: Conquest, Occupation and Subaltern Resistance in World History*. New York: Berghahn Books.

Moynihan R., Heath, I., and Henry, D. (2002) "Selling sickness: The pharmaceutical industry and disease mongering." *British Medical Journal* 324(7342): 886–91.

Myerhoff, B. (1978a) "A symbol perfected in death: Continuity and ritual in the life and death of an elderly Jew," in Barbara G. Myerhoff and Andrei Simic (eds), *Life's Career-Aging: Cultural Variations on Growing Old*. Beverly Hills: Sage.

Myerhoff, B. (1978b) *Number Our Days: Interviews with the Elders at a Jewish Community Center in New York City*. New York: Dutton.

Myerhoff, B. (1984) "Rites and signs of ripening: The intertwining of ritual, time, and growing older," in D. L. Kertzer and J. Keith (eds), *Age and Anthropological Theory*. Ithaca: Cornell University Press, pp. 305–30.

Narayan, K. (1989) *Storyteller, Saints and Scoundrels: Folk Narrative in Hindu Religious Teaching*. Philadelphia: University of Pennsylvania Press.

Nederveen, P. J. (2004) *Globalization and Culture: Global Mélange*. Oxford: Rowman & Littlefield.

Nelson, V. (2012) *Gothicka: Vampire Heroes, Human Gods, and the New Supernatural*. Cambridge, MA: Harvard University Press.

Newschaffer, C. J. et al. (2007) "The epidemiology of autistic spectrum disorders." *Annual Review of Public Health* 28(1): 235–58.

Nussbaum, M. C. (2010) *From Disgust to Humanity: Sexual Orientation and Constitutional Law*. New York: Oxford University Press.

Oberg, P. (1996) "The absent body–A social gerontological paradox." *Ageing and Society* 16: 701–19.

O'Donovan, O., Moreira, T., and Howlett, E. (2013) "Tracking transformations in health movement organisations: Alzheimer's disease organisations and their changing 'cause regimes.'" *Social Movement Studies* 12(3): 316–34.

Padden, C. and Humphries, T. (1988) *Deaf in America–Voices from a Culture*. Cambridge, MA: Harvard University Press.

Palgi, Y. (1978) *Ru'ach Gdola Ba'ah* (A Great Wind is Coming). TelAviv: Am Oved (in Hebrew).

Palmore, E. (1990) *Agism, Negative and Positive*. New York: Springer.

Parens, E. and Asch, A. (eds) (2000) *Prenatal Testing and Disability Rights*. Washington, DC: Georgetown University Press.

Parsons, T. (1951) *The Social System*. New York: The Free Press.

Patterson, C. (2002) *Eternal Treblinka: Our Treatment of Animals and the Holocaust*. New York: Lantern Books.

Phillipson, C. (1998) *Reconstructing Old Age: New Agendas in Social Theory and Practice*. London: Sage.

Phillipson, C. (2003) "From family groups to personal communities: Social capital and social change in the family life of older adults", in Vern L. Bengsten and Ariela Lowenstein (eds), *Global Aging and Challenges to Families*. New York: Aldine de Gruyter, pp. 54–74.

Porat, D. (1986) *Leadership in Conflict–The Yishuv and the Holocaust 1942–5*. Tel-Aviv: Am-Oved (in Hebrew).

Prince-Hughes, D. (2005) *Songs of the Gorilla Nation: My Journey through Autism*. New York: Broadway Books.

Rabinow, P. (1992) "Artificiality and enlightenment: From sociobiology to biosociality," in Jonathan Crary and Sanford Kwinter (eds), *Incorporations*. New York: Zone Books; reprinted in Paul Rabinow (1996), *Essays on the Anthropology of Reason*. Princeton, NJ: Princeton University Press, pp. 91–111.

Rabinow, P. (2003) *Anthropos Today: Reflections on Modern Equipment*. Princeton: Princeton University Press.

Raz, A. (1994) "Rewriting the Holocaust: An Israeli case study in the sociology of the novel," in W. Zenner and R. Scott (eds), *Books on Israel, Vol. III: A Research Annual*. Albany: State University of New York Press.

Reich, A. (1972) "Changes and developments in the Passover Haggadot of the Kibbutz movement" (unpublished PhD diss.). Austin: Texas University.

Remennick, L. (2006) "The quest for the perfect baby: Why do Israeli women seek prenatal genetic testing?" *Sociology of Health & Illness* 28(1): 21–53.

Ritzer, G. (2007) *The Globalization of Nothing 2*. Thousand Oaks, CA: Sage.

Ritzer, G. and Liska, A. (1997) "'McDisneyization' and 'Post-Tourism': Complementary perspectives on contemporary tourism," in C. Rojek and J. Urry (eds), *Touring Cultures: Transformations of Travel and Theory*. London: Routledge, pp. 96–109.

Rosaldo, R. (1986) "From the door of his tent: The fieldworker and the inquisitor," in J. Clifford and G. Marcus (eds), *Writing Culture: The Poetics and Politics of Ethnography*. Berkeley: University of California Press, pp. 77–97.

Rosaldo, R. (1989) *Culture and Truth: The Remarking of Social Analysis*. Boston: Beacon Books.

Rose, N. (1990) *Governing the Soul: The Shaping of the Private Self*. London: Routledge.

Rose, N. (2006) *The Politics of Life Itself: Biomedicine, Power, and Subjectivity in the Twenty-First Century*. Princeton: Princeton University Press.

Rubel, P. G. and Rosman, A. (eds) (2003) *Translating Cultures: Perspectives on Translation and Anthropology*. Oxford: Berg.

Rushdie, Salman (1991) *Imaginary Homelands*. London: Granta.

Ryff, C. and Singer, B. (1998) "Psychological well-being: Meaning, measurement and implications for psychotherapy research." *Psychotherapy and Psychosomatics* 65: 14–23.

Sacks, O. (1995) *An Anthropologist on Mars: Five Tales*. New York: Knopf.

Said, E. W. (1978) *Orientalism*. New York: Random Books.

Said, E. W. (2006) *On Late Style: Music and Literature Against the Grain*. New York: Pantheon.

Sankar, A. (1987) "The living dead: Cultural aspects of the oldest old," in P. Silverman (ed.), *The Elderly as Modern Pioneers*. Bloomington: Indiana University Press, pp. 345–56.

Savishinsky, J. J. (1991) *The Ends of Time: Life and Work in a Nursing Home*. New York: Bergin & Garvey.

Savishinsky, J. J. (2000) *Breaking the Watch: The Meaning of Retirement in America*. Ithaca: Cornell University Press.

Scarry, E. (1985) *The Body in Pain*. Oxford: Oxford University Press.

Schweitzer, A. (1948) *On the Edge of the Primeval Forest*. London: Macmillan.

Schweitzer, A. (1998) *The Primeval Forest*. Baltimore: Johns Hopkins University Press.

Scordas, T. J. (1990) "Embodiment as a paradigm for anthropology." *Ethos* 18: 5–47.

Segev, T. (1991) *The Seventh Million*. London: Maxwell-Macmillan.

Shafir, G., Meade, E., and Aceves, W. J. (eds) (2012) *Lessons and Legacies of the War On Terror: From Moral Panic to Permanent War*. New York: Routledge.

Sharf, R. H. (2007) "How to think with Chan Gongans," in Charlott Furth, Judith T. Zeitlin, and Ping-Chen Hsiung (eds), *Thinking with Cases: Specialist Knowledge in Chinese Cultural History*. Honolulu: University of Hawai'i Press, pp. 205–43.

Sheleff, L. S. (1981) *Generations Apart–Adult Hostility to Youth*. New York: McGraw

Hill.

Shenk, D. (1998) *Someone to Lend a Helping Hand: Women Growing Old in Rural America*. Amsterdam: Gorden and Breach.

Shield, R. R. (1988) *Uneasy Endings: Daily Life in an American Nursing Home*. Ithaca: Cornell University Press.

Shield, R. R. and Aronson, S. M. (2003) *Aging in Today's World: Conversations between an Anthropologist and a Physician*. New York: Berghahn Books.

Silver, B. S. (2003) "Gendered identities in old age: Towards (de) gendering." *Journal of Aging Studies* 17: 379–97.

Simic, A. (1978a) "Winner and losers: Aging Yugoslavs in a changing world," in B. Myerhoff and A. Simic (eds), *Life's Career – Aging: Cultural Variations on Growing Old*. Beverley Hills, CA: Sage Publications Inc., pp. 77–106.

Simic, A. (1978b) "Introduction," in B. Myerhoff and A. Simic (eds), *Life Career – Aging*. Beverly Hills: Sage, pp. 9–22.

Simmel, G. (1971 [1908]) "The stranger," in D. N. Levine (ed.), *George Simmel on Individuality and Social Forms*. Chicago: The University of Chicago Press, pp. 143–9.

Simmons, L. (1945) *The Role of the Aged in Primitive Society*. New Haven: Archon Books.

Singer, J. (1999) "'Why can't you be normal for once in your life?' From a 'problem with no name' to the emergence of a new category of difference," in M. Corker and S. French (eds), *Disability Discourse*. Buckingham: Open University Press, pp. 59–67.

Singer, J. (2003) "Foreword: Travels in parallel space: An invitation," in J. K. Miller (ed.), *Women from Another Planet: Our Lives in the Universe of Autism*. Bloomington, IN: Dancing Minds, pp. xi–xiii.

Singer, P. (1975) *Animal Liberation: A New Ethics for our Treatment of Animals*. New York: Random House.

Singer, P. (1994) *Rethinking Life and Death: The Collapse of the Traditional Ethics*. New York: St Martin's Griffins.

Sivan, E. (1991) *The 1948 Generation: Myth, Profile and Memory*. Tel Aviv: Maarachot (in Hebrew).

Sklair, L. (1991) *Sociology of the Global System*. Baltimore: Johns Hopkins University Press.

Sophocles (1912) *Oedipus Rex*, trans. F. Storr. Cambridge, MA: Harvard University Press.

Spivak, G. C. (1987) *In Other Words: Essays in Cultural Politics*. London: Methuen.

Steiner, F. (1967 [1956]) *Taboo*. London: Penguin.

Stoller, P. (1997) *Sensuous Scholarship*. Philadelphia: University of Pennsylvania Press.

Stoller, P. (2009) *The Power of the Between: An Anthropological Odyssey*. Chicago: University of Chicago Press.

Strathern, M. (1992) *Reproducing the Future: Essays on Ethnography, Kinship and the New Reproductive Technologies*. Manchester: Manchester University Press.

Street, B. V. (1975) *The Savage in Literature*. London: Routledge & Kegan Paul.

Swidler, A. (1986) "Culture in action: Symbols and strategies." *American Sociological Review* 51: 273–86.

Tambiah, S. J. (1990) *Magic, Science, Religion and the Scope of Rationality*. Cambridge: Cambridge University Press.

Taussig, M. (1993) *Mimesis and Alterity: A Particular History of the Senses*. New York: Routledge.

Taussig, M. (1999) *Defacement: Public Secrecy and the Labor of the Negative*. Stanford: Stanford University Press.

Taylor, J. (2008) "On recognition, caring and dementia." *Medical Anthropological Quarterly* 22(4): 313–35.

Todd, N. (ed.) (2002) *Agism, Sterotyping and Prejudice against Older Persons*. Cambridge, MA: MIT Press.

Tornstam, L. (1997) "Gerotranscendence: The contemplative dimension of aging." *Journal of Aging Studies* 11: 143–54.

Triandafyllidou, A. (1998) "National identity and the 'other.' " *Ethnic and Racial Studies* 21: 593–612.

Trouillot, M.-R. (1995) *Silencing the Past: Power and the Production of History*. Boston: Beacon.

Tulle, E. (2004) "Rethinking agency in later life," in E. Tulle (ed.), *Old Age and Agency*. New York: Nova Science, pp. 175–89.

Turnbull, C. (1983) *The Human Cycle*. London: Jonathan Cape.

Turner, B. (1991) "Missing bodies: Towards a sociology of embodiment." *Sociology of Health & Illness* 13(2): 265–73.

Turner, B. (1992) *Regulating Bodies: Essays in Medical Sociology*. London: Routledge.

Turner, B. (1994) *Orientalism, Postmodernism and Globalism*. London: Routledge.

Turner, B. (1995) "Aging and identity: Some reflections on the somatization of the self," in M. Featherstone and A. Wernick (eds), *Images of Aging*. London: Routledge, pp. 245–62.

Turner, V. (1969) *The Ritual Process – Structure and Anti-Structure*. Chicago: Aldine.

Tversky, A. and Kahneman, D. (1974) "Judgment under uncertainty: Heuristics and biases." *Science* 185: 1124–31.

Twachtman-Cullen, D. (1997) *A Passion to Believe: Autism and the Facilitated Communication Phenomenon (Essays in Developmental Science)*. Boulder, CO: Westview Press.

Twigg, J. (2004) "The body, gender and age: Feminist insights in social gerontology." *Journal of Aging Studies* 18: 59–74.

Valero-Garces, C. (1994) "Modes of translating culture: Ethnogra- phy and translation." *Meta* 11: 556–63.

Valkenburg, G. and Aarden, E. (2011) "Constructing embryos, constructing politics: Connecting politics and technology in the Netherlands and Germany." *BioSocieties* 6: 447–65.

Van Gennep, A. (1960 [1908]) *The Rites of Passage*, trans. M. B. Visedom and G. L. Caffee. Chicago: University of Chicago Press.

Van Hooft, S. (2003) "Pain and communication." *Medicine, Health Care and Philosophy* 6: 255–62.

Vincent, J. (2003) *Old Age*. London: Routledge.

Vincent, J., Tulle, E., and Bond, J. (2008) "The anti-ageing enterprise: Science, knowledge, expertise, rhetoric and values." *Journal of Aging Studies* 22(4): 291–4.

Walter, T. (1994) *The Revival of Death*. London: Routledge.

Weindling, P. (2005) *Nazi Medicine and the Nuremberg Trials: From Medical War Crimes to Informed Consent*. Basingstoke: Macmillan.

White, H. (1987) *The Content of Form: Narrative Discourse and Historical Represen-tation*. Baltimore, MD: Johns Hopkins University Press.

Wikan, U. (1996) "The nun's story: Reflections on an age-old, postmodern dilemma." *American Anthropologist* 98: 279–89.

Williams, D. (1995) *Somebody, Somewhere*. London: Jessica Kingsley Publishers.

Wilson, R. and Dissanayake, W. (eds) (1996) *Global/Local: Cultural Production and the Transnational Imagery*. Durham: Duke University Press.

Winau, R. and Wiesemann, C. (1996) *Medizin und Ethik im Zeichen von Auschwitz: 50 Jahre Nurnberger Urzteprozess*. Berlin: Erlangen.

Winch, P. (1958) *The Idea of Social Science and its Relations to Philosophy*. New York: Humanities Press.

Wittgenstein, L. (1988) *Philosophical Investigations*. Oxford: Blackwell.

Woodward, K. (1991) *Aging and its Discontents*. Bloomington: Indiana University Press.

Woodward, K. (1995) "Tribute to older women," in M. Featherstone and A. Wernick (eds), *Images of Aging*. London: Routledge, pp. 79–98.

Woodward, M., Van Tassell, K., and Van Tassell, D. (eds) (1978) *Aging and the Elderly:*

Humanistic Perspectives in Gerontology. Atlantic Highlands, NJ: Humanities Press.

Wuerth, A. (1997) "Re-unification and reproductive rights: Abortion in the German public sphere, 1989–1990." Working Paper, Center for European Studies. University of North Carolina, Chapel Hill.

Yakira, E. (2009) *Post-Zionism, Post Holocaust: Three Essays on Denial, Forgetting and the Delegitimization of Israel*. Cambridge: Cambridge University Press.

Young, R. (1995) *Colonial Desire: Hybridity in Theory, Culture and Race*. London: Routledge.

Zertal, E. (2005) *Israel's Holocaust and the Politics of Nationhood*. Cambridge: Cambridge University Press.

Zerubavel, E. (2006) *The Elephant in the Room: Silence and Denial in Everyday Life*. New York: Oxford University Press.

Zerubavel, Y. (1995) *Recovered Roots*. Albany, NY: State University of New York Press.

Zola, I. K. (1991) "Bringing our bodies and ourselves back in: Reflection on the past, present and future 'medical sociology.'" *Journal of Health and Social Behavior* 32: 1–16.

Zuckermann, G. (2003) *Language Contact and Lexical Enrichment in Israeli Hebrew*. London: Palgrave Macmillan.

Zuckermann, G. (2006) "A new vision for Israeli Hebrew: Theoretical and practical implications of analyzing Israel's main language as a semi-engineered Semito-European hybrid language." *Journal of Modern Jewish Studies* 5(1): 57–71.

Zuckermann, G. (2009) "Hybridity versus revivability: Multiple causation, forms and patterns." *Journal of Language Contact* 2: 40–65.

혼종성 비판

2020년 2월 10일 초판 1쇄 발행

지은이 ┃ 하임 하잔
옮긴이 ┃ 이진형
펴낸이 ┃ 노경인 · 김주영

펴낸곳 ┃ 도서출판 앨피
출판등록 ┃ 2004년 11월 23일 제2011-000087호
주소 ┃ 우)07275 서울시 영등포구 영등포로 5길 19(양평동 2가, 동아프라임밸리) 1202-1호
전화 ┃ 02-336-2776 팩스 ┃ 0505-115-0525
블로그 ┃ bolg.naver.com/lpbook12
전자우편 ┃ lpbook12@naver.com

ISBN 979-11-87430-84-1 94300